Leo N. Tolstoi

Was ist Kunst?

Aus dem Russischen
von Michail Feofanov

Band-Signatur
TFb_A011

Tolstoi-Friedensbibliothek
Reihe A | Band 11

Herausgegeben von
Peter Bürger

Leo N. Tolstoi

Was ist Kunst?

Čto takoe iskusstvo? (1897/98)

Aus dem Russischen von
Michail Feofanov

Neu ediert von Bodo Bischof,
mit einer Einleitung von
Marco A. Sorace

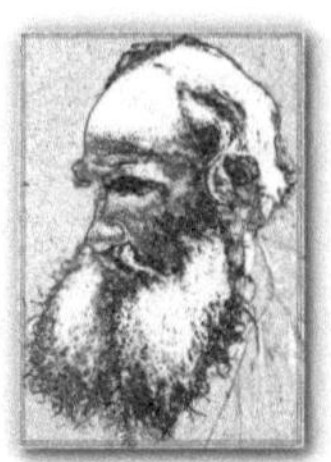

Tolstoi Friedensbibliothek

TFb_A011

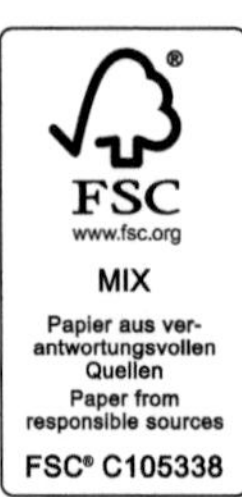

Die TFb-Buchausgaben
folgen dem Editionsprojekt
www.tolstoi-friedensbibliothek.de

© 2023

Leo N. Tolstoi

WAS IST KUNST?

Aus dem Russischen von Michail Feofanov
Neu ediert von Bodo Bischof & Peter Bürger,
mit einer Einleitung von Dr. Marco A. Sorace

Tolstoi-Friedensbibliothek: Band-Signatur FTb_A011

Herausgeber, Redaktion & Gestaltung: Peter Bürger
www.tolstoi-friedensbibliothek.de
Umschlagbild: Tolstoi-Porträt des Jahres 1909 von
Илья Ефимович Репин | Ilya Repin (1844-1930)

Herstellung & Verlag: BoD – Books on Demand, Norderstedt
ISBN: 978-3-7578-0875-4

Inhalt

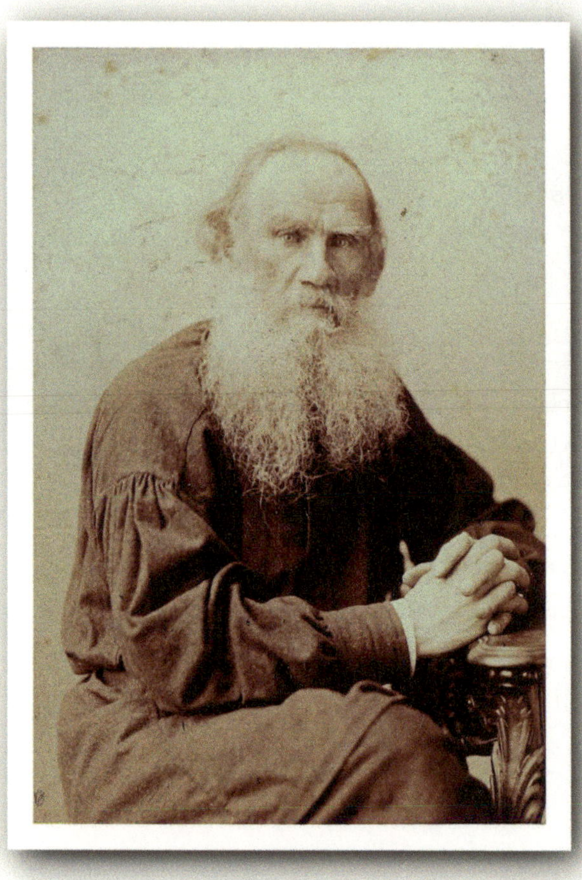

Leo N. Tolstoi (1828-1910)

Fotografie aus dem Jahr 1901:
Atelier Scherer & Nabholz, Moskau

Einleitung

Von Marco A. Sorace

Wer *„Was ist Kunst?"* von Leo N. Tolstoi (1828-1910) heute lesen will, benötigt eine Fähigkeit, welche die Leser alttradierter Heiliger Schriften oftmals haben: Sie gehen über vieles hinweg, was überholt erscheint, was aus Gründen des zeitlichen oder räumlichen Horizonts nach heutigem Verständnis unzutreffend ist, um zu dem wahren Kern vorzudringen, der den Text auch gegenwärtig noch kostbar macht. Zu einer solchen Lesweise möchte diese Einleitung verhelfen.

Der späte Tolstoi veröffentlichte sein Traktat erstmals in den Jahren 1897/1898 und in einer englischsprachigen und unzensierten Fassung 1899[1]. Es handelt sich dabei nicht um einen vom Autor schnell dahingeworfenen Text. Vielmehr hatte Tolstoi lange – nach eigener Aussage *15 Jahre lang* (vgl. S. 286 [→S. 203]) – um seine endgültige Gestalt gerungen.[2] Wie eingangs angedeutet, könnte man dazu bereits nach kurzer Lektüre eine Reihe in der aktuellen Perspektive der Kunstwissenschaften gut begründeter methodischer sowie inhaltlicher Kritiken anführen (so z. B. bezüglich seiner Ent-

[1] In seinem Vorwort zu dieser Ausgabe schrieb der Autor: „Mein Buch ‚Was ist Kunst?' erscheint jetzt zum ersten Mal in seiner wirklichen Gestalt. Es erschien in Russland in mehreren Ausgaben, aber in einer von der Zensur so entstellten Form, daß ich alle, die sich für meine Ansichten über Kunst interessieren, ersuche, darüber nur nach dem Buch in seinem wahren Aussehen zu urteilen." Die hier angesprochene unzensierte Ausgabe war wenige Jahre später Grundlage der dt. Übersetzung im Eugen-Diederichs-Verlag, aus dessen durchgesehener Neuausgabe wir hier und nachfolgend (unter bloßer Angabe der Seitenzahl) zitieren: Leo N. Tolstoi, Was ist Kunst? Übers. von Michail Feafanov. München: Diederichs 1993, hier S. 7-11 (Vorwort), 7 [→S. 19]. [Die vom Hrsg. hinzugefügten →Seitenangaben in eckigen Klammern verweisen auf die entsprechenden Textpassagen innerhalb der hier vorgelegten Neuedition der Übersetzung von 1902.]
[2] Sylvia Sasse bringt dies in den Zusammenhang jenes Lebensabschnitts einer „kompletten ästhetischen und religiösen Neuorientierung" bei Tolstoi. Vgl. Dies., Kunst. In: Martin George u.a. (Hg.), Tolstoj als theologischer Denker und Kirchenkritiker. Göttingen: Vandenhoeck & Ruprecht 2015 (2. Aufl.), S. 462-473, 462.

scheidung für einen „normativen" Kunstbegriff). Solche Kritik würde aber an den Gründen des besagten Ringens geradewegs vorbeiführen.

Es soll daher einleitend ein anderer Weg genommen und der Blick zunächst auf den unmittelbaren (kunst-)geschichtlichen Kontext von TOLSTOIS „*Was ist Kunst?*" gelenkt werden.[3]

Die Kunst des „fin de siècle"

In der Zeit der Entstehung des Traktats herrscht kunstgeschichtlich eine Stimmung, die mit den Begriffen des „*fin de siècle*", einer „*l'art pour l'art*" und „*Dekadenz*" am besten benannt wird. Bei einigen Künstlerinnen und Künstlern kam in dieser Epoche eine Unruhe auf bezüglich einer Entkopplung der Kunst von ihrer sozialen wie ethisch-moralischen Dimension – einhergehend mit der Gewissheit, dass die Kunst in ihrer damaligen Verfasstheit nicht in der Lage sein würde, auf bevorstehende Menschheitskrisen eine Antwort zu geben.[4] Ganz in diesem Sinne beginnt WASSILY KANDINSKY sein 1910 beendetes Werk „*Über das Geistige in der Kunst*" im einleitenden Kapitel mit einer Beschreibung der Situation und mit einigen Rückblicken: „*Unsere Seele*", heißt es, „*die nach der langen materialistischen Periode erst im Anfang des Erwachens ist, birgt in sich Keime der Verzweiflung, des Nichtglaubens, des Ziel- und Zwecklosen.*" Und zur Kunstrezeption in dieser von ihm sogenannten „*materialistischen*" Ära führt er aus (die Kunst-Konsumenten ironisch als „*Kenner*" bezeichnend): „*Die Kenner bewundern die ‚Mache' (so wie man einen Seiltänzer bewundert), genießen die ‚Malerei' (so wie man eine Pastete genießt). / Hungrige Seelen gehen hungrig ab. / Die große Menge schlendert durch die Säle und findet die Leinwände ‚nett' und ‚großartig'. [Der] Mensch, der etwas sagen könnte, hat zum Menschen nichts gesagt, und der, der hören könnte, hat nichts gehört. / Diesen Zustand der Kunst nennt man l'art pour l'art.*"

---

[3] Zur Verortung des Traktats in Tolstois Denken zur Kunst vgl. Magdalene ZU-REK, Tolstojs Philosophie der Kunst (= Neues Forum für allgemeine und vergleichende Literaturwissenschaft 2). Heidelberg: Winter 1996.
[4] TOLSTOI selbst lenkt in seiner Schrift indessen stärker den Blick auf jene Künstler, welche unbekümmert um diese Situation mit gewissen „Kniffen" von ihm so bezeichnete „Falsifikate" der Kunst hervorbringen (vgl. S. 150ff. [→S. 116ff.]).

Nachfolgend beklagt der Text die *„Habgier"* der Kunstproduzenten, die auf dem hart umkämpften Markt ihre Werke wie *„Güter"* darbieten. Was dabei ausbleibt ist ein wirkliches *Verstehen* der Kunst. Dagegen Kandinsky: *„‚Verstehen' ist Heranbildung des Zuschauers auf den Standpunkt des Künstlers."* Es erscheint bezeichnend, dass Wassily Kandinsky sich genau in dieser zitierten Textpassage zur Frage, ob die Bewältigung dieser Herausforderung auch eine Aufgabe des Malers sei, namentlich auf *Tolstoi* beruft.[5]

Die hier angedeutete Selbstkritik der Kunst führt kunstgeschichtlich in die „Avantgarde der Moderne", deren um 1909 anbrechende Phase ihrer großen Manifeste nur noch ansatzweise in die Lebzeit Tolstois fällt. Was Tolstoi jedoch über dessen Tod hinaus mit der Avantgarde verbinden wird, ist ein auf die gesamte Menschheit bezogener Anspruch der Kunst im Zuge einer programmatischen *Wiedervereinigung von Kunst und Leben*.[6] Dabei vollzieht Leo Tolstoi bereits um 1900 – genauso wie dann später die avantgardistische Bewegung[7] – eine geradezu angewiderte Abkehr von der aus dem späten 18. Jahrhundert überkommenen Genieästhetik in ihrem Zusammenspiel mit dem bürgerlich-elitären Kunstkonsum. Er geht in dem wichtigen ersten Kapitel seines Traktats ausführlich auf diese Verhältnisse am Beispiel vor allem der Theater-Kunst ein, die er im Sinne einer unmoralischen, die Menschen untereinander entfremdenden Dekadenz beschreibt (S. 13-22 [→S. 23-29]). Nicht

---

[5] Wassily Kandinsky, Über das Geistige in der Kunst. Eingeführt von Max Bill. Bern: Benteli 1952 (10. Aufl.), S. 22; 24. Vgl. dazu auch Leo N. Tolstois Aussage „Ein echtes Kunstwerk bewirkt, daß im Bewußtsein des Empfangenden die Trennung zwischen ihm und den Künstler aufgehoben wird […]." (S. 218 [→S. 160]).

[6] Insbesondere in den russischen Avantgarde-Manifesten kommt der Name Tolstois wiederholt vor – drin aber oft ablehnend im Sinne des rigorosen Traditionsbruchs dieser Bewegungen und scheinbar v. a. hinsichtlich der früheren Literaturästhetik Tolstois. Immerhin aber kritisiert Raoul Hausmanns Dada-Manifest „Der deutsche Spiesser ärgert sich" von 1919 ein Publikum, das Ethik und Kunst nur sehr vordergründig miteinander verbindet, mit den Worten, dieses hätte *„Tolstoi gelesen und selbstverständlich nicht verstanden"*, was man sicherlich als eine Zustimmung zur Kunsttheorie Tolstois deuten kann (vgl. Manifeste und Proklamationen der europäischen Avantgarde, 1909-1938. Hrsg. von Wolfgang Asholt und Walter Fähnders. Stuttgart/Weimar: Metzler 1995, S. 37; 184).

[7] Freilich darf man einen z. T. (etwa bei den italienischen und russischen Futuristen) sehr ausgeprägten gewaltsamen Habitus der frühen Avantgardisten als einen deutlichen Unterschied zu Tolstois Pazifismus nicht übersehen.

übersehen sollte man einen Einschub (vgl. S. 19 [→S. 27]), der angesichts der Arbeitsverhältnisse in der Landwirtschaft deutlich macht, dass sich in der Kunst hier ein allgemeiner moralischer Niedergang spiegelt.

Eine Kritik an der Kunst des *„fin de siècle"* wird zeitgleich mit ganz ähnlichen Anhaltspunkten (etwa in der Malerei der Anreiz durch ein auffälliges Colorit oder die Präsentation lediglich auf Begierlichkeit abzielender Nacktheit) von katholischer Seite vorgebracht – in Deutschland besonders von dem Jesuiten STEPHAN BEISSEL, der das Ressort der Kunstkritik in der Zeitschrift „Stimmen der Zeit" (damals noch als „Stimmen aus Maria Laach") von 1880 bis 1908 leitete.[8] Wegen der gemeinsamen Forderung einer Neuorientierung der Kunst am Christentum scheint ein Vergleich nahliegend. Im Gegensatz aber zur diffusen Apologetik der katholischen Kunstkritik dieser Zeit, ist der Ansatz TOLSTOIS – wie noch zu zeigen ist – sehr viel konsistenter, was sich nicht zuletzt an seiner Anschlussfähigkeit an die europäischen Avantgarden zeigt.

Pervertierung der Schönheit

Wie konnte es zu dieser moralischen Schwäche der Kunst kommen? TOLSTOI stellt fest, dass die Kunst in seiner Zeit gemeinhin verstanden wird als *„eine Tätigkeit, die Schönheit offenbart"* (S. 25 [→S. 31]), wobei die antike und mittelalterliche Einheit des Schönen und Guten nun nicht mehr besteht (vgl. S. 35 [→ S. 37f.]). Einen großen und zentralen Raum nimmt im Traktat nachfolgend die Frage nach der Schönheit bzw. nach der „Schönen Kunst" ein, so wie sie sich in den ästhetischen Theorien gegen Ende des 19. Jahrhunderts darstellte. Die im dritten Kapitel (S. 36-59 [→S. 39-54]) umfangreichen diesbezüglichen Ausführungen zum Diskurs der Ästhetik in Deutschland, England, Frankreich, Italien und den Niederlanden wird der heutige Leser wohl eher überfliegen – der Autor beruft sich dabei auf eine sehr überschaubare Sekundärliteratur, die heute aus guten Gründen in der Forschung nicht mehr rezipiert wird. Dennoch will TOLSTOI damit, wie er später betont, den erheblichen Aufwand sicht-

---

[8] Vgl. dazu Alex STOCK, Zwischen Tempel und Museum. Theologische Kunstkritik. Positionen der Moderne. Paderborn: Schöningh 1991, S. 22-26.

bar machen, den man betrieben habe, um eine scheinbare, den Begriff der Schönheit – in seinem ursprünglichen Verständnis als Transzendentalie und Gottesattribut – pervertierende Begründung für einen lediglich auf vordergründigen Konsumgenuss bzw. Hedonismus basierenden Begriff der „schönen Kunst" zu konstruieren (vgl. S. 69 [→S. 60f.]).

Und auch das gehört zu einer rechten Würdigung des Tolstoi'-schen Traktats, dass die hier lange im Voraus antizipierte „Nicht-mehr-schöne-Kunst" und die damit zusammenhängende Kritik an der künstlerischen „Autonomie" in der Ästhetik und Kunstphilosophie des 20. Jahrhunderts zweifelsohne eine große und bleibende Bedeutung hat.[9]

Kunst als
ästhetisch-ethische „Ansteckung"

Nach TOLSTOIS Dekonstruktion des Ästhetizismus seiner Zeit folgt im fünften Kapitel der Schlüssel seiner Ausführungen: Die Kunst sei wesentlich – so seine These – ein „Mittel für die Einigung der Menschen untereinander" (S. 72 [→S. 63]). Das kann sie sein, weil sie von ihrem Grunde her in der Lage ist, ästhetische (d. h. sinnlich wahrnehmende) Subjekte durch das zu verbinden, was TOLSTOI „Ansteckung" (vgl. S. 73 passim [→S. 64 passim]) nennt.[10] Dieser zunächst an einen Kontext der Virologie erinnernde Ausdruck bezeichnet bei ihm aber ein Phänomen (bei TOLSTOI als „Ansteckbarkeit der Gefühle" bezeichnet)[11], das vor allem in einigen Ansätzen der philosophischen Ästhetik des 20. und 21. Jahrhunderts in dieser Weise

---

[9] Vgl. dazu Hans Robert JAUß u. a. (Hg.), Die nicht mehr schönen Künste. Grenzphänomene des Ästhetischen. (Poetik und Hermeneutik 3), München: Fink 1975; vgl. dazu auch Peter BÜRGER, Theorie der Avantgarde. Frankfurt/M.: Suhrkamp 1974, S. 49-75 („Zum Problem der Autonomie der Kunst in der bürgerlichen Gesellschaft").

[10] Vgl. dazu auch Sylvia SASSE, „Kunst", a.a.O., S. 463ff.

[11] Holger KUßE ist es zu danken, darauf aufmerksam gemacht zu haben, dass der hier zugrundeliegende Begriff der Gemeinschaft(lichkeit) (russ. „Sobornost") einer tief in der orthodoxen Spiritualität gründenden und in der Romantik wieder aufgekommenen Tradition folgt; vgl. dazu DERS., Lev Tolstoj und die Sprache der Weisheit. Göttingen: Vandenhoeck & Ruprecht 2010, S. 70ff.

durchaus bekannt geworden ist und phänomenologisch weiter ausgewiesen wurde. So weist etwa unter dem Begriff der „Kompassivität" (in Anschluss an EDMUND HUSSERL – insbesondere an seine späten Untersuchungen zur „Passiven Synthesis" und „Intersubjektivität") die aus Frankreich stammende „Radikale Lebensphänomenologie" die Affekte bzw. die „Gefühle" als das aus, was imstande wäre, einen auch für das Denken verlässlichen Grund der Gemeinschaft aller Lebenden zu bilden.[12] Ursprüngliche Affekte – wie das Gefühl von Schmerz oder Freude – werden dabei in einer präzisen phänomenologischen Begründung als das erkannt, was jegliches „Können" im Leben erst ermöglicht. Das Phänomen solcher Gefühle wird also verstanden als „Uraffektivität" im Sinne einer ursprünglichen und passiven Ankünftigkeit des Lebens, die als diese Lebensgabe gleichsam alle Lebendigen untereinander verbindet. Die Vertreter der Lebensphänomenologie sprechen hier von „(Kom-)Passibilität" als jenen inneren Wirkzusammenhang von allem, „was Leiden kann"[13]. Es ist sehr wahrscheinlich, dass TOLSTOI mit seinem Begriff der „Ansteckung der Gefühle" solches intendiert hatte.

Diese Zusammenhänge können hier freilich nicht erschöpfend dargestellt werden, sollen aber als Hinweis darauf dienen, dass die Intuitionen in TOLSTOIS Kunstauffassung in späterer Zeit sehr profund belegt wurden. Dies würde auch dem von TOLSTOI im letzten 20. Kapitel ausdrücklich angemahnten Zusammenspiel von Kunst und „(wahrer) Wissenschaft" entsprechen.

---

[12] Vgl. dazu Michel HENRY, Inkarnation. Eine Philosophie des Fleisches. Freiburg/Br.: Alber 2002, S. 373ff. („Die Erfahrung des Nächsten in der Phänomenologie des Lebens"); vgl. dazu auch Rolf KÜHN. Husserls Begriff der Passivität. Zur Kritik der passiven Synthesis in der Genetischen Phänomenologie (= Phänomenologie II, Kontexte 6). Freiburg/Br.: Alber 1998, bes. S. 383 („Einfühlung und passive Intersubjektivität").

[13] Rolf KÜHN, Alles, was leiden kann. Zur Ursprungseinheit von Freude und Leid. Dresden: Text & Dialog 2019.

„Du sollst keine christliche Kunst machen wollen!"[14] Mit diesem Satz als ein erstes von „Zehn Geboten für den christlichen Künstler" unterstreicht der Documenta-Teilnehmer von 1977, der Maler, Zeichner und katholische Priester HERBERT FALKEN sein Bekenntnis zur modernen, von christlich-theologischen Bestimmungen befreiten Kunst. Und so besteht heute auch ein Commonsense darüber, dass Kunst und Christentum zwar einander herausfordern können, aber das Christliche nicht zum inneren Maßstab für aktuelle Kunst werden sollte.

Ganz anders jedoch LEO N. TOLSTOI: Für ihn stellt die *Religion* – und diese in ihrer gesteigerten Form als *„Lehre Christi"* – geradezu das *Wert*maß jeder *„wahren Kunst"* dar (vgl. S. 80ff. [→ S. 69ff]). Dabei wird man allerdings genau beachten müssen, dass TOLSTOI damit gerade nicht jenes institutionelle und dogmatisch verfestigte Christentum meint, von dem sich die neuzeitliche Kunst in einem mühsamen Prozess emanzipieren konnte. Dagegen meint er vielmehr ein ursprünglicheres Christentum, in dem die Wirklichkeit der Liebe und unverbrüchlichen Einheit aller die einzig tragende Erfahrung ist – ein Christentum dessen Affinität zur Mystik (im Osten zu GREGORIOS PALAMAS u. a. und im Westen zu MEISTER ECKHART u. a.) er wahrscheinlich nicht genug gesehen hat. In jedem Fall – und auch gerade hier wäre Dialog mit der Mystik lohnenswert – hat für TOLSTOI die idolatrische „Entstellung" der „Lehre Christi" (vgl. S. 85 [→S. 72]) aufs Engste zu tun mit der zunehmenden Entstellung der Kunst: Es bestehe „das hauptsächliche Unglück der Menschen nicht darin", so heißt an anderer Stelle, „daß sie Gott nicht kennen, sondern darin, daß Sie an die Stelle Gottes gesetzt haben, was nicht Gott ist. Dasselbe ist auch in der Kunst der Fall." (S. 229 [→S. 167])

Auch hier wäre darauf hinzuweisen, dass ein solches Verhältnis von Kunst und „ursprünglichem" Christentum später in der Kunst – von HUGO BALL bis zu JOSEPH BEUYS und darüber hinaus – durchaus aufgegriffen wurde.

---

[14] Herbert Falken zitiert nach: Hans GERCKE, Auf der Suche nach dem Bild Christi. In: Philipp Boonen (Hg.), Herbert Falken – Christusbilder (= Aachener Beiträge zu Pastoral- und Bildungsfragen 14). Aachen: Einhard 1986, S. 23-24, 23.

Keinen Gefallen – könnte man meinen – hat TOLSTOI seiner Kunsttheorie damit getan, dass er vom neunten Kapitel an eine umfangreiche Geschichte der „Entartung" (S. 111 [→S. 89])[15] der Kunst schreibt. Der heutige Leser wird sicher verwundert sein über die Vielzahl der mitunter herausragenden Künstler, über deren Werk LEO N. TOLSTOI sein vernichtendes Urteil spricht. Darunter sind nicht nur diese, zu denen seine epochale Dekadenz-Kritik[16] zu passen scheint – wie CHARLES BAUDELAIRE, RICHARD WAGNER oder ARNOLD BÖCKLIN –, sondern auch ältere Kunst von DANTE ALIGHIERI über MICHELANGELO BUONARROTI bis LUDWIG VAN BEETHOVEN. Was wie ein wilder Rundumschlag anmutet, hat aber wiederum Methode. „Diese Untersuchung hat mich zu der Überzeugung geführt", so schreibt TOLSTOI, „daß fast alles, was als Kunst und als gute und im umfassenden Sinn Kunst unserer Gesellschaft angesehen wird, nicht nur keine wahre und gute Kunst und nicht die ganze Kunst, sondern überhaupt keine Kunst ist" (S. 203 [→S. 150]). Wir haben es hier nämlich mit einer Kritik zu tun, welche die Kunst zu einer Ursprünglichkeit führen will, die noch vor dem liegt, was die Kunsthistoriker im engeren Sinne als das „Zeitalter der Kunst" begreifen.

Diesbezüglich sollte man auch erinnern, dass in der nachfolgenden, wie angesprochen in Bezug auf TOLSTOI bedeutsamen Avantgarde der Gestus, großer Kunst der Vergangenheit aus sehr ähnlichen Gründen einer elementarästhetischen Erweiterung des Kunst-

---

[15] Die Geschichte, welche dieser Begriff in der Zeit des Nationalsozialismus machen wird, konnte TOLSTOI Ende des 19. Jahrhunderts nicht ahnen. Jedoch kann die grundsätzliche Problematik eines normativen Kunstbegriffs, welcher der Kunst zwangsläufig eine „Art" vorgibt, insbesondere an der Kunstgeschichtsschreibung Hans SEDLMAYRS wahrgenommen werden, die vom Nationalsozialismus gerne aufgegriffen wurde und auch nach dem Zweiten Weltkrieg bei jenen, die mit den Entwicklungen der freien Kunst Probleme hatten, starke Resonanz fand. Vgl. dazu. DERS., Verlust der Mitte. Die bildende Kunst des 19. und 20. Jahrhunderts als Symptom und Symbol der Zeit. Salzburg: Müller 1948.
[16] Was TOLSTOI hier im Einzelnen vorträgt, ist Kunstkritik, auch wenn er sich selbst zur „*Kunstkritik*" seiner Zeit negativ kritisch äußert (vgl. 168ff. [→S. 127ff]). Er meint mit letzterer jedoch eine Pseudo-Kritik, die dann auftritt, wenn nach dem wahren Wesen der Kunst nicht mehr gefragt wird.

verständnisses überhaupt den Stellenwert von Kunst abzusprechen, sehr verbreitet war. Man könnte dazu umfangreich Zitate anführen. Genannt sei nur, die Aufforderung MARCEL DUCHAMPS, ein Tafelbild von REMBRANDT *„als Bügelbrett"* zu verwenden.[17] In einem solchen, den Weg für ein neues Kunstverständnis freimachenden Sinne sollte auch TOLSTOIS Kritik verstanden werden.

Der Künstler
als „organischer Intellektueller"

In seinem Traktat fordert TOLSTOI immer wieder eine *„Kunst der Zukunft"* (S. 274ff [→S. 195ff]) – geschaffen von neuen Künstlertypen, die *mit dem Volk verbunden* eine Kunst schaffen, *„die allen Menschen ohne Ausnahme zugänglich"* (S. 280 [→S. 199]) ist – wie oben angesprochen durch Ansteckung der Gefühle.

Diese Künstler sind in den allermeisten Zügen genauso gedacht wie ANTONIO GRAMSCIS „organische Intellektuelle", die im Gegensatz zu den „traditionellen (oder kristallinen) Intellektuellen", welche durch soziale Abgehobenheit gekennzeichnet sind, aus der Masse hervorgehen und mit ihr verbunden bleiben.[18] Der besondere Reiz, mit GRAMSCI den künstlerischen „organischen Intellektuellen" TOLSTOIS weiterzudenken, bestände darin, dass GRAMSCI diesen Typus konzipiert vor dem Hintergrund seiner sehr differenzierten umfassenden Machttheorie, die neuerdings auf ein immer größer werdendes Interesse stößt – beispielsweise in einer „postkolonialen" Kulturwissenschaft.

Warum heute *„Was ist Kunst?"* von TOLSTOI lesen? – so lautet die entscheidende Frage dieser Einleitung. Ohne Zweifel nicht, um sich über einzelne Positionen der Ästhetik oder Kunst des 18. und 19. Jahrhunderts zu informieren – darüber gibt es (auch aufgrund des

---

[17] Marcel Duchamp zit. nach Dieter DANIELS, Duchamp und die anderen. Der Modellfall einer künstlerischen Wirkungsgeschichte in der Moderne. Köln: Dumont 1992, S. 196.

[18] Antonio GRAMSCI, Gefängnishefte. Kritische Gesamtausgabe auf der Grundlage der von Valentino Garratana besorgten Edition, 10 Bde. Hrsg. von Klaus Bochmann, Wolfgang F. Haug und Peter Jehle. Hamburg: Argument 1991-2002, S. 530, passim; bes. 1390.

nötigen zeitlichen Abstands) unterdessen besseres. Aber vielleicht hat in seiner Zeit kaum ein Zweiter die zivilisatorische Krise so ernst genommen und dermaßen radikal auf die Kunst bezogen wie LEO N. TOLSTOI in diesem Text. Gegenwärtig, in unserer nicht minder krisenhaften Zeit kann „Was ist Kunst?" deswegen – die Fallstricke eines normativen und moralistischen Kunstverständnisses wohl beachtend – gelesen werden als ein dringender Aufruf, das ethische und gemeinschaftsstiftende Potenzial der Kunst neu zu heben.

Leo N. Tolstoi

Was ist Kunst?

Aus dem Russischen
von Michail Feofanov
(1902)

Textquelle der dargebotenen Übersetzung | Leo N. TOLSTOJ:
Was ist Kunst? Übersetzt von Michael Feofanoff [1828-
1910]. Leipzig: Eugen Diederichs Verlag 1902. [322 Sei-
ten]

Leo N. Tolstoj
Was ist Kunst?

Übersetzt von
Michael Feofanoff

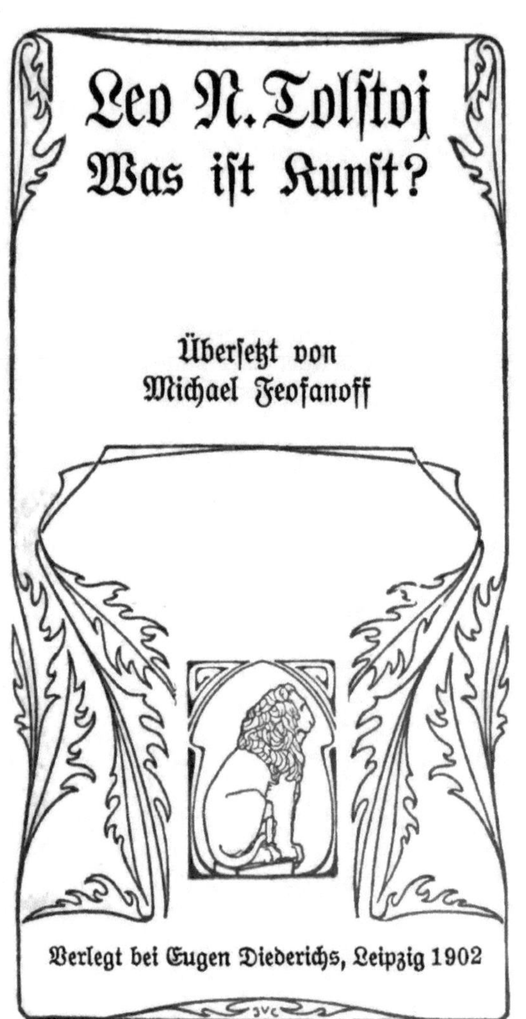

Verlegt bei Eugen Diederichs, Leipzig 1902

„Was ist Kunst?" wurde zuerst in der Zeitschrift „Woprosy Philosophii i Psychologii" („Fragen der Philosophie und Psychologie") abgedruckt und erschien dann in Sonderausgaben. Diese Ausgaben wurden von der russischen, weltlichen und kirchlichen Censur so verstümmelt, daß L. Tolstoj es für nötig befand, zu der vollständigen englischen Ausgabe dieses Buches folgendes Vorwort zu schreiben:

„Mein Buch ‚Was ist Kunst?' erscheint jetzt zum ersten Male in seiner wirklichen Gestalt. Es erschien in Rußland in mehreren Ausgaben, aber in einer von der Zensur so entstellten Form, daß ich alle, die sich für meine Ansichten über Kunst interessieren, ersuche, darüber nur nach dem Buche in seinem wahren Aussehen zu urteilen. Der Abdruck des Buches in seiner entstellten Form mit meinem Namen geschah aus folgenden Gründen. Nach dem von mir schon längst gefaßten Entschlusse, meine Schriften der Censur nicht zu unterwerfen, die ich als eine unsittliche und unvernünftige Einrichtung ansehe, sondern sie nur in dem Zustande zu drucken, in dem sie geschrieben sind, hatte ich die Absicht, dieses Buch nur im Auslande drucken zu lassen; aber mein guter Bekannter, der Professor Grot, Redakteur einer moskauischen psychologischen Zeitschrift erfuhr von dem Inhalt meiner Arbeit und bat mich, das Buch in seiner Zeitschrift abdrucken zu dürfen. Grot versprach mir, den Aufsatz in seiner Gesamtheit durch die Censur durchzubringen, wenn ich mich mit ganz unbedeutenden Veränderungen, die einige Ausdrücke mäßigen, einverstanden erklärte. Ich hatte die Schwäche zuzustimmen und es endete damit, daß ein von mir unterzeichnetes Buch erschien, aus dem nicht nur einige wesentliche Gedanken gestrichen, sondern in das fremde und sogar meinen Überzeugungen vollständig entgegengesetzte Gedanken hineingeflickt wurden.

Dies geschah in folgender Weise. Zuerst milderte Grot meine Ausdrücke, zuweilen schwächte er sie ab, z. B. ersetzte er das Wort „stets" – durch das Wort „zuweilen"; das Wort „alle" – durch das Wort „einige"; das Wort „kirchlich" – durch das Wort „katholisch"; das Wort „Gottesmutter" – durch das Wort „Madonna"; das Wort

„Patriotismus" – durch das Wort „Pseudopatriotismus", das Wort „Palais" – durch das Wort „Palast" (das erste im Sinne der kaiserlichen und königlichen Palais, das zweite im Sinne von Häusern reicher Leute. Anm. d. Übers.) und dergleichen. Und ich fand es nicht für nötig zu protestieren. Als aber das Buch schon ganz abgedruckt war, verlangte die Censur, daß ganze Sätze geändert und gestrichen, und daß statt dessen, was ich über die Schädlichkeit des Landbesitzes sprach, die Schädlichkeit des landbesitzlosen Proletariates dargelegt werden solle. Ich erklärte mich auch damit und noch mit einigen Veränderungen einverstanden. Ich meinte, daß es sich nicht lohne, die ganze Sache wegen eines einzigen Ausdruckes über den Haufen zu werfen.

Wenn aber eine Veränderung zugelassen wurde, lohnte es sich auch nicht, wegen einer zweiten, einer dritten zu protestieren. So schlichen sich allmählich Ausdrücke in das Buch ein, die den Sinn entstellten und mir das zuschrieben, was ich unmöglich konnte gesagt haben wollen. So war dem Buche, als es gedruckt war, schon ein Teil seiner Einheitlichkeit und Aufrichtigkeit genommen. Aber man konnte sich damit trösten, daß das Buch auch bei diesem Aussehen, wenn es irgend etwas Gutes enthielte, den russischen Lesern Nutzen bringen werde, für die es im umgekehrten Falle unzugänglich sein würde. Aber dem war nicht so. *Nous comptions sans notre hôte.* Nach der gesetzlich bestimmten viertägigen Frist wurde das Buch mit Beschlag belegt und laut Verordnung von Petersburg aus an die geistliche Censur gegeben. Da sagte Grot sich von jeder Beteiligung an dieser Sache los und die geistliche Censur wirtschaftete in dem Buche, wie es ihr gefiel. Die geistliche Censur aber ist eine der unwissendsten, käuflichsten, dümmsten und despotischsten Einrichtungen von Rußland. Die Bücher, die in irgend etwas mit der Religion, die in Rußland als staatliche anerkannt ist, nicht übereinstimmen und die nach Rußland gelangen, werden fast stets ganz und gar verboten und verbrannt, wie dies mit allen meinen religiösen Werken, die in Rußland gedruckt worden sind, der Fall war. Wahrscheinlich hätte dies Buch dasselbe Schicksal erlitten, wenn die Redakteure der Zeitschrift nicht alle Mittel zu seiner Rettung angewandt hätten. Das Resultat dieser Bemühungen war, daß der geistliche Censor, ein Priester, der sich wahrscheinlich ebenso für die Kunst interessiert, wie ich mich für den Gottesdienst, und der ebensoviel davon verstand, der aber ein gutes Gehalt dafür erhält, daß er alles das, was seinen Vorgesetzten nicht gefallen würde, vernichtet – daß dieser alles das, was ihm gefährlich für seine Stellung erschien, ausstrich und dort, wo er es für nötig hielt, meine Gedanken durch seine ersetzte. So hat der Censor z. B. dort, wo ich von Christus spreche, der sich für die Wahrheit, zu der er sich bekannte, ans Kreuz schlagen ließ, diese Stelle gestrichen und „für das Menschengeschlecht" gesetzt, d. h. er hat mir auf diese Weise die Behauptung des Dogmas der Erlösung zugeschrieben, das ich als eins der unrichtigsten und schädlichsten Kirchendogmen ansehe. Nachdem der geistliche Censor alles in dieser Weise korrigiert hatte, erlaubte er das Buch zu drucken.

In Rußland kann man keinen Protest erheben: keine Zeitung wird ihn drucken; meinen Aufsatz von der Zeitschrift zurückzuziehen und dadurch den Redakteur in eine unangenehme Lage gegenüber dem Publikum zu bringen, konnte man auch nicht.

So blieb eben die Sache. Es erschien ein Buch unter meinem Namen, das Gedanken enthält, die für die meinen ausgegeben werden, die mir aber nicht gehören. –

Ich hatte meinen Aufsatz deshalb einer russischen Zeitschrift gegeben, damit, wie man mir versicherte, meine Gedanken, die nützlich sein können, den russischen Lesern bekannt würden – und es endete damit, daß ich meinen Namen auf ein Werk gesetzt habe, aus dem man schließen kann, daß ich vollständig willkürlich der allgemeinen Meinung entgegengesetzte Dinge behaupte, ohne Beweise anzuführen, daß ich nur den Pseudopatriotismus als schlecht ansehe, den Patriotismus überhaupt aber als ein sehr gutes Gefühl anerkenne, daß ich nur den Unsinn der katholischen Kirche verneine und nur an die Madonna nicht glaube, an die orthodoxe Kirche und an die Gottesmutter aber glaube, daß ich alle Schriften der Hebräer, die in der Bibel vereinigt sind, als heilige Bücher ansehe, und daß ich die Hauptbedeutung Christi in der Erlösung des menschlichen Geschlechtes durch seinen Tod erblicke.

Ich habe diese ganze Geschichte so umständlich erzählt, weil sie die unbestreitbare Wahrheit schlagend belegt, daß jeder Kompromiß mit einer Einrichtung, die Ihrem Gewissen widerspricht – ein Kompromiß, den man gewöhnlich im Hinblick auf allgemeinen Nutzen schließt – sie unvermeidlich statt zu nutzen, nicht nur in die

Anerkennung der Gesetzlichkeit der von ihnen nicht anerkannten Einrichtung hineinzieht, sondern auch in die Beteiligung an dem Schaden, den diese Einrichtung anrichtet.

Ich freue mich, daß ich wenigstens durch diese Erklärung den Fehler, in den ich durch meinen Kompromiß hineingezogen wurde, verbessern kann.

Am 17ten März 1899   Leo Tolstoi

Nehmen Sie eine beliebige Zeitung unserer Zeit und in jeder finden Sie eine Abteilung für Theater und Musik; fast in jeder Nummer finden Sie eine Beschreibung dieser oder jener Ausstellung oder eines einzelnen Bildes, und in jeder sind Berichte über neuerscheinende Bücher künstlerischen Inhalts, Gedichte, Novellen und Romane zu finden.

Es wird ausführlich und unmittelbar, nachdem es geschehen ist, berichtet, wie die Schauspielerin so und so, oder ein Schauspieler in dem und dem Drama, der und der Komödie oder Oper die eine oder die andere Rolle gespielt haben, welche Vorzüge sie dabei gezeigt haben, worin der Inhalt des neuen Dramas, der neuen Komödie oder Oper, ihre Mängel und Vorzüge bestehen. Mit derselben Ausführlichkeit und Gewissenhaftigkeit wird beschrieben, wie der und der Künstler dies oder jenes Stück gesungen oder auf dem Klavier oder der Geige vorgetragen hat, worin die Vorzüge und Mängel dieses Stückes und seines Vortrages liegen. In jeder großen Stadt ist immer, wenn nicht mehrere, so wenigstens doch eine Ausstellung neuer Bilder, deren Vorzüge und Mängel von den Kritikern und Kennern mit dem größten Tiefsinn einer Besprechung unterzogen werden. Fast jeden Tag erscheinen neue Romane, Gedichte in Sonderausgaben und in Zeitschriften, und die Zeitungen halten, es für ihre Pflicht, ihren Lesern ausführliche Berichte über diese Erzeugnisse der Kunst zu geben.

In Rußland, wo für die Volksbildung nur ein Hundertstel dessen, was zur Verschaffung von Lehrmitteln für das ganze Volk nötig ist, verausgabt wird, erhalten die Akademien, Konservatorien und Theater Millionen an Zuschüssen von der Regierung. In Frankreich werden für die Künste 8 Millionen bestimmt, dasselbe trifft man auch in Deutschland und England. In jeder großen Stadt baut man riesige Gebäude für Museen, Akademien, Konservatorien, dramatische Schulen, Vorstellungen und Konzerte. Hunderttausende von Arbeitern – Zimmerleute, Maurer, Maler, Tischler, Tapezierer, Schneider, Friseure, Juweliere, Bronzearbeiter, Setzer – verbringen ihr ganzes Leben in schwerer Arbeit zur Befriedigung der Forderungen der Kunst, so daß es kaum eine andere menschliche Thätigkeit, außer der militärischen, giebt, die so viel Kräfte verschlingt, wie die Kunst.

Nicht genug aber, daß solch eine große Arbeitskraft für diese Thätigkeit aufgewandt wird, – man vergeudet für sie ebenso, wie für den Krieg, einfach Menschenleben: hunderttausende von Menschen widmen von Jugend auf ihr ganzes Leben, um möglichst schnell die Beine drehen zu lernen (die Tänzer); andere (die Musiker), um möglichst schnell die Tasten oder die Saiten berühren zu lernen; andere (die Maler) um in Farben malen zu lernen und alles, was sie erblicken, wiederzugeben; die vierten um jede Phrase auf jegliche Art umzuwenden zu verstehen und für jedes Wort einen Reim zu finden. Und solche Menschen, die oft sehr gut, klug und zu jeder nützlichen Arbeit fähig sind, verwildern in diesen ausschließlichen sinnberaubenden Beschäftigungen, stumpfen gegen alle ernsten Erscheinungen des Lebens ab, werden einseitige und selbstzufriedene Spezialisten, die nur die Beine, die Zunge oder die Finger zu drehen verstehen.

Aber das ist nicht alles. Ich erinnere mich, wie ich einmal einer Probe einer der gewöhnlichen neuesten Opern, die in allen Theatern Europas und Amerikas aufgeführt werden, beiwohnte. Ich kam, als der erste Akt bereits begonnen hatte. Um in den Zuschauerraum zu treten, mußte ich durch die Kulissen durchgehen. Man führte mich durch dunkle Gänge und Durchgänge des Erdgeschosses des riesigen Gebäudes, an großen Maschinen zur Veränderung der Dekorationen und der Beleuchtung vorüber, wo ich Menschen erblickte, die in der Dunkelheit und im Staube an irgend etwas arbeiteten.

Einer von diesen Arbeitern mit einem grauen mageren Gesichte, in einer schmutzigen Bluse, mit schmutzigen Arbeitshänden, mit ausgespreizten Fingern, offenbar müde und mit irgend etwas unzufrieden, ging an mir vorbei und warf wütend einem anderen irgend etwas vor. Ich stieg eine dunkle Treppe hinauf und kam auf die Bühne hinter den Kulissen. Zwischen den umgeworfenen Dekorationen, Vorhängen, Stangen und Scheiben standen und bewegten sich Dutzende, wenn nicht Hunderte, geschminkter und aufgeputzter Männer in Kostümen, die die Waden umspannten, und Frauen, wie immer mit möglichst entblößtem Körper. Dies alles waren Sänger, Choristen, Choristinnen und Ballettänzerinnen, die, bis sie an der Reihe waren, warteten. Mein Führer leitete mich über die Bühne und eine Brücke aus Brettern durch den Orchesterraum, wo ungefähr hundert Musikanten jeglicher Art, vom Paukenschläger bis zum

Flötisten und Harfenspieler, saßen, nach dem dunklen Parterre. Auf einer Erhöhung zwischen zwei Lampen mit Reflektoren saß der Chef des musikalischen Teiles, der Dirigent des Orchesters der Sänger und überhaupt der ganzen Aufführung, mit einem Stöckchen in der Hand auf einem Sessel vor dem Notenpult.

Als ich kam, hatte die Vorstellung schon begonnen, und auf der Bühne wurde ein Zug von Indiern, die eine Braut hergeführt hatten, dargestellt. Außer den aufgeputzten Männern und Frauen liefen auf der Bühne noch zwei Menschen im Jackett herum und mühten sich ab: der eine war der Leiter des dramatischen Teiles und der andere, der mit ungewöhnlicher Leichtigkeit in weichen Schuhen einherging und von einer Stelle nach der anderen herumlief, war der Tanzlehrer, der in einem Monat mehr Gehalt als zehn Arbeiter in einem Jahr erhielt.

Diese drei Chefs ordneten den Gesang, das Orchester und den Zug. Der Zug wurde wie immer, paarweise, mit Hellebarden aus Glanzpapier auf den Schultern, ausgeführt. Alle kamen aus einer Stelle hervor, gingen im Kreise und noch einmal im Kreise herum und blieben darauf stehen. Der Zug kam lange nicht vorschriftsmäßig zu Stande: bald kamen die Indier mit den Hellebarden zu spät, bald zu früh, bald kamen sie zur Zeit, aber beim Rückzuge drängten sie sich zu sehr, oder aber sie stellten sich nicht, wie es sich gehörte, an den Seiten der Bühne auf, und jedes Mal wurde alles unterbrochen und von neuem begonnen. Der Zug wurde durch ein Rezitativ eines als Türken verkleideten Mannes eingeleitet, der mit sonderbar geöffnetem Munde sang: „ich begleite die Braut". Er singt und macht mit der Hand – die selbstverständlich entblößt ist – unter der Toga eine Bewegung. Und der Zug beginnt, aber da giebt das Waldhorn im Akkord zu dem Rezitativ nicht den passenden Ton, der Dirigent zuckt auf wie von einer Tarantel gestochen und schlägt mit dem Stöckchen auf das Pult. Alles bleibt stehen, der Dirigent wendet sich zu dem Orchester um, fährt den Waldhornisten an und schimpft ihn mit den gröbsten Schimpfworten, wie die Droschkenkutscher es thun, weil er nicht den richtigen Ton genommen hat. Und wiederum beginnt alles von Anfang an. Die Indier mit den Hellebarden kommen von neuem, in ihrer sonderbaren Schuhbekleidung weich dahinschreitend, wiederum singt der Sänger: „ich begleite di–e Bra–ut". Aber jetzt stehen die Paare zu eng aneinander.

Wiederum ein Klopfen mit dem Stöckchen, Schimpfworte, und wiederum fängt man von neuem an. Wieder das: „ich begleite di–e Bra–ut", wiederum dieselbe Geberde mit der entblößten Hand unter der Toga hervor und die Paare schreiten wiederum leise, mit den Hellebarden auf den Schultern, einige mit ernstem und traurigem Gesichte, einige unterhalten sich und lächeln, sie stellen sich im Kreise auf und fangen an zu singen. Alles scheint gut abgelaufen, aber wiederum klopft das Stöckchen und der Dirigent beginnt mit leidender und erboster Stimme die Choristen und Choristinnen zu schimpfen: es zeigt sich, daß die Choristen während des Gesanges nicht ab und zu die Hände zum Zeichen der Begeisterung erheben. „Was, seid ihr gestorben, wie? Ihr Ochsen! Seid ihr tot, daß ihr euch nicht rührt!" Wiederum beginnt es von neuem, wiederum das: „ich begleite di–e Bra–ut", wiederum singen die Choristinnen mit traurigen Gesichtern und erheben bald die eine, bald die andere Hand. Aber zwei Choristinnen unterhalten sich – wiederum ein verstärktes Klopfen des Stöckchens. „Was, seid ihr hierher gekommen um zu schwätzen? Ihr könnt zu Hause klatschen. Sie da, in den roten Hosen, treten Sie näher. Sehen Sie mich an. Von vorn!" Wiederum das: „ich begleite di–e Bra–ut". Und so dauert es ein, zwei, drei Stunden. Solch eine Probe dauert sechs Stunden hintereinander. Das Klopfen mit dem Stöckchen, Wiederholungen, Verteilung, Korrigieren der Sänger, des Orchesters, des Zuges, der Tänze, und alles wird mit einem wütenden Schelten gewürzt. Die Worte: „Esel, Dummköpfe, Idioten, Schweine", die bei den Musikanten und Sängern angewandt wurden, hörte ich im Laufe einer Stunde wohl vierzig Mal. Und der unglückliche, physisch und moralisch entstellte Mensch, der Flötist, der Waldhornist, dem die Schimpfwörter zufallen, schweigt und kommt dem Befehle nach: wiederholt zwanzig Mal „ich begleite die Braut" und singt zwanzig Mal eine und dieselbe Phrase und schreitet wiederum in gelben Schuhen mit der Hellebarde auf der Schulter. Der Dirigent weiß, daß diese Menschen so entstellt sind, daß sie zu nichts anderem taugen, als zu blasen und mit der Hellebarde in gelben Schuhen einherzugehen, daß sie aber zugleich an ein gutes luxuriöses Leben gewöhnt sind, und alles ertragen werden, um nur nicht dieses gute Leben zu entbehren, – und deshalb ergießt er sich ruhig seiner Grobheit, um so mehr, da er dies in Paris und Wien beobachtet hat und weiß, daß die besten Dirigenten so handeln, daß dies eine musikalische Tradition der berühmten Künstler ist, die von dem großen Werke ihrer Kunst so hingerissen sind, daß sie keine Zeit haben, die Gefühle der Darsteller zu berücksichtigen.

Es ist schwer, ein noch abscheulicheres Schauspiel anzutreffen. Ich habe gesehen, wie beim Abladen von Waren ein Arbeiter den anderen dafür, daß dieser die auf ihn gewälzte Last nicht gestützt hatte, schimpfte, oder wie bei der Heuernte der Starost einen Arbeiter dafür ausschimpfte, daß er das Ende des Heuschobers falsch zusammengestellt hatte, und der Arbeiter schwieg demütig. Und wenn es einem auch unangenehm ist, so etwas zu sehen, wird das unangenehme Gefühl durch das Bewußtsein gemildert, daß hier ein notwendiges und wichtiges Werk verrichtet wird, daß der Fehler, für den der Vorgesetzte den Arbeiter schimpft, ein wichtiges Werk verderben kann.

Was wird denn aber hier gethan, wozu und für wen? Es ist sehr möglich, daß er, der Dirigent, auch abgehetzt ist, wie jener Arbeiter; ja, man sieht sogar, daß er thatsächlich abgehetzt ist, aber wer heißt ihn denn sich abquälen? Ja, und um welche Sache quält er sich? Die Oper, die sie probten, war eine der gewöhnlichsten Opern für diejenigen, die sich daran gewöhnt haben, aber der größte Unsinn, den man sich nur vorstellen kann: ein indischer König will heiraten, man führt ihm eine Braut zu, er verkleidet sich als Sänger, die Braut verliebt sich in den vermeintlichen Sänger und ist in Verzweiflung, aber dann erfährt sie, daß der Sänger der König selbst sei, und alle sind sehr zufrieden.

Daß es solche Indier nie gegeben hat und nie geben kann und daß das, was sie darstellten, nicht nur keine Ähnlichkeit mit Indiern, sondern überhaupt mit nichts auf der Welt, mit Ausnahme der anderen Opern, hat, darüber kann es keinen Zweifel geben; daß man in solch einem Rezitativ nicht redet und die Gefühle nicht im Quartett offenbart, indem man sich in bestimmter Entfernung von einander hinstellt und die Hände bewegt, daß man mit solchen Hellebarden aus Glanzpapier, in Schuhen, paarweise, nirgend wo anders als im Theater herumgeht, daß man sich nicht in solcher Weise ärgert, nicht in solcher Weise gerührt wird, nicht so lacht, so weint und daß alle diese Vorstellungen niemand in der Welt rühren können, darüber kann es keinen Zweifel geben.

Unwillkürlich taucht immer die Frage auf: für wen wird dies

gethan? Wem kann dies gefallen? Wenn in dieser Oper auch ab und zu hübsche Motive vorkommen, die angenehm anzuhören sein würden, so könnte man sie doch einfach ohne diese dummen Kostüme, Aufzüge, Rezitative und Schwingungen der Hände singen. Das Ballet aber, wo halbentblößte Frauen wollüstige Bewegungen machen und sich in allerlei sinnlichen Guirlanden verwickeln, ist einfach eine sittenlose Vorstellung, so daß man es gar nicht begreifen kann, für wen dies berechnet ist. Dem gebildeten Menschen ist dies unerträglich, zum Überdruß; dem echten Arbeitsmenschen ist dies vollständig unbegreiflich. – Dies kann – und auch das ist noch fraglich – Menschen gefallen, die herrschaftliche Bedürfnisse angenommen haben, aber von den herrschaftlichen Vergnügungen nicht übersättigt sind, ausschweifenden Handwerkern, die ihre Bildung bekunden wollen, und jungen Lakaien.

Und diese ganze häßliche Dummheit wird nicht mit guter Heiterkeit und Schlichtheit, sondern mit Bosheit, mit tierischer Grausamkeit bereitet. Man sagt, daß dies für die Kunst gethan wird, die Kunst aber sei eine sehr wichtige Sache. Aber ist es wahr, daß dies die Kunst ist und daß die Kunst solch eine wichtige Sache ist, daß ihr solche Opfer gebracht werden können? Diese Frage ist deshalb besonders wichtig, weil die Kunst, derentwegen man die Arbeit von Millionen Menschen, selbst Menschenleben und hauptsächlich die Liebe zwischen den Menschen opfert, weil diese Kunst im Bewußtsein der Menschen immer mehr und mehr zu etwas unklarem und unbestimmtem wird. – Die Kritik, in der die Kunstfreunde früher eine Stütze für ihre Urteile über die Kunst fanden, ist in letzter Zeit so widersprechend geworden, daß, wenn man aus dem Gebiete der Kunst alles das, dem die Kritiker der verschiedenen Schulen selbst nicht die Zugehörigkeit zur Kunst zugestehen, ausschließt, fast nichts mehr von der Kunst übrig bleibt.

Gleich den Theologen verschiedener Lehren, schließen sich die Künstler der verschiedenen Richtungen aus und vernichten sich gegenseitig. Hören Sie die Künstler der jetzigen Schulen an und Sie werden auf allen Gebieten sehen, daß die einen Künstler die anderen nicht anerkennen: in der Poesie sehen sie alte Romantiker, die die Parnassier und Dekadenten nicht anerkennen; Parnassier, die die Romantiker und Dekadenten verneinen; Dekadenten, die alle Vorgänger und die Symbolisten nicht anerkennen; Symbolisten, die

alle Vorgänger und Magier abstreiten; und Magier, die alle ihre Vorgänger nicht anerkennen; im Roman sehen Sie Naturalisten, Psychologen, Realisten, die einander nicht anerkennen. Dasselbe ist auch
im Drama, der Malerei und der Musik der Fall. So daß die Kunst,
die eine riesige Arbeit des Volkes und Menschenleben verschlingt
und die Liebe unter den Menschen zerstört, nicht nur nichts klares
und fest bestimmtes ist, sondern von ihren Freunden so widersprechend aufgefaßt wird, daß es schwer ist, zu sagen, was überhaupt
unter Kunst, besonders unter guter nützlicher Kunst, unter einer solchen verstanden wird, in deren Namen jene Opfer, die man ihr
bringt, gebracht werden können.

Für jedes Ballet, jeden Zirkus, jede Oper, Operette, Ausstellung, jedes Bild, Konzert, für den Druck eines Buches – ist eine anstrengende Arbeit tausender und abertausender von Menschen nötig, die häufig unfreiwillig eine verderbliche und erniedrigende Arbeit verrichten. Es wäre doch gut, wenn die Künstler ihr ganzes Werk selbst verrichteten, sie alle aber bedürfen der Hilfe der Arbeiter nicht allein zur Erzeugung der Kunst, sondern auch für ihr größtenteils luxuriöses Leben; sie erhalten dieselbe auch in der oder jener Weise entweder in Form von Bezahlung seitens reicher Leute oder seitens der Regierung in Form von Subsidien, die ihnen in Millionen für Theater, Konservatorien und Akademien erteilt werden. Dieses Geld aber wird von dem Volke eingesammelt, dem man die Kuh zu diesem Zweck verkauft und das nie jene ästhetischen Genüsse, die die Kunst bietet, ausnützt.

Es war doch gut für den griechischen und römischen Künstler, sogar den russischen Künstler der ersten Hälfte unseres Jahrhunderts, als es noch Sklaven gab und man der Meinung war, daß es so nötig sei, mit ruhigem Gewissen die Menschen zu veranlassen, sich und seinem Vergnügen zu dienen; aber in unserer Zeit, wo in allen Menschen, wenn auch ein dunkles Bewußtsein von der Gleichberechtigung aller Menschen existiert, kann man nicht Menschen unfreiwillig für die Kunst zu arbeiten veranlassen, ohne vorher die Frage zu lösen: ist es wahr, daß die Kunst solch eine gute und wichtige Sache ist, daß sie diese Gewaltthätigkeit rechtfertigt?

Denn der Gedanke ist entsetzlich, daß es doch sehr möglich sein kann, daß der Kunst schreckliche Opfer an Arbeit, Menschenleben und Sittlichkeit gebracht werden, daß diese Kunst aber nicht nur keine nützliche, sondern eine schädliche Sache ist. Und deshalb muß die Gesellschaft, in der Erzeugnisse der Kunst entstehen und unterstützt werden, wissen, ob alles das thatsächlich Kunst ist, was für solche ausgegeben wird, und ob alles das gut ist, was Kunst ist, wie dies in unserer Gesellschaft angenommen wird. Wenn es aber gut ist, ist es auch wichtig und jener Opfer wert, die dafür verlangt werden. Und dies muß jeder gewissenhafte Künstler genau wissen, um überzeugt zu sein, daß alles das, was er schafft, einen Sinn hat, nicht aber um der Begeisterung jenes kleinen Kreises von Menschen

willen da ist, in deren Mitte er lebt, wodurch er bei sich eine falsche
Überzeugung hervorruft, daß er ein gutes Werk thut, und daß das,
was er von anderen Menschen als Unterstützung seines meist sehr
luxuriösen Lebens nimmt, durch die Werke, an denen er arbeitet,
aufgewogen wird. Und deshalb ist die Beantwortung dieser Fragen
in unserer Zeit besonders wichtig.

Was ist denn eigentlich diese Kunst, die für so wichtig und un-
entbehrlich für die Menschheit gehalten wird, daß man für sie jene
Opfer nicht allein an Arbeit und Menschenleben, sondern auch von
dem Guten, die ihr gebracht werden, bringen kann?

Was ist Kunst? Wie, was ist Kunst? Kunst ist Architektur, Skulptur, Malerei, Musik, Poesie in allen ihren Arten, wird gewöhnlich
ein Durchschnittsmensch, ein Kunstfreund und sogar ein Künstler
selbst antworten, in der Annahme, daß die Sache, von der er spricht,
vollständig klar und gleich von allen Menschen verstanden wird.
Aber, werden Sie fragen, in der Architektur giebt es einfache Bauten,
die keinen Gegenstand der Kunst ausmachen, und außerdem Bauten, die die Prätension haben, Gegenstände der Kunst zu sein, miß-
glückte verstümmelte Bauten, die deshalb nicht als Gegenstände der
Kunst anerkannt werden können. Worin besteht denn das Merkmal
eines Kunstgegenstandes?

Dasselbe ist auch in der Skulptur, in der Musik und in der Poesie
der Fall. Die Kunst aller Arten hört einerseits mit dem praktischen,
nützlichen, andererseits mit mißglückten Versuchen der Kunst auf.
Wie kann man die Kunst von dem einen oder anderen trennen? Der
gebildete Durchschnittsmensch und sogar ein Künstler, der sich
nicht speziell mit Ästhetik befaßt hat, wird auch bei dieser Frage
keine Schwierigkeit sehen. Ihm scheint es, als ob dieses alles längst
gelöst und allen wohl bekannt sei.

„Die Kunst ist eine Thätigkeit, die die Schönheit offenbart", –
wird die Antwort eines solchen Durchschnittsmenschen lauten.
„Aber, wenn darin die Kunst besteht, ist das Ballet, die Operette
dann auch Kunst?" – werden Sie fragen. „Ja" – wird der Durchschnittsmensch antworten, obgleich etwas unsicher. „Ein gutes Ballet und eine graziöse Operette sind auch Kunst, in dem Maße, in
dem sie die Schönheit offenbaren".

Aber sogar, ohne daß Sie den Durchschnittsmenschen weiter fragen, wodurch ein gutes Ballet und eine graziöse Operette sich von

einer ungraziösen unterscheiden, – Fragen, die er schwer beantworten könnte, – wenn Sie denselben Durchschnittsmenschen fragen werden, ob man als Kunst die Thätigkeit des Theaterschneiders und des Friseurs, die die Figuren und Gesichter der Frauen im Ballet und in der Operette verschönern, und des Schneiders Worth, des Parfümeurs und des Kochs anerkennen kann – so wird er in den meisten Fällen die Zugehörigkeit der Thätigkeit des Schneiders, des Friseurs, des Theaterschneiders und des Kochs zur Kunst ablehnen. Aber darin irrt sich der Durchschnittsmensch gerade deshalb, weil er ein Durchschnittsmensch, aber kein Spezialist ist, und sich nicht mit den Fragen der Ästhetik beschäftigt hat. Wenn er sich damit beschäftigt hätte, so hätte er in dem Buche des berühmten Rénan „Marc Aurèle" die Meinung gefunden, daß die Schneiderkunst eine Kunst ist, und daß die Menschen sehr beschränkt und stumpf sind, die in der Kleidung der Frau nicht eine Sache der höchsten Kunst erblicken. „C'est le grand art", sagt er. Außerdem würde der Durchschnittsmensch erfahren, daß in vielen Werken über Ästhetik, wie zum Beispiel in dem Werke des gelehrten Professors Kralik „Weltschönheit, Versuche einer allgemeinen Ästhetik" und in dem Guiot's „Les problêmes de l'estehétique" die Kostümkunst, die Kunst des Geschmack- und Tastsinnes als Kunst anerkannt werden.

„Es folgt nun ein Fünfblatt von Künsten, die der subjektiven Sinnlichkeit entkeimen", sagt Kralik (S. 175). „Sie sind die ästhetische Behandlung der fünf Sinne".

Die fünf Künste sind folgende:

Die Kunst des Geschmacksinnes (S. 175),
Die Kunst des Geruchsinnes (S. 177),
Die Kunst des Tastsinnes (S. 180),
Die Kunst des Gehörsinnes (S. 182),
Die Kunst des Gesichtsinnes (S. 184).

Von der ersten, der Kunst des Geschmacksinnes, heißt es wie folgt: „Man hält zwar gewöhnlich nur zwei oder höchstens drei Sinne für würdig, den Stoff künstlerischer Behandlung abzugeben, aber ich glaube nur mit bedingtem Recht. Ich will kein allzu großes Gewicht darauf legen, daß der gemeine Sprachgebrauch manche andere Künste, wie zum Beispiel die Kochkunst kennt".

Und weiter:

„Und es ist doch gewiß eine ästhetische Leistung, wenn es der Kochkunst gelingt, aus einem tierischen Kadaver einen Gegenstand des Geschmacks in jedem Sinne zu machen. Der Grundsatz der Kunst des Geschmacksinnes (die mehr umfaßt als die sogenannte Kochkunst) ist also dieser: Es soll alles genießbare als Sinnbild einer Idee behandelt werden, und jedesmal im Einklang stehen mit der auszudrückenden Idee".

Der Autor erkennt, gleich Renan, eine Kostümkunst und andere an. (S. 200.)

Die gleiche Meinung hat auch der von einigen Schriftstellern unserer Zeit sehr hochgeschätzte französische Schriftsteller Guiot. In seinem Buche *„Les problêmes de l'esthétique"* sagt er in allem Ernste, daß der Tast-, Geschmack- und Geruchsinn ästhetische Eindrücke erzeuge oder erzeugen könne:

„Si la couleur manque au toucher, il nous fournit en revanche uns notion, que l'œil seul ne peut nous donner et qui a une valeur esthétique considérable: celle du doux, du soyeux, du poli. Ce qui caractérise la beauté du velours c'est la douceur au toucher non moins que son brillant. Dans l'idee que nous nous faisons de la beauté d'une femme, la velouté de sa peau entre comme élément essentiel".

„Chacun de nous probablement avec un peu d'attention se rappellera des jouissances du goût, qui ont été de véritables jouissances esthétiques".

Und er erzählt, wie ein von ihm in den Bergen genossenes Glas Milch ihm einen ästhetischen Genuß bereitet hat.

So ist also der Begriff der Kunst, als einer Offenbarung der Schönheit, nicht ganz so einfach, wie es scheint, besonders jetzt, wo man in diesen Begriff der Schönheit auch unsern Tast-, Geschmack- und Geruchsinn einschließt, wie dies die neueren Ästhetiker thun.

Aber der Durchschnittsmensch kennt dies nicht oder er will es nicht kennen, und ist fest davon überzeugt, daß alle Fragen der Kunst sehr einfach und klar durch die Anerkennung der Schönheit als des Inhalts der Kunst zu lösen sind. Dem Durchschnittsmenschen scheint es klar und begreiflich, daß die Kunst ein Produkt der Schönheit ist, und durch die Schönheit erklären sich für ihn alle Fragen der Kunst.

Aber was ist denn die Schönheit, die nach seiner Meinung den Inhalt der Kunst ausmacht? Wie wird sie bestimmt und was ist sie? Wie das überall so ist, – je unklarer, verworrener ein Begriff ist, der durch das Wort ausgedrückt wird, mit desto größerem Selbstbewußtsein und desto größerer Zuversicht gebrauchen die Menschen dies Wort und geben sich den Anschein, als ob das, was sie unter diesem Worte verstehen, so einfach und klar sei, daß es sich nicht mal lohne, darüber, was es eigentlich bedeutet, zu reden; so handelt man gewöhnlich in abergläubisch-religiösen Fragen und so handeln die Menschen in unserer Zeit in Bezug auf den Begriff der Schönheit. – Man setzt voraus, daß das, was man unter dem Worte Schönheit versteht, allen bekannt und verständlich sei.

Indessen ist dies nicht allein unbekannt, sondern nachdem über diesen Gegenstand im Laufe von 150 Jahren, seit 1750 – wo die Ästhetik durch Baumgarten begründet wurde – Berge von Büchern von den gelehrtesten und tiefsinnigsten Menschen geschrieben sind, bleibt bis jetzt die Frage: „was ist Schönheit?" vollständig offen und in jedem neuen Werke über Ästhetik wird sie durch eine neue Methode gelöst. Eins der letzten Bücher über Ästhetik, das ich unter anderen gelesen habe, ist ein hübsches Büchlein von Julius Mithalter, „das Rätsel des Schönen!" betitelt. Und dieser Titel zeigt vollständig richtig die Lage der Frage: „was ist Schönheit?" Die Bedeutung des Wortes Schönheit ist ein Rätsel geblieben nach 150jähriger Erörterung durch Tausende von gelehrten Männern über die Bedeutung dieses Wortes. Die Deutschen lösen dieses Rätsel in ihrer Weise, obgleich auch in hundert verschiedenen Arten. Die Physiologen-Ästhetiker, insbesondere Engländer der Spencer-Grant-Allenschen Schule, lösen es auch jeder in seiner Art; die französischen Eklektiker und die Anhänger Guiots und Taines auch jeder in seiner Art, und alle diese Menschen kennen alle vorhergehenden Definitionen von Baumgarten, Kant, Schelling, Schiller, Fichte, Winckelmann, Lessing, Hegel, Schopenhauer, Hartmann, Schaßler, Cousin, Levèque u. a.

Was ist denn dieser sonderbare Begriff der Kunst, der denen so begreiflich erscheint, die über das, wovon sie reden, nicht nachdenken, über dessen Definition aber im Laufe von anderthalb Jahrhunderten alle Philosophen der verschiedensten Richtungen und der verschiedenen Völker nicht einig werden können?

Was ist der Begriff der Schönheit, auf den die herrschende Lehre über die Kunst gegründet ist?

Unter dem Worte Schönheit verstehen wir in der russischen Sprache nur das, was unserem Auge gefällt. Obgleich man in letzter Zeit auch angefangen hat zu sagen: „eine unschöne Handlung", „schöne Musik", aber das ist nicht russisch.

Ein Russe aus dem Volke, der keine ausländischen Sprachen versteht, wird Sie nicht begreifen, wenn Sie ihm sagen würden, daß der Mensch, der einem anderen seine letzte Kleidung oder irgend etwas ähnliches abgegeben hat, „schön" gehandelt habe, oder daß er, indem er einen anderen betrogen hat, „unschön" gehandelt habe, oder daß das Lied „schön" sei. Im Russischen kann eine Handlung gut, brav oder nicht gut und nicht brav sein, die Musik kann angenehm und gut, und unangenehm und nicht gut sein, aber schön oder unschön kann die Musik nicht sein.

Schön kann ein Mensch, ein Pferd, ein Haus, eine Aussicht, eine Bewegung sein, aber von Handlungen, Gedanken, Charakter, Musik, wenn sie uns sehr gefallen, können wir sagen, daß sie gut sind und nicht gut, falls sie uns mißfallen; „schön" aber kann man nur sagen von dem, was dem Auge gefällt. – So daß das Wort und der Begriff „gut" den Begriff „schön" einschließen, aber nicht umgekehrt: der Begriff „schön" deckt sich nicht mit dem Begriff „gut". Wenn wir von einem Gegenstände, der nach seinem Aussehen geschätzt wird, „gut" sagen, so sprechen wir damit zugleich aus, daß dieser Gegenstand schön ist; aber wenn wir „schön" sagen, so bedeutet das durchaus nicht, daß dieser Gegenstand gut sei.

Dies ist die Bedeutung, welche die russische Sprache – folglich der russische Volkssinn – den Worten und Begriffen – gut und schön – zuschreibt. In allen europäischen Sprachen aber, in den Sprachen jener Völker, unter denen die Lehre von der Schönheit als des Wesens der Kunst verbreitet ist, haben die Worte *„beau"*, „schön", *„beautiful"*, *„bello"* die Bedeutung der Schönheit der Form beibehalten und bedeuten zugleich Güte, Bravheit u.s.w., sie ersetzen das Wort „gut".

So daß in diesen Sprachen schon als vollständig natürliche Ausdrücke z. B. *„belle âme,* schöne Gedanken, *beautiful deed"* gebraucht werden; zur Bezeichnung der Schönheit der Form aber haben diese Sprachen kein dementsprechendes Wort und sie müssen die Vereinigung der Worte *„beau par la forme“* u.s.w. gebrauchen.

Die Betrachtung derjenigen Bedeutung, die das Wort „Schönheit“, „schön“ in unserer Sprache hat, ebenso, wie auch in allen alten Sprachen, einschließlich der europäischen Sprachen, derselben in deren Gebiet die ästhetische Theorie aufgestellt ist, zeigt uns, daß dem Worte „Schönheit“ von diesen Völkern eine besondere Bedeutung gegeben ist, nämlich die Bedeutung des Guten.

Merkwürdig ist dabei, daß seit der Zeit, wo wir Russen uns mehr und mehr die europäischen Ansichten über die Kunst aneignen, auch in unserer Sprache sich dieselbe Evolution zu vollziehen anfängt, und man redet und schreibt schon ganz überzeugungsvoll und ohne jemand in Verwunderung zu setzen über schöne Musik und unschöne Handlungen und Gedanken sogar, während vor 40 Jahren, in meiner Jugend, die Ausdrücke „schöne Musik“ und „unschöne Handlungen“ nicht nur ungebräuchlich, sondern unverständlich waren. Offenbar macht sich auch die russische Gesellschaft diese neue Bedeutung der Schönheit, die ihr der europäische Gedanke giebt, zu eigen.

Worin besteht denn diese Bedeutung? Was ist denn Schönheit, wie sie die europäischen Völker verstehen?

Um diese Frage zu beantworten, werde ich hier wenigstens einen kleinen Teil derjenigen Definitionen der Schönheit anführen, die am meisten in den bestehenden Werken über Ästhetik verbreitet sind. Ich bitte den Leser sehr, sich nicht zu langweilen und diese Zitate zu lesen, oder was noch besser wäre, wenigstens irgend ein gelehrtes Werk über Ästhetik zu lesen. Abgesehen von den großen deutschen Werken über die Ästhetik, sind für diesen Zweck sehr gut das deutsche Buch von Kralik, das englische von Knight und das französische von Levèque. Man muß irgend ein gelehrtes Werk über die Ästhetik lesen, um sich selbst eine Vorstellung über die Verschiedenartigkeit der Urteile und der grauenvollen Unklarheit zu bilden, die auf diesem Gebiete herrscht, aber man darf in dieser wichtigen Frage nicht irgend einem aufs Wort glauben.

Der deutsche Ästhetiker Schaßler sagt zum Beispiel folgendes über den Charakter aller ästhetischen Forschungen im Vorworte zu seinem berühmten ausführlichen und gediegenen Buche über die Ästhetik:

„Zunächst, was die Form betrifft, so ist zu sagen, daß vielleicht auf keinem andern Gebiet der philosophischen Wissenschaften ein solch krasser und fast unvermittelter Gegensatz der Behandlungs- und Darstellungsweise herrscht, wie auf dem Gebiete der Ästhetik, auf der einen Seite – vom Anschein nach für die lebendige Anschauung der Künstler und des kunstgebildeten Laientums berechnet – eine phrasenhafte Schönrednerei ohne tieferen Gehalt und meist einseitigster Oberflächlichkeit; auf der anderen, bei wirklich tiefem Gehalt und substanziellem Reichtum, eine fast abschreckende Schwerfälligkeit der philosophischen Sprachtechnik, welche selbst die einfachsten Dinge zuvor mit dem äußeren Dekorum abstrakter Wissenschaftlichkeit zu umkleiden sich bemüht, um sie so zu sagen hoffähig für den Eintritt in die geheiligten Hallen des Systems zu machen; zwischen beiden dann, als eine Art Übergang, ein bald mit Schönrednerei, bald mit Wissenschaftlichkeit kokettierender Eklektizismus, dessen Standpunkt gegen den poetischen Schein der ersten Klasse, wie gegen die nüchterne, aber tiefe Vernünftigkeit der zweiten als der des verständigen Reflektierens bezeichnet werden kann. Die über diese drei mangelhaften Weisen hinausliegende, wahrhaft konkrete Form des Vortrags, nämlich die ebenso inhaltvolle, wie klare Sprache eines (im guten Sinne des Wortes) populären Stils der philosophischen Darstellung findet man in der That nirgends seltener als auf dem ästhetischen Gebiet." (Schaßler, Kritische Geschichte der Ästhetik, 1872. I. S. XIII).

Man braucht nur das Buch eben dieses Schaßler zu lesen, um sich von der Richtigkeit seines Urteils zu überzeugen.

„Il n'y a pas de Science", – sagt ebenfalls über diesen Gegenstand der französische Schriftsteller Véron im Vorworte zu feinem sehr guten Buche über die Ästhetik – *„qui ait été de plus, que l'esthétique, livrée aux rêveries de metaphysiciens. Depuis Platon jusqu' aux doctrines officielles de nos jours, on a fait de l'art je ne sais quel amalgame de fantaisies quintessenciées et de mystères transcendentaux, qui trouvent leur expression suprême dans la conception absolue du beau idéal prototype immuable et divin des choses réelles."* (Véron, *L'esthetique*, 1878 p. V).

Dies Urteil ist mehr als richtig, wovon sich der Leser überzeugen wird, wenn er sich die Mühe nimmt, folgende von mir aus den Werken der hauptsächlichsten Schriftsteller über Ästhetik entnommene Definitionen der Schönheit durchzulesen.

Ich werde die Definitionen der Schönheit, die man den Alten:

Sokrates, Plato, Aristoteles und bis zu Plotin, zuschreibt, nicht zitieren, denn im Grunde genommen existierte bei den Alten jener Begriff der Schönheit nicht, der von dem des Guten getrennt ist und der die Grundlage und das Ziel der Ästhetik unserer Zeit ausmacht. Indem wir die Urteile der Alten über die Schönheit unserem Begriffe von Schönheit anpassen, wie dies gewöhnlich in der Ästhetik gethan wird, verleihen wir den Worten der Alten einen Sinn, den sie nicht gehabt haben (siehe darüber das ausgezeichnete Buch von Bénard „L'esthetique d'Aristote" und von Walter „Geschichte der Ästhetik im Altertum").

Ich beginne mit dem Begründer der Ästhetik, Baumgarten (1714–1762). Nach Baumgarten (s. Schaßler, S. 361) ist das Objekt der logischen Erkenntnis *die Wahrheit*, das Objekt der ästhetischen (d. h. sinnlichen) Erkenntnis – *die Schönheit*. Die Schönheit ist das Vollkommene (das Absolute), das von den Sinnen wahrgenommen wird. Die Wahrheit ist das Vollkommene, das von dem Verstande erkannt wird. Das Gute ist das Vollkommene, das vom moralischen Willen erreicht wird.

Die Schönheit wird, nach Baumgarten, durch die wahrnehmbare Übereinstimmung, d. h. die Ordnung der Teile und zwar sowohl in ihrem Verhältnis zu einander als zum Ganzen bestimmt. Der Zweck der Schönheit selbst aber besteht darin, zu gefallen und ein Verlangen zu erregen – ein Satz, der, nach Kant, der Haupteigenschaft und dem Kennzeichen der Schönheit strikte entgegengesetzt ist.

Über die Offenbarung der Schönheit aber meint Baumgarten, daß wir die höchste Verwirklichung der Schönheit in der Natur erkennen, und deshalb ist die Nachahmung der Natur, nach Baumgarten, die höchste Aufgabe der Kunst (ebenfalls ein Satz, der den Urteilen der späteren Ästhetiker direkt entgegengesetzt ist).

Ich übergehe die wenig bedeutenden Anhänger Baumgartens – Meyer, Eschenburg, Eberhardt – die nur ein wenig die Anschauungen des Lehrers ändern, indem sie das Angenehme von dem Schönen trennen, und gebe nun die Definitionen der Schönheit von Schriftstellern wieder, die gleich nach Baumgarten erschienen und die die Schönheit ganz anders definieren. Diese Schriftsteller sind Schütz, Sulzer, Mendelsohn und Moritz; sie erkennen im Gegensatz zu dem Grundsatze Baumgartens als Ziel der Kunst nicht die Schönheit, sondern das Gute an. So sagt Sulzer (1720–1779), daß als schön nur dasjenige anerkannt werden kann, was das Gute in sich enthält. Nach Sulzer ist das Ziel des ganzen Lebens der Menschheit das Wohl des gesellschaftlichen Lebens. Dies wird durch die Erziehung des moralischen Gefühls erreicht und diesem Zwecke muß die Kunst untergeordnet sein. Schönheit ist das, was dies Gefühl erweckt und erzieht.

Beinahe ebenso faßt auch Mendelsohn (1729–1756) die Schönheit auf. Die Kunst ist nach Mendelsohn (Schaßler, S. 369) eine Erhebung des Schönen, das mittels dunkler Vorstellung erkannt wird, zum Wahren und Guten. Der Zweck der Kunst aber ist die moralische Vollkommenheit. Für die Ästhetiker dieser Richtung ist das Ideal der Schönheit eine schöne Seele in einem schönen Körper. So daß bei diesen Ästhetikern die Teilung des Vollkommenen (des Absoluten) in seine drei Formen: die Wahrheit, das Gute und die Schönheit ganz verschwindet, und die Schönheit wiederum mit dem Guten und der Wahrheit zusammenfließt.

Aber diese Auffassung der Schönheit wird von den späteren Ästhetikern nicht nur nicht beibehalten, sondern es erscheint die Ästhetik von Winckelmann, die wiederum im vollen Gegensatze zu diesen Anschauungen steht, die in entschiedenster und schärfster Weise die Aufgaben der Kunst von dem Ziele des Guten trennt und als Ziel der Kunst lediglich die äußere und sogar einzig die Plastische Schönheit hinstellt. Dieselben Ansichten teilte auch Lessing und dann Goethe.

Nach dem berühmten Werke Winckelmanns (1747–1767) ist das Gesetz und das Ziel jeder Kunst nur die Schönheit, die von dem Guten vollständig getrennt und unabhängig ist. Es giebt aber dreierlei Arten Schönheit: 1. die Schönheit der Form; 2. die Schönheit der Idee, die sich in der Haltung der Figur offenbart (in der plastischen Kunst) und 3. die Schönheit des Ausdrucks, die nur beim Vorhandensein der zwei ersten Bedingungen möglich ist; diese Schönheit des Ausdrucks ist das höchste Ziel der Kunst, welches in der antiken Kunst verwirklicht worden ist, aus welchem Grunde die gegenwärtige Kunst streben muß, der antiken nachzuahmen. (Ebd. S. 388–390).

Ebenso fassen auch Lessing, Herder, nachher Goethe und alle hervorragenden Ästhetiker Deutschlands bis auf Kant die Kunst auf. Von da ab beginnt wiederum eine andere Auffassung der Kunst.

In England, Frankreich, Italien und Holland entstehen zu gleicher Zeit unabhängig von den deutschen Schriftstellern eigene ästhetische Theorien, die ebenso unklar und widersprechend sind; aber alle Ästhetiker nehmen wie die Deutschen, zur Grundlage ihrer Betrachtungen den Begriff der Schönheit und fassen die Schönheit auf als etwas absolut Bestehendes und mehr oder weniger mit dem

Guten sich verschmelzendes, oder als etwas, das einen gemeinsamen Ursprung mit diesem hat.

In England schreiben fast zu gleicher Zeit mit Baumgarten, sogar ein wenig früher, Shaftesbury, Hutscheson, Home, Burke, Hogard u. a. über die Kunst.

Nach Shaftesbury (1670–1713) ist das, was schön ist, harmonisch und proportionell, was schön und proportionell ist, ist wahr *(true)*; was aber schön und zu gleicher Zeit wahr ist, ist angenehm und gut *(good)*. Die Schönheit wird nach Shaftesbury nur durch den Geist erkannt. Gott ist die Grundschönheit, – die Schönheit und das Gute entströmen aus ein und derselben Quelle. (Knight, *„The Philosophy of the Beautiful,* I. S. 165 bis 166). So daß, nach Shaftesbury, obgleich die Schönheit auch als etwas von dem Guten unabhängiges betrachtet wird, sie doch wiederum zu etwas Unzertrennbarem mit ihm verschmilzt.

Nach Hutscheson (1694–1744), in dessen Werke *„Origin of our ideas of beauty and virtue"* ist das Ziel der Kunst die Schönheit, deren Wesen in der Offenbarung der Einheit in der Vielheit besteht. In der Erkenntnis aber dessen, was Schönheit ist, leitet uns ein ethischer Instinkt *(an internal sense)*. Dieser Instinkt aber kann dem ästhetischen entgegengesetzt sein. So daß, nach Hutscheson, die Schönheit nicht mehr immer mit dem Guten zusammenfällt, sich von ihm trennt und ihm entgegengesetzt ist.

Nach Hume (1696–1782) ist Schönheit das, was angenehm ist. Und deshalb wird die Schönheit nur durch den Geschmack bestimmt. Die Grundlage des richtigen Geschmacks aber besteht darin, daß der größte Reichtum, die Fülle, die Stärke und die Verschiedenartigkeit der Eindrücke in möglichst beschränkten Grenzen liegt. Darin liegt das Ideal eines vollkommenen Erzeugnisses der Kunst.

Nach Burke (1730–1797): *„Enquiry into the origin of our ideas of the sublime and the beautiful"* haben das Erhabene und das Schöne, die das Ziel der Kunst bilden, das Gefühl der Selbsterhaltung und des Gemeinwesens zu ihrer Grundlage. Diese Gefühle sind, in ihren Quellen betrachtet, die Mittel zur Erhaltung des Geschlechtes durch das Individuum. Das erstere wird durch die Nahrung, die Verteidigung und den Krieg erreicht, das zweite durch die Gemeinschaft und die Vermehrung. Und deshalb ist die Selbsterhaltung und der mit ihr verbundene Krieg die Quelle des Erhabenen; das Gemeinwesen und der mit ihr verbundene geschlechtliche Trieb sind die Quelle der Schönheit (Kralik, Weltschönheit, Versuch einer allgemeinen Ästhetik, S. 304–306).

So lauten im 18. Jahrhundert die hauptsächlichen englischen Definitionen der Kunst und der Schönheit.

Zu derselben Zeit schreiben über die Kunst in Frankreich Père André, Batteux, dann Diderot, D'Alambert und einiges auch Voltaire.

Nach Père André (*Essai sur le Beau, 1741*) giebt es drei Arten Schönheit: 1. die göttliche Schönheit; 2. die natürliche, angeborene Schönheit und 3. die künstliche Schönheit (Knight, S. 101).

Nach Batteux (1713–1780) besteht die Kunst in der Nachahmung der Naturschönheit und ihr Ziel ist Genuß (Schaßler, S. 316). So lautet auch Diderots Definition der Kunst. Als das, was entscheidet, was schön ist, wird ebenso wie bei den Engländern der Geschmack angenommen. Die Gesetze des Geschmacks aber werden nicht nur nicht festgesetzt, sondern man bekennt, daß dies unmöglich sei. Derselben Meinung sind auch D'Alambert und Voltaire (Knight, S. 102–104).

Nach dem italienischen Ästhetiker derselben Zeit, Pagano, ist die Kunst die Vereinigung der in der Natur zerstreuten Schönheiten zu einem Ganzen. Die Fähigkeit, diese Schönheiten zu sehen, ist der Geschmack, die Fähigkeit, sie in ein Ganzes zu vereinigen, ist das künstlerische Genie. Nach Pagano verschmilzt die Schönheit mit dem Guten derart, daß die Schönheit das sich offenbarende Gute ist, das Gute aber die innere Schönheit.

Nach der Meinung anderer Italiener aber – Muratori (1672–1750 *Riflessioni sopro il buon, gusto intorno le scienze et le arti*) und insbesondere Spaletti (*Saggio sopro la bellezza*, 1765, Schaßler, S. 328) wird die Kunst von der egoistischen Empfindung abgeleitet, die, wie auch bei Burke, auf den Selbsterhaltungs- und den Gesellschaftstrieb begründet ist.

Von den Holländern ist Hemsterhuis (1720–1790), bemerkenswert, der auf die deutschen Ästhetiker und Goethe von Einfluß gewesen ist. Nach seiner Lehre ist Schönheit das, was den größten Genuß bereitet, den größten Genuß aber bietet das, was uns die größte Anzahl von Ideen in der allerkürzesten Zeit giebt. Der Genuß des

Schönen ist die höchste Erkenntnis, die ein Mensch erreichen kann, weil er in der kürzesten Zeit die größte Zahl Perceptionen giebt (Schaßler, S. 331–333).

So lauteten die Theorien der Ästhetik außerhalb Deutschlands im Laufe des 18. Jahrhunderts. In Deutschland aber erscheint nach Winckelmann wiederum eine ganz neue ästhetische Theorie von Kant (1724–1804), die mehr als alle anderen das Wesen des Begriffes der Schönheit, folglich auch der Kunst, erklärt. Die Ästhetik Kants ist folgendermaßen begründet: nach Kant erkennt der Mensch die Natur außerhalb seiner selbst und sich selbst in der Natur. In der Natur außerhalb seiner selbst sucht er die Wahrheit, in sich selbst sucht er das Gute – das eine ist das Werk der *reinen*, das andere das der *praktischen* Vernunft (Freiheit). Außer diesen beiden Werkzeugen der Erkenntnis giebt es nach Kant noch eine Urteilskraft, die Urteile ohne Begriff und Wohlgefallen ohne Interesse erzeugt. Diese Fähigkeit bildet auch die Grundlage des ästhetischen Gefühls. Die Schönheit aber im subjektiven Sinne ist, nach Kant, das, was ohne Begriff und ohne praktischen Nutzen überhaupt notwendig gefällt, im objektiven Sinne aber ist dies die Form des zweckmäßigen Gegenstandes in dem Maße, in dem derselbe ohne jede Vorstellung über den Zweck empfunden wird. (Schaßler S. 525–528).

In derselben Weise wird der Begriff der Schönheit von den Nachfolgern Kants, unter anderen von Schiller bestimmt. Nach Schiller (1759–1805), der viel über Ästhetik geschrieben hat, ist das Ziel der Kunst, ebenso wie auch nach Kant, die Schönheit, deren Quelle der Genuß ohne praktischen Nutzen ist. So daß die Kunst ein Spiel genannt werden kann, aber nicht im Sinne einer wertlosen Beschäftigung, sondern im Sinne der Offenbarung der Schönheit des Lebens selbst, das kein anderes Ziel als die Schönheit hat (Knight, S. 61–63). Außer Schiller war der bemerkenswerteste unter Kants Anhängern auf dem Gebiete der Ästhetik Wilhelm Humboldt, der, wenn er auch nichts zu den Definitionen der Schönheit hinzugefügt hat, doch ihre verschiedenen Arten, wie das Drama, die Musik, das Komische u.s.w. erklärt hat (Schaßler, S. 740–743). Nach Kant schreiben über die Ästhetik außer Philosophen zweiten Ranges Fichte, Schelling, Hegel und ihre Anhänger. Nach Fichte (1761–1814) ergießt sich das Bewußtsein des Schönen aus folgendem. – Die Welt, d. h. die Natur hat zwei Seiten: sie ist das Produkt unserer Beschränkung und sie ist das Erzeugnis unseres freien idealen Handelns. Im ersten Sinne ist die Welt beschränkt, im zweiten ist sie frei. Im ersten Sinne ist jeder Körper beschränkt, verzerrt, gepreßt und beengt und wir sehen die Häßlichkeit, im zweiten sehen wir die innere Fülle, Lebensfähigkeit und das Aufstreben, – wir schauen die Schönheit. So daß die Häßlichkeit oder die Schönheit eines Gegenstandes nach Fichte vom Gesichtspunkte des Beobachters abhängt. Und deshalb ist auch die Schönheit nicht in der Welt, sondern im schönen Geiste. Die Kunst ist die Offenbarung dieses schönen Geistes und ihr Ziel ist die Bildung nicht nur des Verstandes – das ist die Sache des Gelehrten, nicht nur des Herzens – das ist die Sache des moralischen Volkslehrers, – sondern des ganzen vereinigten Menschen und deshalb ist das Merkmal der Schönheit nicht irgend etwas äußerliches, sondern das Vorhandensein eines schönen Geistes in dem Künstler (Schaßler [S.] 769–[7]771). Nach Fichte definieren die Schönheit in demselben Sinne Friedrich Schlegel und Adam Müller.

Nach Schlegel (1778–1829) wird die Schönheit in der Kunst zu unvollständig, einseitig und abgerissen aufgefaßt. Schönheit befindet sich nicht nur in der Kunst, sondern auch in der Natur, auch in der Liebe, sodaß das wahrhaft Schöne sich in der Vereinigung von Kunst, Natur und Liebe äußert. Deshalb erkennt Schlegel als unzertrennlich mit der ästhetischen Kunst die moralische und philosophische Kunst an. (Schaßler S. 787.)

Nach Adam Müller (1779–1829) giebt es zwei Schönheiten: die eine ist die gesellige Schönheit, die die Menschen, wie die Sonne die Planeten, anzieht, – dies ist vor allem die antike Schönheit, und eine andere Schönheit, – die individuelle, die zu einer solchen wird, weil der sie betrachtende Mensch selbst zur Sonne wird, die die Schönheit anzieht, – dies ist die Schönheit der neuen Kunst. Die Welt, in der alle Gegensätze in Einklang gebracht sind, ist die höchste Schönheit. Jedes Erzeugnis der Kunst ist die Wiederholung dieser Weltharmonie (Kralik, S. 148). Die höchste Kunst ist die Kunst des Lebens (Schaßler, S. 820).

Der auf Fichte und seine Anhänger folgende Philosoph und sein Zeitgenosse war Schelling (1775–1854), der einen großen Einfluß auf die ästhetischen Begriffe unserer Zeit hat. Nach Schelling ist die Kunst das Erzeugnis oder die Folge jener Weltanschauung, nach der das Subjekt sich in sein Objekt verwandelt oder das Objekt selbst zum Subjekt wird. Die Schönheit ist die Darstellung des Unendlichen im Endlichen. Und der Grundcharakter eines Kunstwerkes ist die bewußtlose Unendlichkeit. Die Kunst ist die Vereinigung des Subjektiven mit dem Objektiven, – der Natur mit der Vernunft, der Bewußtlosigkeit mit dem Bewußten. Und deshalb ist die Kunst das höchste Mittel der Erkenntnis. Die Schönheit ist die Betrachtung der Dinge an sich, wie sie in Urbildern sind. Das Schöne erzeugt nicht der Künstler vermöge seines Wissens oder seines Willens, sondern die Idee der Schönheit selbst schafft in ihm. (Schaßler S. 828, 829, 834, 841).

Von den Anhängern Schellings war der bedeutendste Solger (1780–1819, Vorlesungen über Ästhetik). Nach Solger ist die Idee der Schönheit die Grundidee eines jeden Dinges. In der Welt erblicken wir nur die Entartung der Grundidee, die Kunst jedoch kann vermöge der Phantasie sich bis zur Höhe der Grundidee erheben. Und deshalb ist die Kunst das Ebenbild der Schöpfung (Schaßler, S. 891).

Nach einem anderen Anhänger Schellings, Krause (1781–1832), ist die wahre reale Schönheit die Erzeugung der Idee in der individuellen Form; die Kunst ist aber die Verwirklichung der Schönheit in der Sphäre des freien menschlichen Geistes. Die höchste Stufe der Kunst ist die Kunst des Lebens, die ihre Thätigkeit auf die Verschönerung des Lebens richtet, damit dies ein schön belebter Wohnort für die selber in Schönheit vollendete Menschheit sei. (Ebd. S. 917.)

Nach Schelling und seinen Anhängern erscheint eine neue ästhetische Lehre von Hegel, die sich bis jetzt bei vielen bewußt, bei den meisten aber unbewußt erhalten hat. Diese Lehre ist nicht nur unklarer und unbestimmter, als die früheren Lehren, sondern womöglich noch dunkler und mystischer. Nach Hegel (1770–1831) offenbart sich Gott in Natur und Kunst unter der Form der Schönheit. Gott äußert sich auf zweierlei Weise: in dem Objekt und in dem Subjekt, – in der Natur und im Geiste. Die Schönheit ist jedoch das Durchscheinen der Idee durch den Stoff. Das wahrhaft Schöne ist nur der Geist und alles das, was dem Geiste teilhaftig ist. Deshalb ist die Schönheit der Natur nur der Schein der dem Geiste eigenen Schönheit: das Schöne hat nur als Geistiges wahrhaften Gehalt. Aber das Geistige muß in der sinnlichen Form erscheinen. Die sinnliche Äußerung des Geistes jedoch ist nur der Schein. Und dieser Schein ist die eigentliche Wirklichkeit des Schönen. Sodaß die Kunst die

Verwirklichung dieses Scheines der Idee und zugleich mit der Religion und Philosophie das Mittel ist, die tiefsten Interessen der Menschen und die umfassendsten Wahrheiten des Geistes zum Bewußtsein zu bringen und auszusprechen. Wahrheit und Schönheit sind nach Hegel ein und dasselbe: der Unterschied besteht nur darin, daß die Wahrheit die Idee ist, wie diese an sich und dem allgemeinen Prinzip nach ist und als solches gedacht wird. Die Idee jedoch, die äußerlich existiert, wird für das Bewußtsein nicht blos wahr, sondern auch schön. Das Schöne ist das Scheinen der Idee. (Ebd. [S.] 946, 1085, 984–985, 990.)

Auf Hegel folgen seine zahlreichen Anhänger: Weiße, Arnold Rüge, Rosenkranz, Friedrich Vischer u. a. Nach Weiße (1801–1862) ist die Kunst die Einbildung der absolut geistigen Substanz der Schönheit in einen schlechthin äußerlichen, toten und gleichgültigen Stoff, dessen Begriff abgesehen von dieser in ihm erscheinenden Schönheit die reine Negation alles Fürsichseins ist.

In der Idee der Wahrheit – sagt Weiße, liegt der Widerspruch der subjektiven und objektiven Seiten des Erkennens; darin, daß das einzelne Ich das Allgemeine erkennt. Dieser Widerspruch kann durch die Auffindung eines Begriffes gelöst werden, welcher die Momente der erkennenden Einzelheit und der erkannten Allgemeinheit, die in dem Begriffe der Wahrheit auseinanderfallen zu absoluter Durchdringung und Einheit zusammenbringt. Ein solcher Begriff wäre die aufgehobene Wahrheit – die Schönheit ist auch eine solche aufgehobene Wahrheit (Schaßler, S. 966, 955–956).

Nach Rüge (1802–1880), einem strengen Anhänger Hegels, ist die Schönheit eine sich selbst äußernde Idee. Indem der Geist sich findet, findet er sich entweder vollkommen ausgedrückt – dann ist er Schönheit, oder nicht vollständig wiedergegeben – und dann entsteht in ihm das Bedürfnis, seinen unvollkommenen Ausdruck zu ändern und da wird der Geist schöpferische Kunst (Ebd. S. 1017).

Nach Vischer (1807–1887) ist die Schönheit die Idee in der Form begrenzter Erscheinung. Die Idee selbst ist jedoch nicht unzertrennlich, sondern bildet ein System von Ideen, das eine auf- und absteigende Linie darstellt. Je höher eine Idee ist, desto mehr Schönheit enthält sie, aber auch die niedrigere enthält Schönheit, weil sie ein integrierendes Glied des Systems ist. Die höchste Form der Idee ist die Persönlichkeit und deshalb ist die höchste Kunst diejenige, die die höchste Persönlichkeit zum Gegenstand hat (Ebd. S. 1065–66).

So lauten die deutschen Theorien der Ästhetik allein in der Hegelschen Richtung, aber damit sind die ästhetischen Betrachtungen nicht erschöpft: neben den Theorien der Hegelschen Schule erscheinen gleichzeitig in Deutschland Theorien der Schönheit, die nicht nur die Auffassung Hegels von der Schönheit, als der Offenbarung der Idee, und der Kunst, als der Gestaltung dieser Idee, nicht anerkennen, sondern einer solchen Anschauung direkt entgegengesetzt sind, sie negieren und verspotten. Das ist Herbart und insbesondere Schopenhauer.

Nach Herbart (1766–1841) giebt es keine Schönheit an und für sich und kann sie nicht geben, sondern es ist nur unser Urteil vorhanden und man muß dieses „ästhetische Elementarurteil" finden. Diese Elementarurteile liegen nun in dem Verhältnis der Empfindungen. Es giebt gewisse Verhältnisse, die wir schön nennen, und die Kunst besteht im Auffinden dieser Verhältnisse, die in der Malerei, Plastik und Architektur simultan, in der Musik successiv und simultan und nur in der Poesie successiv sind. Im Gegensatz zu den früheren Ästhetikern sind, nach Herbart, oft schöne Werke diejenigen, die absolut nichts ausdrücken, wie zum Beispiel der Regenbogen, der nur als Kreisbogen und Farbenskala schön ist und nicht etwa seiner mythischen Bedeutung wegen, sei es als Bogen der Iris oder als Bogen Noahs.

Ein anderer Gegner Hegels war Schopenhauer, der das ganze System Hegels und seine Ästhetik negierte. Nach Schopenhauer (1788–1860) objektiviert sich der Wille in der Welt in verschiedenen Stufen und obgleich eine Objektivationsstufe je höher desto schöner ist, hat dennoch jede Stufe ihre Schönheit. Die Entäußerung unserer Individualität und die Betrachtung einer dieser Stufen der Offenbarung des Willens giebt uns das Bewußtsein der Schönheit. Alle Menschen besitzen, nach Schopenhauer, die Fähigkeit, diese Idee auf ihren verschiedenen Stufen zu erkennen und eben damit sich ihrer Persönlichkeit augenblicklich zu entäußern. Der Genius aber hat diese Fähigkeit im höchsten Grade und deshalb offenbart er die höchste Schönheit (Schaßler, S. 1124,1107). Auf diese hervorragenderen Schriftsteller folgen in Deutschland weniger originelle, die auch einen geringeren Einfluß hatten, wie: Hartmann, Kirchmann,

Schnasse, zum Teil Helmholtz (als Ästhetiker), Bergmann, Jungmann und eine unzählige Menge anderer.

Nach Hartmann (1842) liegt die Schönheit nicht in der Außenwelt, nicht in dem Ding an sich und auch nicht in der Seele des Menschen, sondern in dem Scheine, den der Künstler erzeugt. Das Ding an sich ist nicht schön, der Künstler aber verwandelt es in Schönheit. (Knight, S. 81-82). Nach Schnasse (1798–1875) giebt es in der Welt keine Schönheit. In der Natur existiert nur eine Annäherung an sie. Die Kunst giebt das, was die Natur nicht geben kann. In der Thätigkeit des freien Ich, das sich der Harmonie, die in der Natur nicht vorhanden ist, bewußt ist, offenbart sich die Schönheit (Knight, S. 83).

Kirchmann hat eine angewandte Ästhetik verfaßt. Nach Kirchmann (1802–1884) giebt es sechs Gebiete der Geschichte: 1) das Gebiet des Wissens; 2) das Gebiet der Güter; 3) das Gebiet der Sittlichkeit; 4) das Gebiet des Glaubens; 5) das Gebiet der Politik und 6) das Gebiet der Schönheit. Die Thätigkeit auf diesem letzten Gebiet ist die Kunst. (Schaßler, S. 1122.)

Nach Helmholtz (1821), der über die Schönheit in ihrem Verhältnis zur Musik geschrieben hat, wird die Schönheit in einem Musikwerke unvermeidlich nur durch die Befolgung der Gesetze erreicht, – diese Gesetze aber sind dem Künstler unbekannt, so daß die Schönheit in dem Künstler sich unbewußt offenbart und sie kann nicht einer Analyse unterzogen werden. (Knight, S. 25–26.)

Nach Bergmanns (1840) Buch „Über das Schöne" (1887) ist es unmöglich, die Schönheit objektiv zu bestimmen: die Schönheit wird subjektiv erkannt und deshalb besteht die Aufgabe der Ästhetik darin, das, was jedem gefällt, zu bestimmen (Knight, S. 88). Nach Jungmann (gest. 1885) ist die Schönheit erstens eine übersinnliche Eigenschaft der Dinge, zweitens erzeugt die Schönheit in uns ein Vergnügen durch bloße Betrachtung, drittens ist die Schönheit die Basis der Liebe (Ebd. S. 88).

Die Hauptvertreter der ästhetischen Theorien neuerer Zeit bei Franzosen, Engländern und andern Völkern, sind folgende:

In Frankreich waren während dieser Zeit die hervorragenden Ästhetiker: Cousin, Jouffroy, Petit, Ravaisson, Levèque.

Cousin (1792–1867) ist Eklektiker und Anhänger der deutschen Idealisten. Nach seiner Theorie hat die Schönheit immer eine sittliche Grundlage. Cousin widerlegt den Satz, daß die Kunst eine Nachahmung sei und daß das, was Gefallen erzeugt, schön sei. Er behauptet, daß die Schönheit an sich definiert werden kann und daß ihr Wesen in der Verschiedenartigkeit der Einheit besteht (Knight, S. 112).

Nach Cousin schrieb Jouffroy (1796–1842) über die Ästhetik. Jouffroy ist auch ein Anhänger der deutschen Ästhetik und Cousins Schüler. Nach seiner Definition ist die Schönheit die Äußerung des Unsichtbaren durch natürliche Zeichen, die es offenbaren. Die sichtbare Welt ist die Form mittels deren wir die Schönheit schauen (Ebd. S. 116).

Der Schweizer Petit, der über die Kunst schrieb, wiederholt Hegel und Plato, indem er meint, daß die Schönheit in der unmittelbaren und freien Offenbarung der göttlichen Idee, die sich in sinnlichen Bildern äußert, beruhe.

Levèque ist ein Anhänger von Schelling und Hegel. Nach Levèque ist die Schönheit etwas Unsichtbares, das sich in der Natur verborgen hält. Die Kraft oder der Geist ist die Offenbarung der geregelten Energie (Knight, S. 123–124).

Ebensolche unbestimmte Urteile über das Wesen der Schönheit äußerte auch der französische Metaphysiker Ravaisson, der die Schönheit als Endziel der Welt erkennt. *„La beauté la plus divine et principalement la plus parfaite contient le secret".* Seiner Meinung nach ist die Schönheit der Weltzweck.

„Le monde entier est l'oeuvre d'une beauté absolue, que n'est la cause des choses que par l'amour qu'elle met en elles."

Ich übersetze diese mystischen Äußerungen absichtlich nicht, denn wie dunkel die Deutschen auch sind, die Franzosen übertreffen sie bei weitem, wenn sie die Deutschen studiert haben und sie nachahmen, indem sie verschiedenartige Begriffe in eins vereinigen und ohne Unterschied eines statt des anderen anwenden. So sagt der französische Philosoph Renouvier, indem er auch die Schönheit erörtert:

„Ne craignons pas de dire, qu'une vérité, qui ne serait pas belle, n'est qu'un jeu logique de notre ésprit et que la seule vérité solide et digne de ce nom, c'est la beauté." (*Du fondement de l'induction*).

Außer diesen idealistischen Ästhetikern, die unter dem Einfluß der deutschen Philosophie schrieben und schreiben, hatten in letzter Zeit in Frankreich noch einen Einfluß auf Kunst und Schönheit: Taine, Guiot, Cherbuliez, Koster, Véron.

Nach Taine (1828–1892) ist die Schönheit eine vollkommenere Offenbarung des wesentlichen Charakters irgend einer bedeutenden Idee, als sie sich in der Wirklichkeit äußert. (*Taine, Philosophie de l'art*, I 1893, S. 47.)

Nach Guiot (1854– 1888) ist die Schönheit nicht etwas dem Gegenstande selbst fremdes, keine parasitische Pflanze auf ihm, sondern sie ist gerade das Aufblühen jenes Wesens, in dem sie sich offenbart. Die Kunst aber ist die Äußerung eines vernünftigen und bewußten Lebens, das in uns einerseits die tiefsten Empfindungen des Seins, anderseits die höchsten Gefühle und die erhabensten Gedanken hervorruft. Die Kunst erhebt den Menschen aus dem persönlichen Leben in das allgemeine Leben, nicht nur durch den Anteil an gleichen Gefühlen und Glauben, sondern durch die gleichen Gefühle (Knight, S. 139–141).

Nach Cherbuliez ist die Kunst eine Thätigkeit, die 1. unsere eingeborene Liebe zu Bildern (*apparences*) befriedigt, 2. in diese Bilder Ideen hineinbringt und 3. zu gleicher Zeit unserem Gefühl, Herzen und Vernunft einen Genuß bereitet. Die Schönheit aber ist, nach Cherbuliez, den Gegenständen nicht eigen, sondern sie ist ein Akt unserer Seele. Schönheit ist eine Illusion. Es giebt keine absolute Schönheit, aber das erscheint schön, was uns charakteristisch und harmonisch erscheint.

Nach Koster sind die Ideen der Schönheit, des Guten und der Wahrheit eingeboren. Diese Ideen erleuchten unseren Verstand und sind Gott ähnlich, der auch das Gute, die Wahrheit und die Schönheit ist. Die Idee der Schönheit aber umfaßt die Einheit des Wesens, die Verschiedenartigkeit der zusammensetzenden Elemente und die Ordnung, die in die Verschiedenartigkeit der Äußerungen des Lebens Einheit hinein bringt (Knight, S. 134).

Der Vollständigkeit halber will ich noch einige der neuesten Schriften über die Kunst anführen. *„La psychologie du Beau et de l'Art"* von Mario Pilo (1895). Nach Mario Pilo ist die Schönheit das Erzeugnis unserer physischen Empfindungen; das Ziel der Kunst ist der Genuß, und dieser Genuß wird aus Gott weiß welchem Grunde unbedingt als hochsittlich angesehen. Dann folgt: *„Essais sur l'art contemporain"* von H. Fierens Gevaert (1897), nach dessen Ansicht die Schönheit von ihrem Zusammenhang mit der Vergangenheit und von dem religiösen Ideal abhängt, das der Künstler der Gegenwart verfolgt, indem er seinem Erzeugnis seine Individualität aufdrückt. Dann kommt Sar Péladan: *„L'art idéaliste et mystique"* (1894). Péladan hält die Schönheit für eine der Offenbarungen Gottes. *„Il n'pas d'autre Réalité, que Dieu, il n'y a pas d'autre Vérité, que Dieu, il n'y a pas d'autre Beauté, que Dieu"* (S. 33). Dies Buch ist voll Phantasterei und Unwissenheit, aber es ist sehr charakteristisch durch seine Lehrsätze und wegen des Erfolges, den es bei der französischen Jugend gehabt hat.

Solcher Art sind alle bis auf die neueste Zeit in Frankreich verbreiteten Theorien der Ästhetik. Eine Ausnahme macht vermöge seiner Klarheit und Vernünftigkeit Vérons Buch: *„L'esthétique"* (1878). Zwar bestimmt auch es den Begriff der Kunst nicht ganz genau, aber es beseitigt wenigstens den dunklen Begriff der absoluten Schönheit aus der Ästhetik.

Nach Véron (1825–1889) ist die Kunst eine Äußerung des Gefühls (*émotion*), das sich durch Zusammenstellung von Linien, Formen, Farben oder eine Reihe von Gebärden, Tönen oder Worten, die nach einem gewissen Rhythmus geordnet sind, kundgiebt.

In England wird die Schönheit gegenwärtig von den ästhetisierenden Schriftstellern immer häufiger durch den Geschmack statt durch ihre eigentümlichen Merkmale bestimmt und statt der Frage nach der Schönheit wirft man die Frage des Geschmacks auf.

Gleich Reid (1704–1796), der die Schönheit als einzig von den Beschauern abhängig erklärte, behauptet dies auch Allisson in seinem Buche: *„On the nature and principles of taste"* (1790). Dasselbe behauptet auch Erasmus Darwin (1731–1802), der Großvater des berühmten Charles. Er sagt, daß wir das schön finden, was in unserer Vorstellung mit dem, was wir lieben, zusammenhängt. Die gleiche Meinung vertritt auch Richard Knight mit seinem Buche *„Analytical inquiry on the principles of taste"* (1805).

Dieser Richtung gehören die meisten Theorien der englischen Ästhetiker an. Die hervorragendsten davon waren zu Anfang des 19. Jahrhunderts: Ch. Darwin, Spencer, Morley, Grant-Allen, Kard, Knight u. a.

Nach Ch. Darwin (1809–1883) „*Descent of Man*" (1871) ist der Schönheitssinn nicht allein dem Menschen, sondern auch den Tieren, also auch den Vorfahren der Menschen, eigen. Die Vögel schmücken ihre Nester und legen bei der Paarung Wert auf die Schönheit und lassen sich von ihr beeinflussen. Die Schönheit schließt den Begriff verschiedener Charaktere in sich. – Der Ursprung der Tonkunst ist das Locken der Weibchen durch die Männchen. (Knight, S. 238).

Spencer (1820) sieht das Spiel für den Ursprung der Kunst an, ein Gedanke, den schon Schiller ausgesprochen hat. Die niederen Tiere verwenden ihre ganze Kraft auf die Erhaltung und Fortpflanzung des Lebens; dem Menschen aber bleibt noch nach Befriedigung dieser Bedürfnisse ein Überschuß an Kraft. Dieser Überschuß wird auf das Spiel, das in Kunst übergeht, verwandt. Das Spiel ist die Nachahmung einer wirklichen Handlung; dasselbe ist auch die Kunst.

Die Quelle des ästhetischen Genusses ist erstens: das, was das Gefühl (den Gesichts- oder einen anderen Sinn) auf die vollständigste Weise mit allergeringstem Kraftaufwand bei der größten Fertigkeit ausübt; zweitens: die möglichste Mannigfaltigkeit der erregten Gefühle, und drittens: die Vereinigung dieser beiden mit der sich daraus ergebenden Vorstellung. (Ebd. S. 239–240).

Nach Thodhunter (*The Theory of the Beautiful*, 1872) ist die Schönheit ein unendlicher Reiz, den wir vermöge der Vernunft und der Begeisterung der Liebe empfinden. Die Anerkennung der Schönheit als solcher hängt vom Geschmack ab und kann durch nichts bestimmt werden. Annähernd kann das allein durch die höchste menschliche Kultur geschehen; für das, was Kultur ist, giebt es keine Begriffsbestimmung. Das Wesen der Kunst aber, dessen, was uns durch Linien, Farben, Töne, Worte rührt, ist kein Produkt blinder, sondern vernünftiger Kräfte, die sich gegenseitig helfen und zu einem vernünftigen Ziele hinstreben. Die Schönheit ist die Versöhnung der Widersprüche. (Ebd. S. 240–243).

Nach Morley (*Sermons preached before the University of Oxford*, 1876) befindet sich die Schönheit in der Seele des Menschen. Die Natur offenbart uns das Göttliche und die Kunst ist die hieroglyphische Mitteilung des Göttlichen. (Ebd. S. 247).

Grant-Allen (*Physiological Aesthetic*, 1877), der Nachfolger Spencers, hält die Schönheit für physischen Ursprungs. Er sagt, der ästhetische Genuß entstamme der Betrachtung des Schönen, der Begriff des Schönen aber werde durch einen physiologischen Vorgang bestimmt. Der Ursprung der Kunst ist das Spiel; bei einem Überschuß an physischen Kräften befaßt sich der Mensch mit dem Spiel, einen Überschuß von Empfindungskräften verwendet er auf die Beschäftigung mit der Kunst. Das Schöne ist das, was bei dem geringsten Kraftaufwand die höchste Erregung verursacht. Der Unterschied in der Schätzung des Schönen rührt vom Geschmack her. Der Geschmack kann gebildet werden. Man muß dem Urteil *„The finest nurtured and most discriminative men"* d. h., der am feinsten gebildeten und wählerischsten Menschen vertrauen. Diese Menschen werden den Geschmack des künftigen Geschlechts bilden. (Ebd. S. 250 bis 252).

Kard (*Essay on Philosophy of Art,* 1883) zufolge giebt uns die Schönheit die Mittel zur vollen Erkenntnis der objektiven Welt ohne Hinzudenken der übrigen Teile der Welt, wie das für die Wissenschaft unvermeidlich ist. Und so hebt die Kunst den Widerspruch auf zwischen Einheit und Vielheit, zwischen Gesetz und Erscheinung, Subjekt und Objekt, indem sie sie zu einem verbindet. Die Kunst ist die Äußerung und Bestätigung der Freiheit, weil sie frei von der Unklarheit und Unerfreulichkeit der endlichen Dinge ist (Ebd. S. 258–259).

Bei Knight (*Philosophy of the Beautiful II,* 1893) gilt die Schönheit, wie bei Schelling, für die Vereinigung von Objekt und Subjekt, für einen Auszug des Menschlichen aus der Natur und für das Bewußtsein dessen im Menschen, das der ganzen Natur gemein ist.

Die hier angeführten Urteile über Schönheit und Kunst erschöpfen bei weitem nicht alles, was über diesen Gegenstand geschrieben worden ist. Außerdem treten jeden Tag neue ästhetische Schriftsteller auf, deren Urteile ebenso sonderbar verwünscht unklar und widerspruchsvoll in der Definition der Schönheit sind. Die einen setzen wie eine Welle die mystische Ästhetik Baumgartens und Hegels mit allerlei Veränderungen fort, die andern ziehen die Frage auf das subjektive Gebiet und suchen die Grundlagen des Schönen im Geschmack – die dritten, die Ästhetiker der neuesten Richtung, suchen den Ursprung der Schönheit in den physiologischen Gesetzen; die letzten endlich erörtern die Frage schon vollständig ohne Zusammenhang mit dem Begriff der Schönheit. So wird nach Sully (*Studies in Psychology and Aesthetics,* 1874) der Begriff der Schönheit ganz aufgehoben, da die Kunst nach seiner Ansicht das Erzeugnis des dauernden oder vergänglichen Gegenstandes ist, der einer gewissen Anzahl von Beschauern oder Zuhörern eine thatsächliche Freude und einen angenehmen Eindruck zu machen fähig ist, unabhängig von den Vorteilen, die man daraus zieht (Ebd. S. 243).

Was ergiebt sich nun aus all diesen von der Ästhetik ausgesprochenen Definitionen der Schönheit? Wenn man die völlig ungenauen und sich mit dem Begriff nicht deckenden Definitionen der Schönheit nicht in Betracht zieht, die sie bald nach ihrem Nutzen, bald nach der Zweckmäßigkeit, bald nach der Symmetrie, bald nach der Anordnung, bald nach der Proportionalität, bald nach der Glätte, bald nach der Harmonie der Teile, bald nach der Einheit in der Verschiedenartigkeit, bald nach allerlei Combinationen dieser Principien bestimmen – wenn man diese ungenügenden Versuche objektiver Definition nicht in Betracht zieht, lassen sich alle ästhetischen Definitionen der Schönheit nach zwei Grundansichten zusammenstellen: die erste, daß Schönheit etwas für sich Bestehendes, eine Offenbarung des absolut Vollkommenen – der Idee, des Geistes, des Willens, Gottes, und die andere, daß die Schönheit ein gewisses Vergnügen ist, dessen wir teilhaftig werden, das aber keinen persönlichen Nutzen für uns zum Zweck hat.

Die erste Definition war von Fichte, Schelling, Hegel, Schopenhauer und den philosophierenden Franzosen Cousin, Jouffroy, Ravaisson u. a. angenommen, nicht zu gedenken der Philosophen-Ästhetiker zweiten Ranges. Zu dieser objektiv-mystischen Definition der Schönheit bekennt sich auch der größte Teil der Gebildeten unserer Zeit. Dies ist ein, besonders unter den Menschen des vergangenen Zeitalters, sehr verbreiteter Begriff der Schönheit.

Der zweite Begriff der Schönheit, als eines gewissen Vergnügens, das wir genießen, das aber keinen persönlichen Nutzen für uns bezweckt, ist hauptsächlich unter den englischen Ästhetikern verbreitet und wird von dem übrigen Teil unserer Gesellschaft, besonders der jüngeren, vertreten.

So giebt es, wie es ja auch nicht anders sein kann, nur zwei Definitionen der Schönheit: die eine – die objektive, mystische, die diesen Begriff mit der höchsten Vollkommenheit, mit Gott, verschmilzt – eine phantastische, durch nichts begründete Definition; die zweite dagegen – eine sehr einfache, begreifliche, subjektive, die das als Schönheit bezeichnet, was einem gefällt. (Zu diesem gefällt füge ich nicht hinzu „ohne Zweck, ohne Nutzen", weil sich dabei das Fehlen der Rücksicht auf einen Nutzen von selbst versteht.)

Einerseits wird die Schönheit als etwas mystisches und sehr erhabenes, aber leider als etwas sehr unbestimmtes und deshalb auch die Philosophie, die Religion und das Leben selbst in sich begreifendes aufgefaßt, wie das bei Schelling, Hegel und ihren deutschen und französischen Anhängern der Fall ist; und andererseits ist, wie es auch anerkannt werden muß, die Schönheit nach der Definition Kants und seiner Anhänger nur ein uneigennütziger Genuß besonderer Art, der uns zu teil wird. Und dann ist der Begriff der Schönheit, obgleich er sehr klar zu sein scheint, leider ebenso ungenau, weil er sich nach der andern Seite erweitert, denn – er umfaßt den Genuß von trinken, essen, dem betasten einer zarten Haut u.s.w., wie das von Guiot, Kralik u. a. anerkannt wird.

Allerdings, wenn man die Entwicklung des Begriffs von der Schönheit in der Ästhetik verfolgt, so kann man beobachten, daß anfangs, zur Zeit der Begründung der Ästhetik, die metaphysische Definition der Schönheit vorherrscht, und daß, je näher man unserer Zeit kommt, sich mehr und mehr eine praktische Definition zeigt, die in letzter Zeit einen physiologischen Charakter annimmt, so daß man sogar Ästhetiker wie Véron und Sully antrifft, die ganz ohne den Begriff der Schönheit auszukommen versuchen. Aber solche Ästhetiker haben sehr wenig Erfolg, da der größte Teil des Publikums wie auch der Künstler und der Gelehrten, an dem Begriff der Schönheit festhält, wie er in den meisten Werken über Ästhetik definiert ist, d. h. entweder als etwas mystisches oder metaphysisches oder als ein Genuß besonderer Art.

Was ist denn eigentlich dieser Begriff der Schönheit, den die Menschen unserer Umgebung und unserer Zeit so hartnäckig für die Definition der Kunst halten?

Schönheit im subjektiven Sinne, nennen wir das, was uns einen gewissen Genuß bereitet. Im objektiven Sinne aber nennen wir Schönheit etwas absolut Vollkommenes und erkennen sie als solche nur deshalb an, weil wir von der Äußerung dieses absolut Vollkommenen einen gewissen Genuß haben, so daß die objektive Definition nichts weiter ist als die anders ausgedrückte subjektive. Im Grunde genommen kommt der eine wie der andere Begriff der Schönheit auf einen gewissen Genuß, der uns zuteil wird, hinaus, d. h. wir erkennen als Schönheit das an, was uns gefällt, ohne Begehren in uns zu wecken. Bei solcher Lage der Dinge würde es begreiflich erscheinen, daß die Kunstwissenschaft sich nicht mit der Definition der Kunst, die auf Schönheit, d. h. auf dem, was gefällt, basiert, begnügte, sondern daß sie eine allgemeine, auf alle Erzeugnisse der Kunst anwendbare Definition suchen sollte, auf Grund deren man über die Zugehörigkeit oder Nichtzugehörigkeit der Gegenstände der Kunst entscheiden könnte. Aber wie der Leser aus den von mir angeführten Citaten aus den Werken über Ästhetik, und noch klarer aus diesen selbst, ersehen kann, wenn er sich die Mühe nimmt, sie einmal durchzulesen, giebt es keine solche Definition. Alle Versuche, die absolute Schönheit an sich zu definieren, als eine Nachahmung der Natur, als eine Zweckmäßigkeit, als eine Übereinstimmung der Teile, Symmetrie, Harmonie, Einheit in der Verschiedenartigkeit u.s.w., definieren entweder nichts oder nur einige Züge von einigen Erzeugnissen der Kunst und umfassen bei weitem nicht alles das, was alle Menschen stets für Kunst angesehen haben und ansehen.

Eine objektive Definition der Schönheit giebt es nicht; die bestehenden Definitionen aber, sowohl die metaphysischen wie die praktischen, gehen auf die subjektive Definition und, so sonderbar es auch klingen mag, darauf hinaus, daß das als Kunst angesehen wird, was die Schönheit offenbart, die Schönheit aber ist das, was Gefallen erzeugt (ohne Begehren zu erwecken). Viele Ästhetiker fühlten das Mangelhafte und Schwankende einer solchen Definition und um sie zu begründen, fragten sie sich, weshalb etwas gefällt und zogen die Frage nach der Schönheit auf das Gebiet der Frage nach dem Geschmack, wie dies Hutscheson, Voltaire, Diderot u. a. gethan haben. Aber alle Versuche, das, was Geschmack ist, zu definieren, können, wie es der Leser aus der Geschichte der Ästhetik und aus der Erfahrung ersehen kann, zu nichts führen, und es giebt und kann keine Erklärung dafür geben, warum etwas dem einen gefällt und dem andern mißfällt und umgekehrt. So daß die ganze existierende Ästhetik nicht darin besteht – was man von einer geistigen Thätigkeit, die sich Wissenschaft nennt, erwarten könnte – nämlich darin, die Eigenschaften und Gesetze der Kunst oder des Schönen, wenn dies das Wesen der Kunst ist, oder die Eigenschaft des Geschmacks, wenn der Geschmack die Frage über die Kunst und ihren Wert entscheidet, zu bestimmen und dann auf Grund dieser Gesetze diejenigen Erzeugnisse, die diesen Gesetzen entsprechen, als Kunst anzuerkennen und diejenigen, die ihnen nicht entsprechen, zu verwerfen, – sondern sie besteht darin, daß, wenn einmal eine gewisse Art der Erzeugnisse als gut anerkannt ist, weil sie uns gefallen, eine Kunsttheorie aufgestellt wird, nach der alle Erzeugnisse, die einem gewissen Kreise von Menschen gefallen, in diese Theorie hineinkommen. Es giebt einen Kunstkanon, nach dem in unserem Kreise die beliebten Erzeugnisse als Kunst anerkannt werden, (Phidias, Sophocles, Homer, Tizian, Raphael, Bach, Beethoven, Dante, Shakespeare, Goethe u. a.) und die ästhetischen Urteile müssen derart sein, daß alle diese Erzeugnisse umfaßt werden. Man trifft immer in der ästhetischen Litteratur Urteile über den Wert und die Bedeutung der Kunst, die nicht auf bekannte Gesetze begründet sind, nach denen wir dies oder jenes als gut oder schlecht annehmen, sondern darauf, ob dieselbe mit dem von uns aufgestellten Kanon zusammenfällt. Dieser Tage las ich ein ziemlich gutes Buch von Volkelt. Indem der Verfasser die Forderungen des Moralischen in den Erzeugnissen der Kunst erörtert, sagt er geradezu, daß die Aufstellung von Forderungen des Moralischen in der Kunst falsch sei, und zum Beweis dafür führt er an, daß, wollte man diese Forderung gelten lassen, „Romeo und Julia" von Shakespeare und „Wilhelm Meister" von Goethe der Definition einer guten Kunst nicht entsprechen würden. Aber da sowohl das eine wie das andere Werk in den Kanon der Kunst eingetragen sind, so ist diese Forderung ungerecht. Und deshalb muß man eine Definition der Kunst finden, bei der diese Werke ihr entsprechen würden und statt der Forderung des Moralischen stellt Volkelt als Grundlage der Kunst die Forderung des Bedeutungsvollen auf.

Alle bestehenden Ästhetiken sind nach diesem Plan aufgesetzt. Anstatt eine Definition der wahren Kunst zu geben und dann auf Grund dessen, ob ein Erzeugnis dieser Definition entspricht oder nicht, zu urteilen, was Kunst und was nicht Kunst ist, wird eine gewisse Reihe von Erzeugnissen, die aus irgend einem Grunde Menschen eines gewissen Kreises gefallen, als Kunst anerkannt und eine Definition der Kunst ausgedacht, die alle diese Erzeugnisse umfassen könnte. Eine bemerkenswerte Bestätigung dieser Methode traf ich noch vor kurzem in dem ausgezeichneten Buche von Muther *„Geschichte der Kunst im 19. Jahrhundert"*.

Indem er die Schilderung der Präraphaeliten, Dekadenten und Symbolisten, die schon in den Kanon der Kunst aufgenommen sind, beginnt, entschließt er sich nicht nur, diese Richtung nicht zu verurteilen, sondern er ist eifrig bemüht, seinen Rahmen so zu erweitern, um die Präraphaeliten, Dekadenten und Symbolisten, die ihm als eine gerechtfertige Reaktion gegen die Auswüchse des Naturalismus erscheinen, darin einzuschließen. Welche Thorheiten in der Kunst es auch geben mag, sobald sie von den höheren Klassen unserer Gesellschaft angenommen sind, wird sofort eine Theorie ausgearbeitet, die diese Thorheiten erklärt und gesetzlich schützt, als ob es nie in der Geschichte Epochen gegeben hätte, wo in gewissen exklusiven Kreisen eine falsche häßliche, unsinnige Kunst angenommen und gutgeheißen worden wäre, die keine Spuren hinterlassen hat und späterhin vollständig vergessen worden ist.

Demnach ist die Kunsttheorie, die auf Schönheit begründet, in den Werken über Ästhetik dargelegt ist und zu der sich das Publikum in dunklen Umrissen bekennt, nichts anderes, als das Gutheißen desjenigen, das uns, d. h. einem gewissen Kreise von Menschen, gefiel und gefällt.

Um irgend eine menschliche Thätigkeit zu definieren, muß man den Sinn und ihre Bedeutung verstehen. Um aber den Sinn und die Bedeutung irgend einer menschlichen Thätigkeit zu begreifen, ist es nötig, vor allem diese Thätigkeit an sich, in der Abhängigkeit von ihren Ursachen und Folgen, aber nicht nur in Hinsicht auf den Genuß, den wir von ihr haben, zu betrachten.

Wenn wir aber anerkennen, daß das Ziel irgend einer Thätigkeit nur unser Genuß ist, und sie nur nach diesem Genuß definieren, so wird diese Definition entschieden falsch sein. Dasselbe geschah auch bei der Definition der Kunst. Denn, indem wir die Nahrungsfrage erörtern, kommt es niemand in den Sinn, die Bedeutung der Nahrung in dem Genusse, den wir beim Verzehren haben, zu erblicken. Jeder begreift, daß die Befriedigung unseres Geschmackes in keinem Falle als Grundlage der Wertbestimmung der Nahrung dienen kann und daß wir deshalb kein Recht haben anzunehmen, daß die Diners mit Cayenna-Pfeffer, Limburger Käse, Alkohol u.s.w., an die wir uns gewöhnt haben und die uns gefallen, die beste menschliche Nahrung sind. Ebenso kann in keinem Falle die Schönheit oder das, was uns gefällt, als Grundlage der Definition der Kunst dienen und die Reihe von Gegenständen, die uns Vergnügen bereiten, können auf keinen Fall als Muster dessen, was Kunst sein soll, dienen.

Das Ziel und die Aufgabe der Kunst, in dem Genusse, den wir von ihr erhalten, zu sehen, ist dasselbe wie den Zweck und die Bedeutung der Nahrung dem Genusse, den man beim Verzehren hat, zuzuschreiben, wie dies Menschen, die auf der niedrigsten Stufe der sittlichen Entwickelung stehen (z. B. Wilde) thun.

Ebenso wie Menschen, die den Genuß als Zweck und Aufgabe der Nahrung ansehen, nicht den richtigen Sinn des Essens erfahren können, so können auch Menschen, die den Genuß als Ziel der Kunst ansehen, ihren Sinn und ihre Aufgabe nicht erkennen, weil sie einer Thätigkeit, die ihren Sinn im Zusammenhänge mit anderen Erscheinungen des Lebens hat, ein falsches und ausschließliches Ziel des Genusses zuschreiben. Die Menschen haben erst dann begriffen, daß der Sinn des Essens die Ernährung des Körpers ist, als sie aufhörten, den Genuß für das Ziel dieser Thätigkeit zu halten. Ebenso ist es auch mit der Kunst. Die Menschen werden nur dann den Sinn der Kunst begreifen, wenn sie aufhören werden, die Schönheit, d. h. den Genuß als Ziel dieser Thätigkeit zu betrachten. Die Anerkennung der Schönheit oder eines gewissen Genusses, den man von der Kunst hat, als des Zieles der Kunst, fördert nicht nur nicht die Definition dessen, was Kunst ist, sondern im Gegenteil, indem die Frage auf ein der Kunst vollständig fremdes Gebiet übertragen wird, auf metaphysische, psychologische und physiologische und sogar historische Betrachtungen darüber, warum das eine Werk einigen gefällt, das andere Werk aber mißfällt oder den anderen gefällt, macht sie diese Definition unmöglich. Und wie die Erörterungen darüber, warum der eine Birnen liebt, der andere aber Fleisch, keineswegs die Definition dessen, worin das Wesen der Nahrung besteht, fördern, ebenso wenig fördert in der Kunst die Lösung der Fragen nach dem Geschmack, auf den unwillkürlich die Erörterungen über die Kunst zurückgeführt werden, die Aufklärung dessen, worin diejenige besondere menschliche Thätigkeit besteht, die wir Kunst nennen, sondern sie macht diese Aufklärung vollständig unmöglich.

Auf die Frage: was ist die Kunst, der die Arbeit von Millionen Menschen, selbst Menschenleben und sogar die Sittlichkeit geopfert werden? erhielten wir aus den bestehenden Werken über Ästhetik Antworten, die alle darauf hinauskommen, daß das Ziel der Kunst die Schönheit ist; die Schönheit aber durch den Genuß, den man von ihr hat, erkannt wird und daß der Genuß der Kunst eine gute und wichtige Sache ist, d. h. daß der Genuß deshalb gut ist, weil er Genuß ist. So daß das, was als Definition der Kunst angesehen wird, gar keine Definition der Kunst ist, sondern nur ein Kunstgriff zur Rechtfertigung der bestehenden Kunst. Und somit ist, wie seltsam es auch klingen mag, ungeachtet der Berge von Büchern, die über Kunst geschrieben sind, bis jetzt eine genaue Definition der Kunst nicht gegeben. Die Ursache davon ist, daß als Grundlage des Begriffes der Kunst der Begriff der Schönheit genommen ist.

Was ist denn Kunst, wenn man den die ganze Sache verwirrenden Begriff der Schönheit verwirft? Die letzten und am ehesten begreiflichen und von dem Begriffe der Schönheit unabhängigen Definitionen der Kunst sind folgende: die Kunst ist eine in der Tierwelt durch den sinnlichen Trieb und die Neigung zum Spiel entstandene Thätigkeit (Schiller, Darwin, Spencer), die von einem angenehmen Reize der Nervenenergie begleitet wird (Grant-Allen). Das ist eine physiologisch-evolutionistische Definition, oder: die Kunst ist eine äußerliche Offenbarung mittels der Linien, Farben, Gebärden, Töne, Worte, Gemütsbewegungen, die der Mensch empfindet (Véron). Das ist eine praktische Definition. Nach den allerletzten Definitionen Sullys ist die Kunst: *„the production of some permanent object or passing action, which is fitted not only to supply an active enjoyment to the producer, but to convey a pleasurable impression to a number of spectators or listeners quite apart from any personal advantage to be derived from."*

Trotz des Vorzugs dieser Definitionen vor den metaphysischen, die auf den Begriff der Schönheit gegründet sind, sind diese Definitionen dennoch bei weitem nicht genau. Die physiologisch-evolutionistische Definition ist deshalb ungenau, weil sie nicht von der Thätigkeit selbst, die den Inhalt der Kunst bildet, sondern von der Entstehung der Kunst redet. Die Definition aber nach physiologischen Wirkungen auf den Organismus des Menschen ist deshalb ungenau, weil unter ihrer Definition viele andere menschliche Thätigkeiten untergebracht werden können, wie dies auch in den neuen Werken über Ästhetik geschieht, in denen zu der Kunst sogar die Anfertigung von schönen Kleidern, angenehmen Parfums und Speisen gerechnet wird. Die praktische Definition, die die Kunst als die Äußerung von Gemütsbewegungen hinstellt, ist deshalb ungenau, weil der Mensch mittels Linien, Farben, Tönen, Worten seine Gemütsbewegungen äußern kann, ohne durch diese Äußerung auf andere zu wirken, und dann ist diese Äußerung keine Kunst.

Die dritte Definition Sullys aber ist deshalb ungenau, weil unter die Erzeugung von Gegenständen, die dem Erzeugenden Vergnügen bereiten und auf die Zuschauer oder Zuhörer ohne Nutzen für sie einen angenehmen Eindruck machen, die Vorführung von

Kunststücken, gymnastischen Übungen und andere Thätigkeiten untergebracht werden können, die keine Kunst ausmachen und umgekehrt viele Gegenstände, die einen unangenehmen Eindruck erzeugen, wie z. B. eine finstere grausame Szene in einer poetischen Beschreibung oder auf der Bühne, unzweifelhafte Erzeugnisse der Kunst sind.

Die Ungenauigkeit aller dieser Definitionen stammt daher, daß in allen diesen Definitionen, ebenso wie in den metaphysischen Definitionen, als der Zweck der Kunst der Genuß, den man von ihr empfängt, und nicht ihre Aufgabe im Leben des Menschen und der Menschheit aufgestellt wird.

Um die Kunst genau zu definieren, muß man vor allem aufhören, sie als Mittel zum Genuß anzusehen, und muß die Kunst als eine der Bedingungen des menschlichen Lebens betrachten. Wenn wir die Kunst so betrachten, müssen wir sehen, daß die Kunst eines der Mittel für die Einigung der Menschen untereinander ist.

Jedes Erzeugnis der Kunst erzielt, daß der Empfangende in eine gewisse Beziehung zu dem tritt, der das Kunstwerk geschaffen hat oder schafft und mit allen denjenigen, die gleichzeitig mit ihm, vor oder nach ihm den künstlerischen Eindruck empfangen haben oder empfangen werden.

Wie das Wort, das die Gedanken und Erfahrungen der Menschen wiedergiebt, als Mittel zur Einigung der Menschen dient, so wirkt auch die Kunst. Die Eigentümlichkeit aber dieses Mittels der Gemeinschaft, die es von der Gemeinschaft durch das Wort unterscheidet, besteht darin, daß durch das Wort ein Mensch dem andern seine Gedanken mitteilt, durch die Kunst aber teilen die Menschen einander ihre Gefühle mit. –

Die Thätigkeit der Kunst ist darauf begründet, daß der Mensch, indem er durch das Gehör oder das Auge die Gefühlsäußerungen eines anderen Menschen empfängt, fähig ist, dasselbe Gefühl, das der Mensch, der sein Gefühl äußert, empfand, nachzuempfinden. – Das einfachste Beispiel ist: der eine Mensch lacht und der andere wird fröhlich, er weint, und der Mensch, der dieses Weinen hört, wird traurig, ein Mensch ereifert sich, wird gereizt, und der andere, indem er ihn sieht, gerät auch in denselben Zustand. Der Mensch äußert durch seine Bewegungen, die Töne der Stimme, Mut, Entschlossenheit oder im Gegenteil Niedergeschlagenheit, Ruhe und diese Stimmung wird den anderen mitgeteilt. Ein Mensch leidet und äußert dieses Leiden durch Stöhnen und Krümmen, und dieses Leiden wird den anderen mitgeteilt; ein Mensch drückt sein Gefühl des Entzückens, der Ehrfurcht der Angst, der Achtung vor gewissen Dingen, Personen, Erscheinungen aus, und andere Menschen werden davon angesteckt, empfinden dieselben Gefühle des Entzückens, der Ehrfurcht, der Angst, der Achtung vor denselben Dingen, Personen, Erscheinungen.

Eben auf dieser Fähigkeit der Menschen, von den Gefühlen anderer Menschen angesteckt zu werden, basiert auch die Thätigkeit der Kunst.

Wenn der Mensch den anderen und die anderen direkt, unmittelbar durch sein Aussehen oder durch die von ihm erzeugten Töne in demselben Augenblicke ansteckt, wo er selbst das Gefühl empfindet, den anderen Menschen zu gähnen veranlaßt, wenn er selbst gähnt, oder zu lachen oder zu weinen, wenn er selbst über etwas lacht oder weint, oder zu leiden, wenn er selbst leidet, dann ist dies noch nicht Kunst.

Die Kunst fängt dann an, wenn ein Mensch in der Absicht, den anderen Menschen das von ihm empfundene Gefühl mitzuteilen, dasselbe von neuem in sich hervorruft und es durch gewisse äußere Zeichen ausdrückt.

Das einfachste Beispiel ist: nehmen wir an, daß ein Knabe, der bei der Begegnung mit einem Wolfe Angst empfunden hat, von dieser Begegnung erzählt, und um in den anderen das von ihm empfundene Gefühl hervorzurufen, schildert er sich, seinen Zustand vor dieser Begegnung, die Umgebung, den Wald, seine Sorglosigkeit und dann das Aussehen des Wolfes, seine Bewegungen, die Entfernung zwischen ihm und dem Wolfe u.s.w. Alles dies – vorausgesetzt, daß der Knabe bei der Erzählung von neuem das von ihm empfundene Gefühl durchlebt, die Zuhörer ansteckt und sie veranlaßt, alles, was der Erzähler erlebt hat, zu erleben, – ist Kunst. Wenn der Knabe auch den Wolf nicht gesehen hat, sich aber häufig vor ihm geängstigt und weil er in den anderen das Gefühl der von ihm empfundenen Angst hervorrufen wollte, die Begegnung mit dem Wolfe erfunden und sie so dargestellt hat, daß er durch seine Erzählung in den Zuhörern dasselbe Gefühl hervorgerufen hat, das er bei der Vorstellung von dem Wolfe empfunden hat, – so ist das auch

Kunst. Ebenso wird es auch Kunst sein, wenn der Mensch, während er in Wirklichkeit oder in der Einbildung die Schrecken des Leidens oder die Wonne des Genusses empfunden hat, diese Gefühle so auf Leinwand oder in Marmor dargestellt hat, daß die anderen dadurch angesteckt wurden. Und ebenso wird es auch Kunst sein, wenn der Mensch empfunden oder sich vorgestellt hat das Gefühl der Heiterkeit, der Freude, der Trauer, der Verzweiflung, des Mutes, der Niedergeschlagenheit und die Übergänge dieser Gefühle ineinander und diese Gefühle durch Töne so dargestellt hat, daß die Zuhörer von ihnen angesteckt werden und sie ebenso erleben, wie er sie erlebt hat.

Die verschiedenartigsten Gefühle, sehr starke und sehr schwache, sehr bedeutende und sehr geringe, sehr schlechte und sehr gute bilden den Gegenstand der Kunst, wenn sie nur den Leser, den Zuschauer, den Zuhörer anstecken. Das Gefühl der Selbstverleugnung und der Ergebung in sein Schicksal oder in Gott, das durch das Drama wiedergegeben wird, oder das Gefühl des Entzückens der Verliebten, das im Roman geschildert wird, oder das Gefühl der Wollust, das auf einem Bilde dargestellt ist, oder das Gefühl des Mutes, das durch einen festlichen Marsch in der Musik wiedergegeben ist, oder das Gefühl der Fröhlichkeit, das durch den Tanz hervorgerufen wird, oder das Gefühl des Komischen, das durch eine lächerliche Anekdote erzeugt wird, oder das Gefühl der Ruhe, das durch eine Abendlandschaft oder ein einschläferndes Lied wiedergegeben wird, – dies alles ist Kunst.

Sobald die Zuschauer, die Zuhörer von demselben Gefühle, das der Dichter empfunden hat, angesteckt werden, ist dies Kunst.

In sich das einmal empfundene Gefühl hervorrufen und, nachdem man es in sich hervorgerufen hat, dieses Gefühl durch Bewegungen, Linien, Farben, Töne, Bilder, die durch Worte ausgedrückt sind, so wiederzugeben, daß andere dasselbe Gefühl empfinden, – darin besteht die Thätigkeit der Kunst. Die Kunst ist eine menschliche Thätigkeit, die darin besteht, daß der eine Mensch bewußt durch gewisse äußere Zeichen den anderen die Gefühle, die er empfindet, mitteilt, die anderen Menschen von diesen Gefühlen angesteckt werden und sie nacherleben.

Die Kunst ist nicht, wie die Metaphysiker sagen, die Offenbarung irgend einer geheimnisvollen Idee, der Schönheit Gottes; sie ist nicht ein Spiel, wie dies die Ästhetiker-Physiologen sagen, bei dem der Mensch den Überschuß an gesammelter Energie ausgiebt; sie ist keine Äußerung von Empfindungen durch äußere Zeichen, ist keine Erzeugung angenehmer Dinge, hauptsächlich ist sie kein Genuß, sondern ein für das Leben und das Hinstreben auf das Wohl des einzelnen Menschen und der Menschheit notwendiges Mittel der Einigung der Menschen, das sie in ein und denselben Gefühlen vereinigt.

Wie dank der Fähigkeit des Menschen, die in Worten ausgedrückten Gedanken zu begreifen, jeder Mensch alles das erfahren kann, was die gesamte Menschheit auf dem Gebiete des Gedankens für ihn gethan hat, gleich wie er in der Gegenwart vermöge der Fähigkeit, fremde Gedanken zu begreifen, an der Thätigkeit anderer Menschen teilnehmen kann, und selbst, kraft dieser Fähigkeit, die von anderen angeeigneten und die in ihm selbst entstandenen Gedanken den Zeitgenossen und Nachkommen mitteilen kann, ebenso wird ihm auch dank der Fähigkeit des Menschen, durch die Kunst von den Gefühlen anderer Menschen angesteckt zu werden, auf dem Gebiete des Gefühls alles das zugänglich, was die Menschheit vor ihm erlebt hat, werden ihm die Gefühle zugänglich, die seine Zeitgenossen empfinden, die Gefühle, die vor Jahrtausenden andere Menschen erlebt haben, und es wird ihm die Mitteilung seiner Gefühle an andere Menschen ermöglicht.

Wenn die Menschen die Fähigkeit nicht besäßen, alle jene in Worten ausgedrückten Gedanken in sich aufzunehmen, die von den früher lebenden Menschen durchdacht sind, und die eigenen Gedanken anderen mitzuteilen, die Menschen würden den Tieren und dem Kaspar Hauser gleichen.

Wenn die andere Fähigkeit des Menschen – von der Kunst angesteckt zu werden – fehlte, dann würden sie wahrscheinlich noch wilder sein und vor allem würden sie zersplittert und feindselig sein.

Und deshalb ist die Thätigkeit der Kunst eine sehr wichtige Thätigkeit, eine ebenso wichtige und ebenso verbreitete, wie die Thätigkeit der Rede. Wie das Wort nicht allein durch Predigten, Reden und Bücher auf uns wirkt, sondern durch alle jene Reden, durch die wir einander unsere Gedanken und Erfahrungen mitteilen, ebenso durchdringt auch die Kunst, im weitesten Sinne des Wortes, unser ganzes Leben und wir nennen nur einige Äußerungen dieser Kunst – Kunst, im engern Sinne dieses Wortes.

Wir sind gewohnt, unter Kunst nur das, was wir in den Theatern, Konzerten, in den Ausstellungen lesen, hören und sehen, die Gebäude, die Statuen, die Gedichte, die Romane ... zu verstehen. Aber dies alles ist nur der kleinste Teil derjenigen Kunst, durch die wir im Leben mit einander in Berührung kommen. Das ganze menschliche Leben ist von den Erzeugnissen der Kunst jeglicher Art erfüllt, vom Wiegenliede, vom Scherzen, vom Nachäffen, vom Wohnungsgeschmack, von Kleidern, vom Hausgerät an bis zu dem Kirchengottesdienst und feierlichen Prozessionen. Alles dies ist Thätigkeit der Kunst. So daß wir als Kunst im engen Sinne dieses Wortes nicht die gesamte menschliche Thätigkeit benennen, die die Gefühle wiedergiebt, sondern nur eine, die wir aus irgend einem Grunde aus dieser gesamten Thätigkeit ausscheiden und der wir eine besondere Bedeutung beimessen.

Eine solche besondere Bedeutung haben immer alle Menschen jenem Teile dieser Thätigkeit beigelegt, welcher die Gefühle, die aus dem religiösen Bewußtsein der Menschen folgerten, wiedergab und diesen kleinen Teil der gesamten Kunst nannten sie Kunst im vollen Sinne dieses Wortes.

So betrachteten die Kunst die Männer des Altertums: Socrates, Plato, Aristoteles. Ebenso betrachteten die Kunst auch die jüdischen Propheten und die alten Christen; ebenso wurde und wird sie von den Mohamedanern aufgefaßt, und ebenso wird sie von den religiösen Menschen des Volkes in unserer Zeit aufgefaßt.

Einige Lehrer der Menschheit, wie Plato in seiner *Republik*, die ersten Christen, die strengen Mohamedaner und Buddhisten negierten sogar oft jede Kunst.

Menschen, die die Kunst so im Gegensatz zu der gegenwärtigen Ansicht, nach der jede Kunst als gut angesehen wird, sobald sie Genuß bereitet, betrachten, meinten und meinen, daß die Kunst im Gegensatz zum Wort, das man nicht anzuhören braucht, dadurch derartig gefährlich ist, daß sie die Menschen gegen ihren Willen ansteckt, daß die Menschheit viel weniger verlieren wird, wenn jede Kunst vertrieben wird, als wenn irgendwelche Kunst zugelassen wird.

Solche Menschen, die jede Kunst negierten, waren offenbar im Unrecht, weil sie das negierten, was man nicht negieren kann, eines der notwendigen Mittel der Gemeinschaft, ohne die die Menschheit nicht leben könnte. Aber nicht weniger im Unrecht sind die Menschen unserer europäischen civilisierten Gesellschaftskreise und unserer Zeit, indem sie jede Kunst zulassen, wenn sie nur der Schönheit dient, d. h. den Menschen Vergnügen bereitet.

Früher fürchtete man, daß unter die Zahl der Gegenstände der Kunst Dinge geraten könnten, die die Menschen verdürben und man verbot sie ganz. Jetzt aber fürchtet man nur, daß irgend ein Genuß, den die Kunst bereitet, verloren gehen könnte, und protegiert jede. Und ich denke, daß der letzte Irrtum viel gröber als der erste ist, und daß seine Folgen viel schädlicher sind.

6

Aber wie konnte es denn geschehen, daß dieselbe Kunst, die man im Altertum entweder nur zuließ oder ganz negierte, in unserer Zeit als eine stets gute Sache angenommen wird, wenn sie nur ein Vergnügen bereitet? Dies geschah aus folgenden Ursachen. Die Wertung der Kunst, d. h. der Gefühle, die sie wiedergiebt, hängt von dem Verständnis der Menschen für den Sinn des Lebens ab, von dem, worin sie den Wert und den Unwert des Lebens erblicken. Wert und Unwert des Lebens aber werden durch das, was man Religion nennt, bestimmt.

Die Menschheit schreitet ununterbrochen von einem niedrigen, teilweisen und unklaren Verständnis des Lebens zu einem höheren, umfassenden und klaren fort. Und wie in jeder Bewegung, so giebt es auch in dieser weiter Vorgeschrittene, es giebt Menschen, die klarer als andere den Sinn des Lebens begreifen und unter diesen ist immer einer, der diesen Sinn des Lebens durch Lehre und Leben klarer, verständlicher und nachdrücklicher bekannt hat. Die Lehre dieser Menschen von dem Sinne des Lebens nennt man, unter Einschluß der abergläubigen Legenden und Zeremonien, die sich gewöhnlich mit dem Andenken jener verbinden, Religion. Die Religionen sind die Merksteine jenes, den erleuchtetsten Menschen der jeweiligen Gesellschaft und der jeweiligen Zeit zugänglichen Verständnisses des Lebens, dem alle anderen Menschen jener Gesellschaft sich unvermeidlich und ständig nähern. Und deshalb dienten und dienen stets nur die Religionen als Grundlagen für die Wertung der Gefühle der Menschen. Wenn sich die Gefühle der Menschen dem von der Religion aufgestellten Ideal nähern, mit ihm übereinstimmen, ihm nicht widersprechen, dann sind sie gut; wenn sie sich von ihm entfernen, nicht mit ihm übereinstimmen, ihm widersprechen, dann sind sie schlecht.

Wenn die Religion den Sinn des Lebens in der Anbetung eines einzigen Gottes und in der Erfüllung dessen, was als sein Wille angesehen wird, erblickt, dann sind die durch die Kunst wiedergegebenen Gefühle, die aus der Liebe zu diesem Gott und seinem Gesetz entspringen – die Poesie der Propheten, der Psalmen, das Epos der Genesis – eine gute, hohe Kunst. Dagegen wird alles, was dem widerspricht, wie die Wiedergabe von Gefühlen der Anbetung fremder Götter und von Gefühlen, die mit dem Gesetze Gottes nicht übereinstimmen, als eine schlechte Kunst angesehen werden. Wenn aber die Religion den Sinn des Lebens im irdischen Glück, in Schönheit und Kraft sieht, so wird die durch die Kunst wiedergegebene Lebensfreude und der Lebensmut als gute Kunst angesehen werden; die Kunst dagegen, die das Gefühl der Verweichlichung oder die Niedergeschlagenheit wiedergiebt, wird als schlechte Kunst gelten, wie dies bei den Griechen der Fall war. Wenn der Sinn des Lebens in der Wohlfahrt des Volkes oder in der Bewahrung der Sitten der Vorfahren besteht, dann wird die Kunst, die das Gefühl der Freude am Opfer des persönlichen Wohles für das Gemeinwohl oder die Freude an dem Ruhme der Vorfahren und der Erhaltung ihrer Sagen, als eine gute Kunst aufgefaßt werden, als eine schlechte dagegen die, die dem widersprechende Gefühle ausdrückt, wie das bei den Römern und bei den Chinesen geschah. Wenn der Sinn des Lebens in der Selbstbefreiung von den Fesseln des Tierischen besteht, so wird die Kunst, die Gefühle wiedergiebt, die die Seele erheben und das Fleisch erniedrigen, eine gute Kunst sein, wie bei den Buddhisten, und alles, was die die Leidenschaften des Körpers verstärkenden Gefühle wiedergiebt, wird eine schlechte Kunst sein.

In jeder Zeit und in jeder menschlichen Gesellschaft giebt es ein allen Menschen dieser Gesellschaft gemeinsames religiöses Bewußtsein dessen, was gut und was schlecht ist, und dieses religiöse Bewußtsein gerade bestimmt den Wert der Gefühle, die durch die Kunst wiedergegeben werden. Und deshalb wurde stets, bei allen Völkern, die Kunst, die die Gefühle wiedergab, die aus dem den Angehörigen dieses Volkes gemeinsamen religiösen Bewußtsein entstammen, als gut anerkannt und gefördert; die Kunst aber, die die Gefühle wiedergab, die nicht mit diesem religiösen Bewußtsein übereinstimmten, wurde als schlecht anerkannt und verworfen; das andere ganze große Gebiet der Kunst aber, mittels deren die Menschen untereinander sich verständigten, wurde garnicht in Betracht gezogen, und sie wurde nur dann verworfen, wenn sie dem religiösen Bewußtsein ihrer Zeit entgegengesetzt war. So war dies bei allen Völkern der Fall: bei den Griechen, bei den Hebräern, bei den Indiern, Egyptern, Chinesen; so war dies auch beim Erscheinen des Christentums der Fall.

Das Christentum der ersten Zeit erkannte als gute Erzeugnisse der Kunst nur die Legenden, Lebensbeschreibungen von Heiligen, Predigten, Gebete, Gesänge an, die in den Menschen die Gefühle der Liebe zu Christo hervorriefen, die Teilnahme an seinem Leben, den Wunsch seinem Beispiele zu folgen, die Entsagung von dem weltlichen Leben, die Demut und die Liebe zu den Menschen; alle Erzeugnisse aber, die die Gefühle der persönlichen Genüsse wiedergaben, hielt es für schlecht und deshalb verwarf es die gesamte heidnische plastische Kunst, indem es nur symbolische plastische Darstellungen zuließ.

So war dies bei den Christen der ersten Jahrhunderte der Fall, die die Lehre in ihrer, wenn auch nicht ganz reinen Gestalt, so doch wenigstens nicht in der durch das Heidentum entstellten Form wie sie späterhin zur Geltung gelangte, angenommen hatten. Denn nach diesen Christen entstand seit der Zeit der Massenbekehrungen der Völker zum Christentum, die auf Befehl der Gewaltherrscher, wie Constantin, Karl der Große, Wladimir vorgenommen wurden, ein anderes, kirchliches Christentum, das mit dem Heidentum mehr Ähnlichkeit hatte, als mit der Lehre Christi. Und dies kirchliche Christentum begann auf Grund seiner Lehre die Gefühle der Menschen und die Erzeugnisse der Kunst, die dieselben wiedergaben, ganz anders zu werten.

Dieses kirchliche Christentum erkannte nicht allein die Grund- und Hauptsätze des wahren Christentums nicht an – die unmittelbare Beziehung eines jeden Menschen zum Vater und die daraus folgende Brüderlichkeit und Gleichheit aller Menschen und den Ersatz der Gewaltthätigkeit durch Demut und Liebe, – im Gegenteil, es begründete eine himmlische Hierarchie, gleich der heidnischen Mythologie, und die Anbetung Christi, der Gottesmutter, der Engel, der Apostel, der Heiligen, der Märtyrer und nicht allein dieser Götter, sondern auch ihrer Bildnisse, und gemäß dem Wesen seiner Lehre forderte es einen blinden Glauben an die Kirche und ihre Bestimmungen.

Wie fremd diese Lehre dem wahren Christentum auch war, wie flach sie nicht nur im Vergleich mit dem wahren Christentum, sondern auch mit der Weltanschauung solcher Römer, wie Julian und ähnlicher, war, so war sie dennoch für die Barbaren, die dieses Christentum angenommen hatten, eine höhere Lehre als ihre frühere Anbetung der Götter, der Helden und der guten und bösen

Geister. Und deshalb war diese Lehre für diejenigen Barbaren, die sie angenommen hatten, eine Religion, und auf Grund dieser Religion wurde auch die Kunst der damaligen Zeit geschätzt; die Kunst, die die andächtige Verehrung der Gottesmutter, Jesu, der Heiligen, der Engel, den blinden Glauben und Gehorsam gegen die Kirche, die Furcht vor den Qualen und die Hoffnung auf die Glückseligkeit des Lebens nach dem Tode wiedergab, wurde als gut angesehen; die diesem entgegengesetzte Kunst aber wurde als schlecht angesehen. Die Lehre, auf Grund deren diese Kunst entstand, war die entstellte Lehre Christi, aber die Kunst, die dank dieser entstellten Lehre entstanden war, war dennoch wahr, weil sie der religiösen Weltanschauung des Volkes, unter dem sie entstand, entsprach.

Indem die Künstler des Mittelalters von derselben Grundlage der Gefühle, von der Religion, lebten wie die Volksmassen und indem sie die Gefühle und die Stimmungen, die sie empfanden, in der Architektur, in der Skulptur, Malerei, Musik, Poesie und im Drama wiedergaben, waren sie wahre Künstler und ihre Thätigkeit, begründet auf einem höheren, der damaligen Zeit zugänglichen und von dem ganzen Volke geteilten Verständnis, war, ob gleich für unsere Zeit auch niedrig, dennoch eine wahre und dem ganzen Volke gemeinsame Kunst.

Und so blieb dies, solange in den höheren, reichen, gebildeteren Ständen der europäischen Gesellschaft kein Zweifel an der Richtigkeit jenes Verständnisses des Lebens entstand, das durch das kirchliche Christentum geäußert wurde. Als aber nach den Kreuzzügen, der höchsten Entfaltung der päpstlichen Macht, und nach ihren Mißbräuchen, nach dem Bekanntwerden mit der Weisheit der Alten, die Menschen der reichen Klassen einerseits die vernünftige Klarheit der Lehre der alten Weisen einsahen – anderseits den Widerspruch der kirchlichen Lehre und der Lehre Christi erkannten, verloren diese Menschen der höheren reichen Klassen die Möglichkeit, wie früher an die kirchliche Lehre zu glauben.

Wenn sie dennoch äußerlich die Formen der kirchlichen Lehre einhielten, so konnten sie doch schon nicht mehr an sie glauben und hielten an ihr nur aus Gewohnheit und des Volkes wegen fest, das an die Lehre der Kirche blind weiter glaubte und das die Angehörigen der höheren Klassen in ihrer Selbstsucht in diesem Glauben zu erhalten für notwendig hielten. So hörte die kirchliche christliche

Lehre zu einer gewissen Zeit auf, eine allgemeine religiöse Lehre des gesamten christlichen Volkes zu sein; die einen – die höheren Stände, dieselben, in deren Händen die Macht, der Reichtum waren und die deshalb Muße und Mittel hatten, die Kunst zu pflegen und zu fördern – hörten auf, an die religiöse Lehre ihrer Kirche zu glauben, das Volk aber fuhr fort, blind an sie zu glauben.

Die höheren Stände des Mittelalters befanden sich hinsichtlich der Religion in derselben Lage, in der sich die gebildeten Römer vor dem Erscheinen des Christentums befanden, d. h. sie glaubten nicht mehr an das, an was das Volk glaubte; sie selbst aber hatten keinen Glauben, den sie an die Stelle der kirchlichen Lehre, die abgelebt war und für sie die Bedeutung verloren hatte, setzen konnten. Der Unterschied bestand nur darin, daß, während damals die Römer, die den Glauben an ihre Götter, Imperatoren und Hausgötter verloren hatten, schon nichts mehr aus der ganzen komplizierten Mythologie, die sie von all den besiegten Völkern entlehnt hatten, entnehmen konnten und eine ganz neue Weltanschauung annehmen mußten – die Menschen des Mittelalters, die die Wahrheiten der christlichen Lehre bezweifelten, keine neue Lehre zu suchen brauchten.

Die christliche Lehre, die sie in entstellter Form als eine kirchliche Lehre bekannten, hat den Weg so weit voraus angedeutet, daß sie es nur nötig hatten, diejenigen Entstellungen, die die von Christo offenbarte Lehre verdunkelten, abzustreifen und sich diese, wenn nicht in ihrem ganzen Umfange, so wenigstens zu einem kleinen Teile ihrer ganzen Bedeutung (aber doch einem größeren, als die Kirche) zu eigen zu machen. Dies geschah auch teilweise, nicht nur durch die Reformation von Wiklef [Wycliff], Huß, Luther, Calvin, sondern durch die ganze Strömung des nicht kirchlichen Christentums, dessen Vertreter von der ersten Zeit an Pawlikianer [Paulicianer], die Gott liebenden, dann die Waldenser und alle anderen, nicht kirchlichen Christen, sogenannte Sektierer, waren. Aber dies konnten nur thun und thaten nur arme Menschen, die keine Macht haben.

Nur einzelne von den Reichen und Mächtigen, wie Franziskus von Assisi und andere, nahmen, trotzdem diese Lehre ihre günstige Lage zerstörte, die christliche Lehre in ihrer ganzen Bedeutung an. Die meisten Menschen der höheren Klassen aber, obgleich sie den Glauben an die kirchliche Lehre schon verloren hatten, konnten oder wollten jenes nicht thun, weil das Wesen derjenigen christlichen Weltanschauung, die sie sich hätten aneignen müssen, sobald sie sich von dem kirchlichen Glauben lossagten, die Lehre von der Brüderlichkeit und deshalb auch von der Gleichheit der Menschen war, aber eine solche Lehre negierte ihre Vorrechte, von denen sie lebten, in denen sie aufgewachsen und erzogen waren und an die sie sich gewöhnt hatten. Da sie innerlich an die kirchliche Lehre, die ihr Zeitalter überlebt hatte und für sie schon den wahren Sinn verloren hatte, nicht glaubten und nicht imstande waren, das wahre Christentum anzunehmen, blieben diese Menschen der reichen, herrschenden Klassen, die Päpste, Könige, Herzöge und alle Mächtigen der Welt ohne jede Religion und behielten nur ihre äußerlichen Formen, die sie pflegten, weil sie dies nicht nur als vorteilhaft für sich, sondern auch als notwendig ansahen, da diese Lehre die Vorrechte, die sie genossen, rechtfertigte.

Im Grunde genommen aber glaubten diese Menschen ebenso wenig an etwas, wie die Römer der ersten Jahrhunderte an etwas glaubten. Unterdessen aber waren Macht und Reichtum in den Händen dieser Menschen und diese Menschen gerade unterstützten die Kunst und leiteten dieselbe.

Und unter diesen Menschen begann die Kunst zu wachsen, die schon nicht mehr danach gewertet wird, inwiefern sie die Gefühle, die aus dem religiösen Bewußtsein der Menschen entstammen, ausdrückt, sondern danach, inwiefern sie schön ist; mit anderen Worten, – inwiefern sie einen Genuß bereitet. Da sie nicht mehr imstande waren, an die kirchliche Religion, die sich selbst der Lüge überführte, zu glauben, und da sie nicht imstande waren, die wahre christliche Liebe anzunehmen, die ihr ganzes Leben verwarf, so kehrten diese reichen und mächtigen Menschen, da sie ohne jegliches religiöse Verständnis des Lebens geblieben waren, unwillkürlich zu der heidnischen Weltanschauung, die den Sinn des Lebens in dem Genusse der Persönlichkeit erblickt, zurück. Und in den höheren Klassen vollzog sich das, was die „Renaissance der Wissenschaft und der Künste" genannt wird, und was im Grunde genommen nichts anderes ist, als nicht allein die Negation jeder Religion, sondern auch das Bekenntnis, daß diese ganz überflüssig sei.

Die kirchliche, besonders die katholische Glaubenslehre ist ein derartig zusammenhängendes System, daß man nichts daran ändern und korrigieren kann, ohne alles zu zerstören. Sobald der

Zweifel an der Unfehlbarkeit der Päpste auftauchte – und dieser Zweifel tauchte damals bei allen gebildeten Menschen auf, – so entstand auch unvermeidlich ein Zweifel an der Wahrheit der katholischen Legende. Aber der Zweifel an der Legende zerstörte nicht nur das Papsttum und Kirchentum, sondern auch den ganzen kirchlichen Glauben mit allen seinen Dogmen von der Göttlichkeit Christi, der Auferstehung, der Dreieinigkeit und der Autorität der Schrift, weil die Schrift nur deshalb als heilig anerkannt wurde, weil es die Legende so bestimmt hat.

So glaubten die meisten Menschen der höheren Klassen der damaligen Zeit, sogar die Päpste und geistlichen Personen, im Grunde genommen an nichts. An die kirchliche Lehre glaubten diese Menschen deshalb nicht, weil sie ihre Ohnmacht sahen; aber die sittliche gesellschaftliche Lehre Christi anzuerkennen, wie sie Franziskus von Assisi und die meisten Sektierer anerkannten, vermochten sie nicht, weil eine solche Lehre ihre gesellschaftliche Stellung untergrub. So blieben diese Menschen ohne jede religiöse Weltanschauung. – Da aber diese Menschen keine religiöse Weltanschauung hatten, konnten sie kein anderes Maß für die Wertung der guten und der schlechten Kunst haben, als das des persönlichen Genusses. Indem sie aber als Maßstab des Guten den Genuß, d. h. die Schönheit anerkannten, kehrten die Menschen der höheren Klassen der europäischen Gesellschaft in ihrem Verständnis der Kunst zu dem groben Verständnis der ursprünglichen Griechen zurück, das schon Plato verdammt hatte. Und diesem Verständnis entsprechend entstand auch unter ihnen eine Theorie der Kunst.

7

Seit der Zeit, wo die Menschen der höheren Klassen den Glauben an das kirchliche Christentum verloren hatten, galt als Maßstab der guten und der schlechten Kunst die Schönheit, d. h. der Genuß, den man von der Kunst hat. Und dieser Ansicht von der Kunst entsprechend bildete sich selbstverständlich in den höheren Klassen eine ästhetische Theorie, die ein solches Verständnis rechtfertigte, – eine Theorie, nach der das Ziel der Kunst in der Offenbarung der Schönheit bestehe. Die Anhänger der ästhetischen Theorie behaupten zur Bestätigung von deren Richtigkeit, daß diese Theorie nicht von ihnen erfunden sei, daß diese Theorie im Wesen der Dinge liege und noch von den alten Griechen anerkannt worden sei. Aber diese Behauptung ist ganz willkürlich und hat keinen anderen Grund, als den, daß bei den alten Griechen in Anbetracht ihrer, im Vergleich zu der des christlichen, niedrigen Stufe ihres sittlichen Ideals der Begriff des Guten (τὸ ἀγαθόν) sich noch nicht stark von dem Begriff des Schönen (τὸ καλόν) unterschied.

Die höchste Vollkommenheit des Guten, die nicht nur nicht mit der Schönheit in eins zusammenfällt, sondern ihr meistenteils entgegengesetzt ist, was die Ebräer schon zu Jesaias Zeiten wußten und was durch den Buddhismus und erst recht durch das Christentum zum Ausdruck gebracht ist, sie war den Griechen überhaupt unbekannt. Sie meinten, das Schöne müsse unbedingt auch das Gute sein. Gewiß, die vorgeschrittenen Denker Sokrates, Plato, Aristoteles empfanden, daß das Gute nicht immer mit dem Schönen zusammenfallen könne. Sokrates ordnet die Schönheit dem Guten einfach unter. Plato redet, um die beiden Begriffe zu vereinigen, von geistiger Schönheit. Aristoteles verlangte von der Kunst eine moralische Einwirkung auf die Menschen (κάθαρσις). Dennoch aber konnten auch diese Denker sich nicht ganz von der Vorstellung lossagen, daß die Schönheit mit dem Guten zusammenfalle.

Und deshalb wurde auch in der Sprache der damaligen Zeit ein zusammengesetztes Wort καλοκαγαθία (die Schönheit – das Gute) gebraucht, das diese Vereinigung bedeutete.

Die griechischen Denker fingen offenbar an, sich dem Begriffe des Guten zu nähern, das durch den Buddhismus und das Christentum zum Ausdruck gekommen ist, und sie verloren sich in der

Begründung der Beziehungen des Guten und der Schönheit. Die Betrachtungen Platos über die Schönheit und das Gute sind voller Widersprüche. Diesen selben Wirrwarr der Begriffe bemühten sich die Menschen der europäischen Welt, die jeden Glauben verloren hatten, zum Gesetz zu erheben und zu beweisen, daß diese Vereinigung der Schönheit mit dem Guten in dem Wesen der Sache selbst liege, daß Schönheit und das Gute zusammenfallen müssen, daß das Wort und der Begriff καλοκαγαθία, der für den Griechen einen Sinn hatte, für den Christen aber gar keinen, das höchste Ideal der Menschheit ausmache. Auf diesem Mißverständnis wurde eine Wissenschaft – die Ästhetik – aufgebaut. Um aber diese neue Wissenschaft zu rechtfertigen, wurde die Lehre der Alten über die Kunst so gedeutet, daß es scheinen sollte, diese neuerfundene Wissenschaft – die Ästhetik – habe auch bei den Griechen bestanden.

Im Grunde genommen aber haben die Betrachtungen der Alten über die Kunst mit den unsrigen garnichts gemein. So bemerkt Bénard in seinem Buche über die Ästhetik des Aristoteles ganz richtig:

„Pour qui veut y regarder de près, la théorie du beau et celle de l'art sont tout à fait séparés dans Aristote, comme elles le sont dans Platon et chez leurs successeurs". (Bénard, L'esthétique d'Aristote et de ses successeurs, Paris, p. 28).

Und thatsächlich stimmen die Betrachtungen der Alten über die Kunst nicht allein nicht mit unserer Ästhetik überein, sondern sie verwerfen eher unsere Lehre der Schönheit. Dessen ungeachtet wird in allen Werken über die Ästhetik, von Schaßler bis zu Knight, behauptet, daß die Wissenschaft vom Schönen – die Ästhetik – schon von den Alten, von Sokrates, Plato, Aristoteles begonnen, und teilweise von den Epikuräern und Stoikern fortgesetzt worden sei; von Seneca und Plutarch bis zu Plotin, dann aber sei aus irgend einem unglücklichen Zufall diese Wissenschaft plötzlich im vierten Jahrhundert verschwunden und während 1500 Jahren nicht vorhanden gewesen, und sie sei erst nach 1500 jähriger Zwischenzeit in Deutschland, im Jahre 1750, in der Lehre Baumgartens wiedergeboren worden.

„Die Lücke von fünf Jahrhunderten, welche zwischen die kunstphilosophischen Betrachtungen des Plato und Aristoteles und die des Plotin fällt, kann zwar auffällig erscheinen, dennoch kann man

eigentlich nicht sagen, daß in dieser Zwischenzeit überhaupt von ästhetischen Dingen nicht die Rede gewesen, oder daß gar ein völliger
Mangel an Zusammenhang zwischen den Kunstanschauungen des
letztgenannten Philosophen und denen des ersteren existiere. Freilich wurde die von Aristoteles begründete Wissenschaft in nichts
dadurch gefördert; immerhin aber zeigt sich in jener Zwischenzeit
noch ein gewisses Interesse für ästhetische Fragen. Nach Plotin aber
(die wenigen ihm in der Zeit nahestehenden Philosophen, wie Lon-
gin, Augustin u.s.w. kommen, wie wir gesehen, kaum in Betracht,
und schließen sich übrigens in ihrer Anschauungsweise an ihn an),
vergehen nicht fünf, sondern fünfzehn Jahrhunderte, in denen von
irgend einem wissenschaftlichen Interesse für die Welt des Schönen
und der Kunst nichts zu spüren ist.

„Diese anderthalbtausend Jahre, innerhalb deren der Weltgeist
durch die mannigfaltigsten Kämpfe hindurch zu einer völlig neuen
Gestaltung des Lebens sich durcharbeitete, sind für die Ästhetik hinsichtlich des weiteren Ausbaus dieser Wissenschaft verloren" (Kritische Geschichte der Ästhetik von M. Schaßler, Berlin 1872, S. 253,
§ 25).

Nach Plotin, sagt Schaßler, vergehen 15 Jahrhunderte, in denen
es nicht das geringste wissenschaftliche Interesse für die Welt des
Schönen und der Kunst giebt. Diese anderthalbtausend Jahre, sagt
er, sind für die Ästhetik und den Ausbau der wissenschaftlichen Begründung dieser Wissenschaft verloren gegangen.

Im Grunde genommen hat sich nichts derartiges ereignet. Die
Wissenschaft der Ästhetik, die Wissenschaft des Schönen, war nie
verschwunden und konnte nicht verschwinden, weil es keine gab;
es gab nur das, daß die Griechen ebenso wie alle andern Menschen,
stets und überall die Kunst, wie jede andere Sache, nur dann als gut
ansahen, wenn diese Kunst dem Guten (wie sie das Gute auffaßten)
diente, und als schlecht, wenn sie diesem Guten widersprach. Die
Griechen selbst aber waren sittlich so wenig entwickelt, daß das
Gute und die Schönheit ihnen als zusammenfallend erschienen, und
auf dieser zurückgebliebenen Weltanschauung der Griechen ist die
Wissenschaft der Ästhetik aufgebaut, erdacht von den Menschen
des 18. Jahrhunderts und speziell von Baumgarten als Theorie bearbeitet. Die Griechen hatten nie eine Wissenschaft der Ästhetik gehabt, (wovon sich jeder überzeugen kann, der das schöne Buch von

Bénard über Aristoteles und seine Anhänger und das Walters über Plato lesen wird).

Die ästhetischen Theorien und selbst der Name dieser Wissenschaft sind vor ungefähr 150 Jahren unter den reichen Klassen der christlichen europäischen Welt, gleichzeitig bei verschiedenen Völkern entstanden: bei den Italienern, Holländern, Franzosen, Engländern. Ihr Begründer, ihr Stifter, der sie in eine wissenschaftliche, theoretische Form brachte, war Baumgarten.

Mit der dem Deutschen eigenen äußerlichen pedantischen Ausführlichkeit und Symmetrie hat er diese merkwürdige Theorie erdacht und dargestellt. Und trotz ihrer erstaunlichen Grundlosigkeit ist keine andere Theorie dem Geschmacke der gebildeten Menge so entgegengekommen und mit solch einer Bereitwilligkeit und solch einer Abwesenheit einer Kritik aufgenommen worden. Diese Theorie war so nach dem Geschmack der Menschen der höheren Klassen, daß sie bis jetzt trotz ihrer vollständigen Willkürlichkeit und der Unbeweisbarkeit ihrer Sätze wiederholt wird sowohl von den Gelehrten, wie auch von den Laien, als etwas Unanfechtbares und sich von selbst Verstehendes.

Habent sua fata libelli pro capite lectoris – und ebenso und noch mehr *habent sua fata* einzelne Theorien, dank dem Zustande des Irrtums, in dem sich die Gesellschaft befindet, in der und derentwegen diese Theorien erdacht sind. Wenn die Theorie die falsche Lage, in der sich ein gewisser Teil der Gesellschaft befindet, rechtfertigt, wie unbegründet und offenbar falsch die Theorie auch sein mag, sie wird angenommen und wird zum Glauben für diesen Teil der Gesellschaft. Solcherart ist zum Beispiel die berühmte, vollständig unbegründete Malthus'sche Theorie über das Streben der Bevölkerung des Erdballes, sich in geometrischer, das der Nahrungsmittel aber, sich in arithmetischer Progression zu vermehren, also über die Übervölkerung des Erdballes; so auch mit der nach Malthus aufgestellten Theorie des Kampfes ums Dasein und der Zuchtwahl, als Grundlagen des Fortschrittes der Menschheit. So ist es auch mit der jetzt so verbreiteten Theorie von Marx über die Unvermeidlichkeit des ökonomischen Fortschrittes durch das Aufgehen aller Privatunternehmen im Kapitalismus. Wie grundlos auch Theorien solcher Art sind und wie sehr sie auch allem dem entgegengesetzt sind, was der Menschheit bekannt und ihr bewußt ist, wie sie offenbar unsittlich

sind, diese Theorien werden aufs Wort ohne Kritik angenommen
und mit leidenschaftlicher Begeisterung gepredigt, zuweilen Jahrhunderte lang, so lange als die Verhältnisse, die sie rechtfertigen,
nicht zerstört werden oder bis der Unsinn der gepredigten Theorien
zu offenbar wird.

Zu diesen Theorien gehört diese merkwürdige Theorie der
Baumgartenschen Dreieinigkeit – des Guten, Schönen und Wahren,
nach der es sich ergiebt, daß das Beste, was die Kunst der Völker,
die 1800 Jahre lang ein christliches Leben geführt haben, schaffen
kann, darin besteht, daß man als Ideal seines Lebens dasjenige erwählen soll, was vor 2000 Jahren ein halbwildes Völkchen von Sklavenbesitzern gehabt hat, das die Nacktheit des menschlichen Körpers sehr gut darstellte und dem Auge wohlgefällige Bauten aufführte.

Alle diese Ungereimtheiten werden von niemandem bemerkt.
Gelehrte Menschen schreiben lange, unverständliche Traktate über
die Schönheit, als ein Glied der ästhetischen Triade: des Schönen,
Wahren und Guten. Das Schöne, das Wahre, das Gute – *Le Beau, Le
Vrai, Le Bon* – wird mit Anfangsbuchstaben von den Philosophen,
Ästhetikern, Künstlern, Privatleuten, Romanschreibern, Feuilletonisten wiederholt und sie glauben alle, indem sie diese heiligen
Worte aussprechen, von etwas vollständig Bestimmtem und Sicherem zu reden, – von einer Sache, auf der man seine Urteile aufbauen
kann. Im Grunde genommen aber haben diese Worte nicht nur gar
keinen bestimmten Sinn, sondern sie sind nur dazu da, um der bestehenden Kunst irgend einen bestimmten Sinn zu verleihen, und
sind nur dazu notwendig, die falsche Bedeutung zu rechtfertigen,
die wir der Kunst zuschreiben, die Kunst, die Gefühle jeglicher Art
wiedergiebt, sobald diese Gefühle uns ein Vergnügen bereiten.
Man braucht nur einmal einen Augenblick die Gewohnheit fallen zu lassen, diese Triade als ebenso wahr wie die religiöse Dreieinigkeit anzusehen und sich danach zu fragen, was wir alle eigentlich
unter den drei Worten, aus denen diese Triade besteht, verstehen,
um sich unbedingt von der vollständigen Phantasterei der Vereinigung dieser drei ganz und gar verschiedenen und, was die Hauptsache ist, der Bedeutung nach unvergleichbaren Worte und Begriffe
zu überzeugen.

Das Gute, das Schöne und das Wahre werden auf eine Höhe gestellt, und diese Begriffe werden alle drei als grundlegende und metaphysische anerkannt. Indes giebt es in Wirklichkeit nichts Derartiges.

Das Gute ist das ewige, höchste Ziel unseres Lebens. Wie wir das Gute auch auffassen, unser Leben ist doch nichts anderes, als ein Streben nach dem Guten, d. h. nach Gott. Das Gute ist thatsächlich ein Grundbegriff, der metaphysisch das Wesen unseres Bewußtseins ausmacht, ein Begriff, der von der Vernunft nicht definiert wird. Das Gute ist dasjenige, was von niemand definiert werden kann, was aber alles übrige definiert.

Das Schöne aber, wenn wir uns nicht mit Worten begnügen, sondern von dem, was wir verstehen, reden – das Schöne ist nichts anderes, als dasjenige, was uns gefällt.

Der Begriff des Schönen fällt nicht nur nicht mit dem Guten zusammen, sondern ist ihm eher entgegengesetzt, weil das Gute größtenteils mit dem Siege über Leidenschaften zusammenfällt, das Schöne ist aber die Grundlage aller unserer Leidenschaften. Je mehr wir uns dem Schönen ergeben, desto weiter entfernen wir uns von dem Guten. Ich weiß, daß man darauf stets erwidert, daß es eine sittliche und geistige Schönheit giebt, aber das ist nur ein Wortspiel, weil man unter der geistigen oder sittlichen Schönheit nichts anderes, als das Gute versteht. Die geistige Schönheit oder das Gute fällt größtenteils nicht nur nicht mit dem zusammen, was man gewöhnlich unter Schönheit versteht, sondern es ist ihr entgegengesetzt.

Was aber die Wahrheit anbetrifft, so kann man diesem Gliede der eingebildeten Triade nicht nur die Einheit mit dem Guten oder dem Schönen noch weniger zuschreiben, ja man muß ihm sogar irgend eine selbständige Existenz aberkennen.

Wahrheit nennen wir nur die Übereinstimmung des Ausdrucks oder des Begriffes des Gegenstandes mit seinem Wesen oder mit der allen Menschen gemeinsamen Erkenntnis des Gegenstandes. Was haben denn die Begriffe des Schönen und des Wahren einerseits und des Guten andererseits gemein?

Die Begriffe des Schönen und des Wahren sind nicht nur keine dem Guten gleichen Begriffe, bilden nicht nur nicht ein Wesen mit dem Guten, sondern sie decken sich sogar nicht im geringsten mit ihm.

Das Wahre ist eine Übereinstimmung des Ausdrucks mit dem Wesen des Gegenstandes und deshalb ist es eines der Mittel zur Erreichung des Guten, aber das Wahre an sich ist nicht das Gute, nicht das Schöne, und fällt gar mit ihnen nicht zusammen. So zum Beispiel betrachteten Sokrates und Pasqual, ja auch viele andere, die Erkenntnis der Wahrheit von unnützen Gegenständen als unvereinbar mit dem Guten. Mit dem Schönen aber hat das Wahre garnichts gemein und ist ihm im wesentlichen entgegengesetzt, weil das Wahre, indem es hauptsächlich den Betrug aufdeckt, die Illusion, die Hauptbedingung des Schönen, zerstört.

Und nun diente die willkürliche Vereinigung dieser drei unvergleichbaren und einander fremden Begriffe als Grundlage jener merkwürdigen Theorie, nach der der Unterschied zwischen der guten Kunst, die die guten Gefühle wiedergiebt, und der schlechten, die die bösen Gefühle wiedergiebt, vollständig geschwunden ist; und nach der eine der niedrigsten Äußerungen der Kunst, die Kunst nur für den Genuß, – diejenige, vor der alle Lehrer der Menschheit die Menschen gewarnt hatten, – als die höchste Kunst gerechnet wird. Und die Kunst wurde nicht jene wichtige Sache, die sie zu sein bestimmt ist, sondern ein leerer Zeitvertreib von müßigen Menschen.

8

Aber wenn die Kunst eine menschliche Thätigkeit ist, die die Mitteilung jener höchsten und besten Gefühle, welche die Menschen erlebt haben, zum Ziele hat, wie konnte es denn geschehen, daß die Menschheit einen gewissen, ziemlich langen Zeitraum ihres Lebens – seit der Zeit, wo die Menschen aufhörten, an die kirchliche Lehre zu glauben bis zu unserer Zeit – ohne diese wichtige Thätigkeit lebte, und statt dessen sich mit der geringen Thätigkeit der Kunst, die nur Genuß bereitet, begnügte?

Um diese Frage zu beantworten, muß man vorerst den gewohnten Fehler, den die Menschen begehen, indem sie unserer Kunst die Bedeutung einer wahren, allgemein menschlichen Kunst zuschreiben, korrigieren. Wir haben uns so gewöhnt naiv zu meinen, nicht nur die kaukasische Rasse sei die beste Menschenrasse, sondern auch die anglosächsische Rasse, wenn wir Engländer oder Amerikaner sind, und die germanische, wenn wir Deutsche sind, und die gallo-latinische, wenn wir Franzosen sind, und die slavische, wenn wir Russen sind, sodaß wir, indem wir von unserer Kunst reden, vollständig überzeugt sind, daß unsere Kunst nicht nur die wahre sei, sondern auch die beste und einzige Kunst, ebenso wie die Bibel als das einzige Buch angesehen wurde. Aber unsere Kunst ist doch nicht nur nicht die einzige Kunst, und ist nicht einmal die Kunst der gesamten christlichen Menschheit, sondern nur die Kunst eines sehr kleinen Teiles dieses Teiles der Menschheit. Man konnte früher von einer Volkskunst – der der Hebräer, der Griechen und der Egypter reden, und jetzt kann man von der chinesischen, japanischen, indischen Kunst, die dem ganzen Volke gemein ist, sprechen. Solch eine, dem ganzen Volke gemeine Kunst gab es in Rußland vor Peter den Großen und in den europäischen Gesellschaften bis zu dem 13. und 14. Jahrhundert; aber seit der Zeit, wo die Menschen der höheren Klassen der europäischen Gesellschaft den Glauben an die kirchliche Lehre verloren, das wahre Christentum nicht angenommen hatten und ohne jeglichen Glauben geblieben waren, kann man nicht mehr von einer Kunst der höheren Klassen der christlichen Völker sprechen, indem man darunter die gesamte Kunst versteht. Seit der Zeit, wo die höheren Stände der christlichen Völker den Glauben an das kirchliche Christentum verloren hatten, hat sich die Kunst der höheren Klassen von der Kunst des gesamten Volkes gesondert und es entstanden zweierlei Arten von Kunst, die Volkskunst und die Kunst der oberen Klassen. Und die Antwort auf die Frage, wie es sich ereignen konnte, daß die Menschheit eine gewisse Zeit lang ohne die wirkliche Kunst gelebt hat, indem sie dieselbe gegen die Kunst, die allein dem Genusse dient, vertauschte, besteht deshalb darin, daß ohne die wahre Kunst weder die gesamte Menschheit noch auch nur ihr größerer Teil gelebt hat, sondern nur die höheren Klassen der christlichen europäischen Gesellschaft und auch diese nur eine verhältnismäßig sehr kurze Zeit: seit dem Anfang der Renaissance und der Reformation bis heute.

Und als Folge dieser Abwesenheit der wahren Kunst erwies sich das, was nicht ausbleiben konnte: die Ausschweifung der Klasse, die diese Kunst benutzte. Alle verworrenen, unbegreiflichen Theorien der Kunst, alle falschen und widersprechenden Urteile über dieselbe – hauptsächlich das selbstvertrauende Verharren unserer Kunst auf ihrem falschen Wege, – alles dies ist die Folge dieser allgemein beliebten Behauptung, die als eine zweifellose Wahrheit aufgefaßt wird, die aber durch ihre offenbare Unwahrheit verblüfft, daß die Kunst unserer höheren Klassen die ganze Kunst, die wahre, einzige Kunst in der Welt sei. Ungeachtet dessen, daß diese Behauptung, die ganz ebenso wie die Behauptungen von religiösen Menschen verschiedener Konfessionen, die der Meinung sind, daß ihre Religion die einzig wahre Religion sei, ganz und gar willkürlich und offenbar ungerecht ist, wird sie ruhig von allen Menschen unseres Kreises wiederholt, mit voller Überzeugung von ihrer Unfehlbarkeit.

Die Kunst, die wir besitzen, ist die ganze Kunst, die wirkliche, einzige Kunst, während nicht nur zwei Drittel des Menschengeschlechts, alle Völker Asiens und Afrikas leben und sterben, ohne diese einzige höhere Kunst zu kennen, sondern nicht genug damit, in unserer christlichen Gesellschaft genießt kaum der hundertste Teil aller Menschen die Kunst, die wir die *ganze* Kunst nennen; die übrigen 99 % aber unserer europäischen Völker leben und sterben Generationen hindurch in anstrengender Arbeit, ohne jemals diese Kunst zu kosten, die dabei derartig ist, daß, wenn sie dieselbe auch genießen könnten, sie doch nichts davon verstehen würden. Nach der Theorie der Ästhetik, zu der wir uns bekennen, erkennen wir an, daß die Kunst entweder eine der höchsten Offenbarungen der Idee, Gottes, der Schönheit oder der höchste geistige Genuß sei; außerdem erkennen wir an, daß alle Menschen gleiche Rechte, wenn nicht schon auf materielle, wenigstens auf geistige Güter haben, aber unterdessen leben und sterben 99 % unserer europäischen Menschen, Generation nach Generation in anstrengender Arbeit, die zur Erzeugung unserer Kunst nötig ist, ohne dieselbe zu genießen, und immerhin behaupten wir ruhig, daß die Kunst, die wir erzeugen, die wirkliche, wahre, einzige und ganze Kunst sei.

Auf die Bemerkung, daß, wenn unsere Kunst die wahre Kunst sei, das ganze Volk dieselbe genießen müßte, erwidert man gewöhnlich, daß, wenn jetzt nicht alle die bestehende Kunst genießen, so sei daran nicht die Kunst schuld, sondern die falsche Gesellschaftsordnung. Man könne sich vorstellen, daß in künftigen Zeiten, die physische Arbeit teilweise durch die Maschinen ersetzt, teilweise durch regelmäßige Einteilung der Arbeit erleichtert werden könnte und daß die Arbeit mit der Erzeugung der Kunst abwechseln werde; daß keine Notwendigkeit vorhanden sein werde, daß die einen stets unter der Bühne sitzen, indem sie die Dekorationen bewegen, daß sie Maschinen aufziehen und Pianinos und Waldhörner herstellen, Bücher setzen und drucken, sondern daß auch die, welche alles dies thun, eine kleine Anzahl von Stunden am Tage arbeiten, in der freien Zeit jedoch alle Güter der Kunst genießen können.

So sagen die Verteidiger unserer ausschließlichen Kunst, aber ich denke, daß sie selbst daran nicht glauben, was sie sagen, weil sie wissen müssen, daß unsere verfeinerte Kunst nur auf der Sklaverei der Volksmassen entstehen konnte, und nur solange, als es diese Sklaverei giebt, weiter bestehen kann und daß nur unter der Bedingung der anstrengenden Thätigkeit von Arbeitern, die Spezialisten – Schriftsteller, Musiker, Tänzer, Schauspieler – die feine Stufe der Vollkommenheit erreichen können, die sie erreichen, und ihre feinen Erzeugnisse der Kunst zuwege bringen können und daß nur unter diesen Verhältnissen es ein feines Publikum geben kann, das diese Erzeugnisse schätzt. Befreiet die Sklaven des Kapitals und es wird unmöglich sein, eine solche feine Kunst zu erzeugen.

Aber wenn man auch das Unannehmbare annimmt, daß man solche Maßregeln finden kann, bei denen es dem ganzen Volke möglich sein wird, die Kunst – diejenige Kunst, die bei uns als Kunst angesehen wird – zu genießen, dann erscheint eine andere Betrachtung, nach der die gegenwärtige Kunst nicht die ganze Kunst sein kann, nämlich, daß sie dem Volke vollständig verständlich ist. Früher schrieb man poetische Werke in der lateinischen Sprache, aber die jetzigen Kunstwerke sind dem Volke ebenso unverständlich, wie wenn sie im Sanskrit verfaßt wären. Darauf antwortet man gewöhnlich, daß, wenn das Volk jetzt diese unsere Kunst nicht versteht, so zeugt dies nur von seiner niedrigen Entwickelungsstufe und daß es bei jedem neuen Fortschritt in der Kunst ebenso sei. Zuerst verstand man ihn nicht, aber späterhin gewöhnte man sich daran.

„Ebenso wird es auch mit der jetzigen Kunst der Fall sein, sie wird verständlich werden, wenn das ganze Volk ebenso gebildet sein wird, wie wir Menschen der höheren Klassen, die wir unsere Kunst erzeugen", sagen die Verteidiger unserer Kunst. Aber diese Behauptung ist offenbar noch ungerechter als die erste, weil wir wissen, daß die meisten Kunstwerke der höheren Klassen, die, wie z. B. verschiedene Oden, Gedichte, Dramen, Kantaten, Pastoralen, Bilder u.s.w. die Menschen der höheren Klassen ihrer Zeit entzückt hatten, niemals später verstanden worden sind, von der großen Masse nicht geschätzt worden sind, sondern geblieben sind, was sie waren, ein Zeitvertreib der reichen Menschen der damaligen Zeit, der nur für sie eine Bedeutung hatte; daraus kann man schließen, daß dasselbe sich auch mit unserer Kunst ereignen wird. Wenn man aber als Beweis dafür, daß das Volk mit der Zeit unsere Kunst begreifen wird, das anführt, daß einige Werke der sogenannten klassischen Poesie, Musik und Malerei, die früher der Masse nicht gefielen, ihr zu gefallen anfangen, nachdem man dieselben dieser Masse von allen Seiten anbietet, so beweist dies nur, daß es stets leicht war, den Volkshaufen, außerdem noch den städtischen, zur Hälfte verdorbenen, an die beliebige Kunst zu gewöhnen, indem man seinen Geschmack entstellte. Außerdem wird diese Kunst nicht von dem Volkshaufen erzeugt und nicht von ihm gewählt, sondern ihm eifrig an den öffentlichen Stellen, an denen ihm die Kunst zugänglich ist, aufgedrängt.

Für den größten Teil des ganzen arbeitenden Volkes ist unsere Kunst, die ihm wegen der teueren Preise unzugänglich ist, auch dem Inhalte selbst nach fremd, da sie die Gefühle von Menschen wiedergiebt, die aus den Verhältnissen des arbeitsvollen Lebens, die der

ganzen großen Menschheit eigen sind, entfernt sind. Das, was für
den Menschen der reichen Klassen einen Genuß ausmacht, ist dem
Arbeiter als Genuß unbegreiflich und ruft in ihm kein Gefühl hervor
oder erzeugt Gefühle, die denen ganz entgegengesetzt sind, welche
sie bei einem müßigen und übersättigten Menschen hervorruft. So
z. B. die Gefühle der Ehre, des Patriotismus, der Verliebtheit, die den
Hauptinhalt der jetzigen Kunst ausmachen, sie erzeugen in dem Arbeiter nur Bedenken und Verachtung oder Entrüstung. So daß,
wenn man sogar in der arbeitsfreien Zeit den meisten der Arbeiter
die Gelegenheit geben möchte, alles das zu sehen, zu lesen, zu hören, was die Blüte der jetzigen Kunst ausmacht (wie dies teilweise
in den Städten in den Gemäldegalerien, Volkskonzerten, Bibliotheken geschieht), so würde das arbeitende Volk in dem Maße, in dem
es arbeitet und noch nicht in die Kategorie der durch den Müßiggang entarteten Menschen übergegangen ist, nichts von unserer verfeinerten Kunst verstehen, und wenn es auch etwas davon verstehen
würde, der größte Teil dessen, was es verstanden hätte, würde nicht
nur seine Seele nicht erhöhen, sondern sie verderben. So daß es für
denkende und aufrichtige Menschen keinen Zweifel geben kann,
daß die Kunst der höheren Klassen nie die Kunst des ganzen Volkes
werden kann. Wenn sie aber nicht die Kunst des ganzen Volkes werden kann, so giebt es nur zwei Möglichkeiten, entweder ist die
Kunst nicht die wichtige Sache, für die man sie ausgiebt, oder die
Kunst, die wir Kunst nennen, ist nicht diese wichtige Sache.

Dieses Dilemma ist unlösbar und deshalb lösen kluge und unsittliche Menschen es kühn durch die Verneinung der einen ihrer
Seiten, nämlich des Rechtes der Volksmassen auf einen Genuß der
Kunst. Diese Menschen sprechen direkt aus, was in dem Wesen der
Sache liegt, nämlich, daß Teilnehmer und Nutznießer der (nach ihren Begriffen) hohen Schönheit, d. h. des allerhöchsten Genusses der
Kunst nur „auserwählte schöne Geister" sein können, wie die Romantiker sie bezeichneten, oder „Übermenschen", wie die Anhänger Nietzsches sie nennen; die übrigen aber, die rohe Herde, die unfähig ist, diese Genüsse zu empfinden, muß den hohen Genüssen
dieser höheren Gattung von Menschen dienen. Die Menschen, die
solche Ansichten aussprechen, verstellen sich wenigstens nicht und
wollen nicht Unvereinbares vereinigen, sondern erkennen gerade

heraus an, wie es thatsächlich ist, nämlich, daß unsere Kunst allein eine Kunst der höheren Klassen ist. So wurde und wird im Grunde genommen die Kunst auch von allen Menschen, die in unserer Gesellschaft mit Kunst beschäftigt sind, aufgefaßt.

9

Der Unglaube der höheren Klassen der europäischen Welt bewirkte, daß an Stelle der Thätigkeit der Kunst, die die Wiedergebung der höchsten Gefühle zum Ziele hat, die dem religiösen Bewußtsein entstammen und die die Menschheit erlebt hatte, die Thätigkeit erschien, die den allergrößten Genuß einer gewissen Gesellschaft von Menschen bezweckt. Und aus dem ganzen ungeheuren Gebiete der Kunst sonderte sich ab und wurde Kunst genannt das, was den Menschen eines gewissen Kreises Genuß bereitet.

Ohne von den moralischen Folgen zu reden, die für die europäische Gesellschaft eine solche Absonderung aus dem ganzen Gebiete der Kunst und die Anerkennung dessen als einer wichtigen Kunst hatte, was diese Wertung nicht verdiente, schwächte diese Entartung der Kunst und brachte auch die Kunst selbst fast zur Vernichtung. Die erste Folge davon war die, daß die Kunst den ihr eigenen unendlich verschiedenartigen und tiefen religiösen Inhalt verlor. Die zweite Folge war die, daß die Kunst, da sie nur einen kleinen Kreis von Menschen in Betracht zog, an Schönheit der Form verlor, geschnörkelt und undeutlich wurde, und die dritte bedeutendste Folge, daß sie aufhörte, aufrichtig zu sein. Sie wurde erklügelt und berechnend.

Die erste Folge: Die Verarmung an Inhalt, trat deshalb ein, weil ein wahres Kunstwerk nur dasjenige ist, das neue, von den Menschen nicht empfundene Gefühle wiedergiebt. Wie das Erzeugnis des Gedankens nur dann ein Erzeugnis des Gedankens ist, wenn es neue Erwägungen und Gedanken wiedergiebt, aber nicht das wiederholt, was bekannt ist, ebenso ist auch ein Kunstwerk nur dann ein Kunstwerk, wenn es ein neues Gefühl (wie unbedeutend es auch sein mag) in den Kreislauf des menschlichen Lebens fügt. Nur aus diesem Grunde empfinden Kinder und Jünglinge die Kunstwerke so stark, die ihnen zum ersten Male noch nicht von ihnen empfundene Gefühle mitteilen.

Ebenso stark wirkt auf erwachsene Menschen auch ein vollständig neues, von keinem noch geäußertes Gefühl. Die Quelle dieser Gefühle verlor die Kunst der höheren Klassen, indem sie die Gefühle nicht dem religiösen Bewußtsein entsprechend, sondern dem Grade des bereiteten Genusses nach schätzte. Es giebt nichts Älteres und Abgeschmackteres, als den Genuß, und es giebt nichts Neueres, als die Gefühle, die aus dem religiösen Bewußtsein einer gewissen Zeit entstehen.

Es kann auch nicht anders sein: der Genuß des Menschen hat eine Grenze, die ihm seine Natur gezogen hat, das Vorwärtsstreben der Menschheit aber – dasselbe, das durch das religiöse Bewußtsein geäußert wird, – hat keine Grenzen. Bei jedem Schritte, den die Menschheit vorwärts thut, – diese Schritte aber werden durch immer größere und größere Klarlegung des religiösen Bewußtseins vollbracht, – empfinden die Menschen immer neue und neue Gefühle. Und deshalb können nur auf Grund des religiösen Bewußtseins, das die höchste Stufe des Verständnisses des Lebens der Menschen einer gewissen Zeitdauer zeigt, neue, von den Menschen noch nicht empfundene Gefühle entstehen. Aus dem religiösen Bewußtsein der alten Griechen entströmten thatsächlich neue, wichtige, unendlich mannigfaltige Gefühle für die Griechen, die durch Homer und durch die Tragiker zum Ausdruck gebracht sind. Dasselbe war auch für den Hebräer der Fall, der das religiöse Bewußtsein des Glaubens an einen einzigen Gott erreicht hatte. Aus diesem Bewußtsein entstanden alle die neuen und wichtigen Gefühle, die durch die Propheten geäußert sind.

Dasselbe war auch für den Menschen des Mittelalters der Fall, der an die kirchliche Gemeinde und an die himmlische Hierarchie glaubte, dasselbe trifft auch für den Menschen unserer Zeit zu, der das religiöse Bewußtsein des wahren Christentums, – das Bewußtsein der Brüderlichkeit der Menschen, – sich zu eigen gemacht hat. Die Mannigfaltigkeit der Gefühle, die aus dem religiösen Bewußtsein entstehen, ist unendlich, und alle sind sie neu, weil das religiöse Bewußtsein nichts anderes ist, als die Andeutung einer neuen werdenden Beziehung des Menschen zu der Welt, während die Gefühle, die aus dem Verlangen des Genusses entstehen, nicht nur beschränkt, sondern längst schon gekostet und geäußert sind. Und deshalb führte der Unglaube der höheren europäischen Klassen dieselben auch zu der dem Inhalt nach ärmsten Kunst.

Die Verarmung des Inhalts der Kunst der höheren Klassen verstärkte sich noch dadurch, daß die Kunst, indem sie aufhörte religiös zu sein, auch aufhörte eine Volkskunst zu sein. Und dadurch verengerte sie noch mehr den Kreis der Gefühle, die sie wiedergab, da der

Kreis der Gefühle, die die herrschenden reichen Menschen, die die Mühe des Lebensunterhaltes nicht kennen, viel kleiner, ärmer und geringer ist als die Gefühle, die dem arbeitenden Volke eigen sind.

Die ästhetisierenden Menschen unseres Kreises denken und sagen gewöhnlich das Gegenteil. Ich erinnere mich, wie der Schriftsteller Gontscharow, ein Ästhetiker, ein kluger, gebildeter Mann, aber ein vollständiger Stadtmensch, mir sagte, daß aus dem Volksleben nach den *„Briefen eines Jägers"* von Turgenjew schon nichts mehr zu schreiben sei. Alles sei erschöpft. Das Leben des arbeitenden Volkes schien ihm so einfach zu sein, daß nach den Volkserzählungen von Turgenjew dort schon nichts mehr zu beschreiben sei. Das Leben der reichen Leute aber mit seinem Verlieben und seiner Unzufriedenheit mit sich selbst schien ihm voll von unendlichem Inhalt zu sein. Der eine Held küßt seine Dame auf die Handfläche, der andere aber auf den Ellbogen, der dritte noch auf irgend eine andere Art. Der eine grämt sich aus Faulheit, der andere aber deshalb, weil er nicht geliebt wird. Und ihm schien es, daß auf diesem Gebiete die Mannigfaltigkeit kein Ende hat.

Und diese Meinung, daß das Leben des arbeitenden Volkes arm an Inhalt sei, unser Leben aber, das Leben der Müßigen, voll Interesse sei, wird von sehr vielen Menschen unseres Kreises geteilt.

Das Leben des arbeitenden Menschen mit seinen unendlich mannigfaltigen Formen der Arbeit und den mit ihnen verbundenen Gefahren auf dem Meere und unter der Erde, mit seinen Reisen, dem Verkehr mit den Herren, den Vorgesetzten, den Kameraden, mit den Menschen anderer Konfessionen und Volksstämme, mit seinem Kampfe mit der Natur, mit wilden Tieren, mit seinen Beziehungen zu den Haustieren, mit seinen Mühen im Walde, in der Steppe, auf dem Felde, im Garten, im Gemüsegarten, mit seinen Beziehungen zu Frau und Kindern nicht allein als zu den nächsten geliebten Menschen, sondern als zu den Mitarbeitern, Helfern, Stellvertretern bei der Arbeit, mit seinen Beziehungen zu allen ökonomischen Fragen, nicht als zu Dingen der Grübelei oder der Hoffart, sondern als zu den Lebensfragen für sich und die Familie, mit seinem Stolze des Selbstgenügens und des Dienstes an der Menschheit, mit seinen Genüssen der Erholung, mit allen diesen Interessen, die von der religiösen Beziehung zu diesen Erscheinungen durchdrungen sind, – uns, die weder diese Interessen noch ein religiöses Bewußtsein haben,

uns erscheint dieses Leben eintönig im Vergleiche mit den kleinen
Genüssen, den geringen Sorgen unseres Lebens der Nicht-Arbeit
und des Nicht-Schaffens, sondern des Ausnutzens und der Zerstörung dessen, was andere für uns gethan haben. Wir denken, daß die
Gefühle, die von den Menschen unserer Zeit und unseres Kreises
empfunden werden, sehr bedeutend und mannigfaltig sind, während in Wirklichkeit fast alle Gefühle der Menschen unseres Kreises
in drei, sehr geringe und einfache Gefühle zusammengefaßt werden: das Gefühl des Stolzes, der geschlechtlichen Wollust und des
Lebensüberdrusses. Und diese drei Gefühle und ihre Verzweigungen bilden fast den ausschließlichen Inhalt der Kunst der reichen
Klassen.

Früher, am Anfange der Absonderung der ausschließlichen
Kunst der höheren Klassen von der Volkskunst, war der Hauptinhalt der Kunst das Gefühl des Stolzes. So war dies der Fall zur Zeit
der Renaissance, und nach ihr, als der Hauptgegenstand der Kunstwerke, das Preisen der Mächtigen, der Päpste, Könige, Herzöge,
war. Man verfaßte Oden, Madrigale, die die Starken priesen, Kantaten, Hymnen; man malte ihre Porträts und ihre Statuen wurden in
verschiedenen sie erhebenden Stellungen gemeißelt. Dann machte
sich in der Kunst immer mehr und mehr das Element des Geschlechtstriebes breit, das jetzt eine notwendige Bedingung jedes
Kunstwerkes der reichen Klassen geworden ist (mit sehr kleinen
Ausnahmen, in den Romanen und den Dramen auch ohne Ausnahme).

Noch später trat in die Zahl der Gefühle, die durch die Kunst
wiedergegeben werden, ein drittes Gefühl, das den Inhalt der Kunst
der reichen Klassen ausmacht, nämlich – das Gefühl des Lebensüberdrusses. Dieses Gefühl wurde am Anfange des 19. Jahrhunderts
nur von ungewöhnlichen Menschen geäußert: von Byron, Leopardi,
dann von Heine, in letzter Zeit ist es allgemein geworden und wird
von den abgeschmacktesten und gewöhnlichsten Menschen geäußert. Ganz richtig sagt der französische Kritiker Doumic, daß der
Hauptcharakter der Erzeugnisse der neuen Schriftsteller – *„c'est la
lassitude de vivre, le mépris de l'époque présente, le regret d'un autre temps
aperçu à travers l'illusion de l'art, le goût du paradoxe, le besoin de se singulariser, une aspiration de raffinés vers la simplicité, l'adoration enfantine*

du merveilleux, la séductiou maladive de la rêverie, l'ébranlement des nerfs, surtout l'appel exaspéré de la sensualité" („*Les jeunes*", René Doumic). Und thatsächlich von diesen drei Gefühlen bildet die Sinnlichkeit, als das niedrigste und nicht nur als das allen Menschen, sondern auch allen Tieren zugängliche Gefühl, das Hauptelement aller Erzeugnisse der Kunst der neuen Zeit.

Von Boccacio bis zu Marcel Prevost schildern unbedingt alle Romane, Poeme, Gedichte die Gefühle der Geschlechtsliebe in ihren verschiedenen Arten. Der Ehebruch ist nicht nur das Lieblings-, sondern auch das einzige Thema aller Romane. Eine Aufführung ist keine Aufführung, wenn in ihr nicht unter irgend welchem Vorwande von oben oder von unten entblößte Frauen erscheinen. Romanzen und Gesänge – dies alles ist der Ausdruck der Wollust auf verschiedenen Stufen der Poetisierung.

Die meisten Bilder der französischen Künstler stellen die weibliche Nacktheit in verschiedenen Stellungen dar. In der neuen französischen Litteratur giebt es kaum eine Seite oder ein Gedicht, in welchem nicht die Nacktheit beschrieben und etwa zweimal passend oder unpassend der Lieblingsbegriff und das Wort *„nu"* gebraucht würde. Es giebt einen Schriftsteller, René de Gourmond, den man veröffentlicht hat und als talentvoll ansieht. Um eine Vorstellung von den neuen Schriftstellern zu haben, las ich seinen Roman *„Les chevaux de Diomède"*. Dies ist eine wiederholte genaue Beschreibung vom Geschlechtsverkehr, den ein Herr mit verschiedenen Frauen gehabt hat. Es giebt keine Seite ohne Wollust erregende Beschreibungen. Dasselbe ist auch in dem Buche, das einen Erfolg hatte, Pierre Louis, *„Aphrodite"*, dasselbe auch in dem Buche von Huysmans *„Certains"*, das mir vor kurzem in die Hand kam und das eine Kritik der Maler sein soll, der Fall – dasselbe trifft man in allen französischen Romanen mit den seltensten Ausnahmen. Dies alles sind Erzeugnisse von Menschen, die an der erotischen Manie leiden. Diese Menschen sind offenbar überzeugt, daß, da ihr ganzes Leben infolge ihres krankhaften Zustandes sich auf die breitgetretene Beschreibung der geschlechtlichen Abscheulichkeiten konzentriert hat, auch das ganze Leben der Welt auf dasselbe konzentriert ist. Diesen an der erotischen Manie kranken Menschen aber ahmt die ganze Künstlerwelt Europas und Amerikas nach.

Sodaß infolge des Unglaubens und der Einseitigkeit des Lebens der reichen Klassen die Kunst dieser Klassen an Inhalt verarmt und alles auf die Wiedergabe der Gefühle der Hoffart, des Lebensüberdrusses und hauptsächlich der geschlechtlichen Wollust hinausgekommen ist.

Infolge des Unglaubens der Angehörigen der höheren Klassen ist die Kunst dieser Menschen an Inhalt arm geworden. Aber außerdem, indem sie immer einseitiger und einseitiger wurde, wurde die Kunst zugleich immer komplizierter, geschnörkelter und undeutlicher.

Wenn der Volkskünstler – wie es die griechischen Künstler oder die hebräischen Propheten waren – sein Werk schuf, so bemühte er sich selbstverständlich das zu sagen, was er zu sagen hatte, so daß sein Werk von allen Menschen verstanden wurde.

Wenn der Künstler jedoch für einen kleinen Kreis schuf, der sich in besonderen Verhältnissen befand, oder gar für eine einzige Person und etwa deren Höflinge, für den Papst, den Kardinal, den König, den Herzog, die Königin, für die Maitresse des Königs, so bemühte er sich natürlich nur, auf diese ihm bekannten Menschen zu wirken, die sich in bestimmten, ihm bekannten Verhältnissen befanden. Und diese leichtere Art der Erzeugung des Gefühles brachte den Künstler unwillkürlich dahin, sich in einer für alle übrigen unklaren Weise und in nur den Eingeweihten verständlichen Andeutungen zu äußern. Denn erstens konnte man auf eine solche Weise mehr sagen, und zweitens hatte eine solche Art der Äußerung sogar einen besonderen Reiz der Unklarheit für die Eingeweihten. Diese Art der Äußerung, die sich im Euphemismus, in den mythologischen und historischen Hinweisen offenbarte, kam immer mehr und mehr in Gebrauch, und in letzter Zeit ist sie, wie es scheint, bis zu den äußersten Grenzen in der Kunst der sogenannten Decadence gelangt. In letzter Zeit sind nicht nur die Unklarheit, Rätselhaftigkeit, Dunkelheit und Unzugänglichkeit für die Massen als ein Vorzug und eine Bedingung der Poesie der Kunstwerke hingestellt, sondern auch die Ungenauigkeit, Unbestimmtheit und Häßlichkeit der Reden.

Theophile Gautier sagt in seinem Vorwort zu dem berühmten *„Fleurs du Mal"*, daß Baudelaire aus der Poesie nach Möglichkeit die Schönrednerei, die Leidenschaft und die Wahrheit, die zu offen wiedergegeben ist – *„l'éloquence, la passion et la vérité calquée trop exactement"* – verbannt habe. Und Baudelaire hat dies nicht allein ausgesprochen, sondern es auch sowohl mit seinen Gedichten bewiesen wie noch mehr durch die Prosa in seinen „*Petits poèmes en prose*", deren Sinn man wie Rebusse erraten muß und die meistens unerraten bleiben.

Der auf Baudelaire folgende Poet, der auch als groß angesehen wird, Verlaine hat sogar eine ganze „*Art poétique*" geschrieben, in der er wie folgt zu schreiben vorschlägt:

> *De la musique avant toute chose,*
> *Et pour cela préfère l'Impair*
> *Plus vague et plus soluble dans l'air,*
> *Sans rien en lui qui pèse ou qui pose.*
>
> *Il faut aussi que tu n'aille point*
> *Choisir tes mots sans quelque méprise:*
> *Rien de plus cher que la chanson grise*
> *Où l'Indécis au Précis se joint.*
> ....

und weiter:

> *De la musique encore et toujours,*
> *Que ton vers soit la chose envolée,*
> *Qu'on sente qu'il fuit d'une âme en allée*
> *Vers d'autres cieux à d'autres amours.*
>
> *Que ton vers soit la bonne aventure*
> *Eparse au vent crispé du matin,*
> *Qui va fleurant la menthe et le thym …*
> *Et tout le reste est littérature.*

Der auf diese zwei folgende Poet Mallarmée, der für den bedeutendsten von den jungen gezählt wird, sagt gerade heraus, daß der Reiz eines Gedichtes darin besteht, seinen Sinn zu erraten, in der Poesie müsse stets ein Rätsel sein: „*Je pense qu'il faut qu'il n'y ait qu'allusion. La contemplatiou des objets, l'image s'en volant des rêveries suscitées par eux, sont le chant: les Parnassiens, eux, prennent la chose entièrement et la montrent; par là ils manquent de mystère; ils retirent aux esprits cette joie délicieuse de croire qu'ils créent. Nommer un objet, c'est suppri-*

mer les trois quarts de la jouissance du poète qui est faite du bonheur de deviner peu à peu; le suggérer-voilà le rêve. C'est le parfait usage de ce mystère qui constitue le symbole: évoquer petit à petit un objet pour montrer un état d'âme, ou inversement, choisir un objet et en dégager un état d'âme par une série de déchiffrements.

… Si un être d'une intelligence moyenne et d'une préparation littéraire insuffisante ouvre par hasard un livre ainsi fait et prétend en jouir, il y a malentendu, il faut remettre les choses à leur place. Il doit y avoir toujours énigme en poésie, et c'est le but de la littérature; il n'y en a pas d'autre – d'évoquer les objets." (*Enquête sur l évolution littéraire*, Jules Huret, S. 60–61.)

So ist also unter den neuen Poeten die Unklarheit zum Dogma erhoben, wie dies der französische Kritiker Doumic ganz richtig bemerkt, der die Wahrheit dieses Dogmas noch nicht anerkennt: *„Il serait temps aussi de finir* – sagt er – *avec cette fameuse théorie de l'obscurité que la nouvelle école a élevée en effet à la hauteur d'un dogme"*. (*„Les jeunes"*, *études et portraits par* Réné Doumic).

Aber nicht allein die französischen Schriftsteller denken so.

So denken und handeln die Poeten auch aller anderen Nationalitäten: die Deutschen, die Skandinavier, die Italiener, die Russen und die Engländer; so denken alle Künstler der neuen Zeit in allen Arten der Kunst: in der Malerei, in der Skulptur und in der Musik.

Sich auf Nietzsche und Wagner stützend, meinen die Künstler der neuen Zeit, daß sie es nicht nötig haben, von den groben Massen verstanden zu werden; es genügt ihnen, poetische Stimmungen bei den am feinsten gebildeten Menschen, *„best nurtured men"*, wie ein englischer Ästhetiker sagt, hervorzurufen.

Damit das, was ich sage, nicht unbegründet erscheine, werde ich hier wenigstens einige Muster der französischen Dichter anführen, die an der Spitze dieser Bewegung schritten. Der Name dieser Dichter ist Legion. Ich habe die neuen französischen Schriftsteller gewählt, weil sie glänzender als die anderen die neue Richtung der Kunst äußern und die meisten Europäer ihnen nachahmen.

Außer denen, deren Namen schon als berühmt angesehen werden, wie: Baudelaire, Verlain[e], sind noch einige solche Dichter zu nennen, nämlich: Jean Moreas, Charles Maurice, Henri de Régnier, Charles Vignier, Adrien Romaille, Réné Ghil, Maurice Maeterlinck, G. Albert Aurier, Reney de Gourmont, H. Paul, Roux le Magnifique,

Georges Rodenbach, le comte Robert de Montesquiou, Fézansac.

Dies sind Symbolisten und Decadenten. Dann folgen die Magier: Joséphin Péladan, Paul Adam, Jules Bois, M. Papus u. a.

Außer diesen giebt es noch 141 Dichter, die Doumic in seinem Buche aufzählt.

Das sind die Muster derjenigen von diesen Dichtern, die als die besten betrachtet werden. Ich beginne mit dem berühmtesten, dem als großer Mensch und eines Denkmals würdig befundenen – mit Baudelaire.

Da ist z. B. sein Gedicht aus seinen berühmten: *„Fleurs du Mal"*.

Je t'adore à légal de la voûte nocturne
O vase de tristesse, ô grande taciturne,
Et t'aime d'autant plus, belle que tu me fuis,
Et que tu me parais, ornement de mes nuits,
Plus ironiquement accumuler les lieues,
Qui séparent mes bras des immensités bleues.
Je m'avance à l'attaque, et je grimpe aux assauts,
Comme après un cadavre un chœur de vermisseaux.
Et je chèris, ô bete implacable et cruelle!
Jusqu'à cette froideur par où tu m'es plus belle!

Da ist ein anderes von demselben Baudelaire:

DUELLUM.

Deux guerriers ont couru l'un sur l'autre; leurs armes
Ont éclaboussé l'air de lueurs et de sang.
– Ces jeux, ces cliquetis du fer sont les vacarmes
D'une jeunese en proie à l'amour vagissant.

Les glaives sont brisés! comme notre jeunesse,
Ma chère! Mais les dents, les ongles acérés,
Vengent bientot l'épée et la dague traîtresse.
– O fureur des coeurs murs par l'amour ulcérés!

Dans le ravin hauté des chats-pards et des onces
Nos héros, s'étreignant méchamment, ont roulé,
Et leur peau fleurira l'aridité des ronces.

– Ce gouffre, c'est l'enfer, de nos amis peuplé!
Roulons y sans remords, amazone inhumaine,
Afin d'éterniser l'ardeur de notre haine!

Um gewissenhaft zu sein, muß ich sagen, daß das Buch auch weniger undeutliche Gedichte enthält, aber keins, das ganz einfach wäre und ohne einige Mühe verstanden werden könnte – ohne eine Mühe, die selten belohnt wird, da die Gefühle, die der Dichter wiedergiebt, schlechte und sehr niedrige Gefühle sind.

Diese Gefühle sind jedoch stets mit Vorbedacht originell und unsinnig geäußert. Diese vorsätzliche Unklarheit ist besonders bemerkbar in der Prosa, wo der Autor deutlich reden könnte, wenn er es wollte.

Da ist als Beispiel aus seinem *„Petits poèmes en prose"* das erste Stück:

L'ETRANGER.

    –   *Qui aimes-tu le mieux, homme énigmatique,*
          des: ton père, ta mère, ton frère ou ta sœur ?
    –   *Je n'ai ni père, ni mère, ni sœur, ni frère.*
    –   *Tes amis?*
    –   *Vous vous servez là d'une parole dont le sens*
          m'est reste jusqu'à ce jour inconnu.
    –   *Ta patrie?*
    –   *J'ignore sous quelle latitude elle est située.*
    –   *La beauté?*
    –   *Je l'aimerais volontiers, déesse et immortelle.*
    –   *L'or?*
    –   *Je le hais, comme vous haissez Dieux*
    –   *Eh! qu'aimes-tu donc, extraordinaire étranger?*
    –   *J'aime les nuages … les nuages qui passent …*
          là-bas … les merveilleux nuages …

Das Stück *„La soupe et Les nuages"* soll wahrscheinlich darstellen, daß der Dichter sogar bei denen, die er liebt, kein Verständnis findet. Da ist das Stück:

*„Ma petite folle bien-aimée me donnait à diner, et par la fenetre ouverte
de la salle à manger je contemplais les mouvantes architecturesque Dieu
fait avec les vapeurs, les merveilleuses constructions de l'impalpable. Et
je me disais à travers ma contemplation: – „Toutes ces fantasmagories
sont presque aussi belles que les jeux de ma belle bien-aimée, la petite
folle monstrueuse aux yeux verts.*

*Et tout-à-coup je reçus un violent coup de poing dans le dos, et j'enten-
dis une voix rauque et charmante, une voix hystérique et comme en-
rouée par l'eau de vie, la voix de ma chère petite bien-aimée, qui disait:
– „Allez-vous bientôt manger votre soupe, s … b … de marchand de
nuages?"*

So erkünstelt dies Erzeugnis auch ist, man kann mit einiger Anstrengung erraten, was der Autor damit sagen wollte; aber es giebt Stücke, die vollständig unverständlich sind, wenigstens für mich.

Zum Beispiel: *„Le galant tireur"*, dessen Sinn ich ganz und gar
nicht verstehen konnte.

LE GALANT TIREUR.

*Comme la voiture traversait le bois, il la fit arrêter dans le voisinage
d'un tir, disant qu'il lui serait agréable de tirer quelques balles pour
tuer le Temps.*

*Tuer ce monstre-là, n'est-ce pas l'occupation la plus ordinaire et la plus
légitime de chacun?–*

*Et il offrit galamment la main à sa chère, délicieuse et exécrable femme,
à cette mystérieuse femme, à laquelle il doit tant de plaisirs, tant de
douleurs, et peut-être aussi une grande partie de son génie.*

*Plusieurs balles frappèrent loin du but proposé: l'une d'elle s'enfonca
même dans le plafond; et comme la charmante créature riait follement,
se moquant de la maladresse de son époux, celui-ci se tourna brusque-
ment vers elle, et lui dit: „Observez cette poupée là-bas, à droite, qui
porte le nez en l'air et qui a la mine si hautaine. Eh bien! cher ange, je
me figure que c'est vous." Et il ferma les yeux et il lacha la détente. La
poupée fut nettement décapitée.*

*Alors s'inclinant vers sa chère, sa délicieuse, son exécrable femme, son
inévitable et impitoyable Muse, et lui baisant respectueusement la
main, il ajoute:*

„Ah, mon cher ange, combien je vous remercie de mon adresse."!

Die Erzeugnisse der anderen Berühmtheit, Verlaine, sind nicht weniger geschnörkelt und nicht weniger undeutlich. Beispielsweise das erste aus dem Abschnitt „*Ariettes oubliées*", dessen erste *ariette* lautet:

> *Le vent dans la plaine*
> *Suspend son haleine.*
> *(Favart.)*

> *C'est l'extase langoureuse,*
> *C'est la fatigue amoureuse,*
> *C'est tous les frissons des bois*
> *Parmi l'étreinte des brises,*
> *C'est vers les ramures grises,*
> *Le chœur des petites voix.*
> *O le frèle et frais murmure!*
> *Cela gazouille et susure,*
> *Cela ressemble au cri doux*
> *Que l'herbe agitée expire …*
> *Tu dirais, tous l'eau qui vire,*
> *Le roulis sourd des cailloux.*
> *Cette âme qui se lamente*
> *En cette plainte darmante,*
> *C'est la nôtre, n'est ce pas?*
> *La mienne, dis, et la tienne,*
> *Dont s'exhale l'humble autienne*
> *Par ce tiède soir, tout bas.*

Was ist dies für ein „*chœur des petites voix*"?

Und was für ein „*cri doux l'herbe agitée expire*"? und was hat das alles für einen Sinn? Für mich bleibt es ganz unverständlich.

Da ist jedoch eine andere ariette:

> *Dans l'interminable*
> *Ennui de la plaine,*
> *La neige incertaine*
> *Luit comme du sable.*
> *Le ciel est de cuivre,*

Sans lueur aucune.
On croirait voir vivre
Et mourir la lune.
Comme des nuées
Flottent gris les chênes
Des forêts prochaines
Parmi les buées.
Ce ciel est de cuivre,
Sans lueur aucune.
On croirait voir vivre
Et mourir la lune.
Corneille poussive
Et vous, les loups maigres,
Par ces dises aigres,
Quoi donc vous arrive?
Dans interminable
Ennui de la plaine,
La neige incertaine
Luit comme du sable.

Wie lebt und stirbt denn am kupfernen Himmel der Mond und wie glänzt denn der Schnee, wie Sand?

Dies alles ist schon nicht nur unverständlich, sondern eine Ansammlung von falschen Vergleichen und Worten unter dem Vorwande der Wiedergabe einer Stimmung.

Außer diesen erkünstelten und unklaren Gedichten giebt es auch verständliche, aber dafür schon der Form und dem Inhalte nach vollständig schlechte Gedichte.

Derart sind alle Gedichte unter dem Titel: *„La sagesse"*. In diesen Gedichten nehmen sehr schlechte Äußerungen [Ausdrucksformen] von abgeschmacktesten katholischen und patriotischen Gefühlen den größten Raum ein. Man findet darin z. B. folgende Strophen:

Je ne veux plus penser qu'à ma mère Marie,
Siège de la sagesse et source de pardons
Mère de France aussi de qui nous attendons
Inébranlablement l'honneur de la patrie.

Bevor ich Beispiele aus anderen Dichtern anführe, muß ich einen Augenblick bei der merkwürdigen Berühmtheit dieser zwei Dichter, Baudelaire und Verlaine verweilen, die jetzt als große Dichter anerkannt sind.

Wie konnten die Franzosen, die einen Chénier, Muffet, Lamartine, hauptsächlich aber Hugo gehabt haben, bei denen es noch vor kurzen die sogenannten Parnassiens gab, Leconte, de Liste, Sully, Prud'homme u. a., diesen zwei Dichtern eine solche Bedeutung zuschreiben und sie als große Dichter betrachten, die in der Form sehr ungeschickt und dem Inhalte nach sehr niedrig und abgeschmackt sind?

Die Weltanschauung des einen, Baudelaire, besteht in der Erhebung des groben Egoismus zum Prinzip und in dem Ersatze der Sittlichkeit durch einen unbestimmten Begriff der Schönheit und zwar unbedingt der erkünstelten Schönheit. Baudelaire zog ein geschminktes weibliches Gesicht dem natürlichen und die Bäume aus Metall und theatralische Ähnlichkeit des Wassers – dem natürlichen vor.

Die Weltanschauung des anderen Poeten, Verlaine, besteht in der welken Ausgelassenheit, in dem Erkennen seiner moralischen Kraftlosigkeit und als Rettung vor dieser Kraftlosigkeit in der gröbsten katholischen Götzendienerei. Beide entbehren dabei nicht nur aller Naivität, Aufrichtigkeit und Einfachheit, sondern beide sind voll Künstelei, Sucht nach Originalität und Selbstdünkel. So daß in den weniger schlechten ihrer Erzeugnisse man mehr Herrn Baudelaire oder Verlaine erblickt, als das, was sie darstellen. Und diese zwei schlechten Versemacher bilden eine Schule und ziehen Hunderte von Anhängern nach sich.

Es giebt nur eine Erklärung dieser Erscheinung: daß die Kunst der Gesellschaft, in der diese Versemacher schaffen, keine ernste wichtige Lebenssache sei, sondern nur ein Zeitvertreib. Jeder Zeitvertreib jedoch wird bei jeder Wiederholung langweilig. Um den langweiligen Zeitvertreib von neuem möglich zu machen, muß man ihn auf irgend eine Art erneuern: wird der Boston langweilig – erdenkt man den Whist; ist der Whist langweilig geworden, erdenkt man *Préférance*; wird die *Préférance* langweilig – erdenkt man wieder etwas Neues u.s.w. Das Wesen der Sache bleibt dasselbe, es ändern sich nur die Formen.

So ist es auch bei dieser Kunst der Fall: Ihr Wesen wurde immer beschränkter und beschränkter und es gelangte endlich dahin, daß die Künstler dieser abgesonderten Klassen meinen, es sei schon alles gesagt und man könne nichts Neues mehr sagen. Und da suchen sie denn, um diese Kunst aufzufrischen, neue Formen.

Baudelaire und Verlaine erdenken eine neue Form – und erneuern sie dabei noch durch bis dahin nicht gebrauchte pornographische Einzelheiten. Und die Kritik und das Publikum der höheren Klassen erkennen sie als große Schriftsteller an.

Nur dadurch erklärt sich ihr Erfolg, nicht allein der Baudelaires und Verlain[e]s, sondern auch der ganzen Decadence.

Es giebt z. B. Gedichte von Mallarmée und Maeterlinck, die durchaus keinen Sinn haben, und die trotzdem oder vielleicht gerade deswegen nicht nur in Zehntausenden von Exemplaren in Einzelausgaben gedruckt werden, sondern auch in die Sammelwerke der besten jungen Dichter ausgenommen werden.

Hier z. B. ein Sonett von Mallarmée (*Pan*, 1895. Nr. 1):

A la nue accablante tu
Basse de basalte et de laves
Et meme les échos esclaves
Par une trompe sans vertu.
Quel sépulcral naufrage (tu
Le soir, écume, mais y brave)
Suprême une entre les épaves
Abolit le mat dévêtu.
Ou cela que furibond faute
De quelque perdition haute,
Tout l'abime vain éployé
Dans le si blanc cheveu qui traine
Avarement aura noyé
Le flanc enfant d'une sirène.

Dieses Gedicht ist der Unverständlichkeit nach keine Ausnahme. Ich habe mehrere Gedichte von Mallarmée gelesen. Sie alle sind ebenso unsinnig.

Hier aber ist ein Muster von einem anderen berühmten zeitgenössischen Dichter, drei Gedichte von Maeterlinck. Ich zitiere sie auch aus der Zeitschrift „*Pan*", 1895. Nr. 2:

Quand il est sorti
(J'entendis la porte)
Quand il est sorti
Elle avait souri.
Mais quand il rentra
(J'entendis la lampe)
Mais quand il rentra
Une autre était là …
Et j'ai vu la mort
(J'entendis son âme)
Et j'ai vu la mort
Qui l'attend encore …
On est venu dire
(Mon enfant, j'ai peur)
On est venu dire
Qu'il allait partir …
Ma lampe allumée
(Mon enfant, j'ai peur)
Ma lampe allumée
Me suis approchée …
A la première porte,
(Mon enfant, j'ai peur)
A la première porte,
La flamme a tremblé …
A la seconde porte
(Mon enfant, j'ai peur)
A la seconde porte,
La flamme a parlé …
A la troisième porte,
(Mon enfant, j'ai peur)
A la troisième porte,
La lumière est morte …
Et s'il revenait un jour
Que faut-il lui dire?
Dites lui qu'on l'attendit
Jusqu'à s'en mourir …
Et s'il interroge encore
Sans me reconnaître,

Parlez lui comme une sœur,
Il souffre peut-être …
Et s'il demande où vous êtes
Que faut-il répondre?
Donnez lui mon anneau d'or
Sans rien lui répondre …
Et s'il veut savoir pourquoi
La salle est déserte?
Montrez lui la lampe éteinte
Et la porte ouverte …
Et s'il m'interroge alors
Sur la dernière heure?
Dites lui que j'ai souri
De peur qu'il ne pleure …

Wer ist hinausgegangen, wer ist gekommen, wer hat erzählt, wer ist gestorben?

Ich ersuche den Leser, nicht zu versäumen, die von mir im Anhang I [→S. 215-218] angeführten Muster der bekannteren und geschätzteren jungen Dichter: Griffin, Régnier, Moreas und Montesquiou zu lesen. Dies ist nötig, um sich eine klare Vorstellung von der gegenwärtigen Lage der Kunst zu machen und nicht zu meinen, wie es viele thun, daß die Decadance eine zufällige zeitweilige Erscheinung sei.

Um dem Vorwurfe zu entgehen, daß ich die schlechtesten Gedichte ausgesucht habe, habe ich aus allen Büchern das Gedicht zitiert, das auf der 28. Seite stand.

Alle Gedichte dieser Poeten sind gleich unverständlich oder nur bei großer Anstrengung und dann auch nicht einmal ganz verständlich.

Derart sind auch alle Erzeugnisse jener hundert Dichter, von denen ich mehrere Namen angeführt habe. Solche Gedichte druckt man auch bei den Deutschen, bei den Skandinaviern, Italienern und bei uns Russen. Und solche Erzeugnisse werden gedruckt und gesetzt, wenn nicht in Millionen, so doch in Hunderttausenden von Exemplaren (einige werden in je zehntausend Exemplaren verbreitet). Auf das Setzen, Drucken, die Zusammenstellung, das Einbinden dieser Bücher sind Millionen und aber Millionen von Arbeitstagen verwendet, ich meine nicht weniger, als für den Bau einer großen Pyramide.

Aber das ist nicht alles: dasselbe geschieht auch in allen anderen Künsten, und Millionen von Arbeitstagen werden auf die Erzeugnisse von ebenso unverständlichen Dingen in der Malerei, Musik, dem Drama verwandt. Die Malerei bleibt darin nicht nur nicht hinter der Poesie zurück, sondern sie schreitet ihr voran. Hier ist ein Auszug aus dem Tagebuche eines Liebhabers der Malerei, der im Jahre 1894 die Ausstellung in Paris besucht hat:

„Ich war heute in drei Ausstellungen: der Symbolisten, der Impressionisten und der Neoimpressionisten. Gewissenhaft und sorgfältig habe ich die Bilder betrachtet, aber wiederum empfand ich dasselbe Bedenken und zum Schluß Empörung. Die erste Ausstellung von Camille Pissaro ist noch die verständlichste, obgleich keine Zeichnung, kein Inhalt und das unglaublichste Kolorit angewendet ist. Die Zeichnung ist so unbestimmt, daß man zuweilen nicht versteht, wohin die Hand oder der Kopf gewandt ist. Der Inhalt ist meistenteils *effets. Effet de brouillard, Effet au soir, Soleil couchant*. Mehrere Bilder sind mit Gestalten versehen, aber ohne Sujet.

Im Kolorit herrscht hellbaue und hellgrüne Farbe. Und jedes Bild hat seinen Grundton, mit welchem das ganze Bild bespritzt zu sein scheint. Z. B. bei der Schäferin, die die Gänse hütet, ist der Grundton *vert de gris* und überall finden sich kleine Flecken dieser Farbe: auf dem Gesichte, in den Haaren, auf den Händen, dem Kleide. In derselben Gallerie *‚Durand Ruel‘* sind andere Bilder von Puvis de Chavanne, Manet, Monet, Renoir, Sisley, –dies sind lauter Impressionisten. Der eine – den Namen habe ich nicht herausgefunden – so ähnlich wie Redon – hat ein blaues Gesicht im Profil gemalt. Im ganzen Gesichte ist nur dieser blaue Ton mit weißer Schminke. Pissaro hat ein Aquarell ganz in Punkten gemacht. Auf dem Vordergrunde ist eine Kuh ganz in Punkten von verschiedener Farbe gemalt. Den allgemeinen Ton kann man nicht ergreifen, ob man nahe heran oder weit zurück tritt.

Von dort ging ich, die Symbolisten zu sehen. Ich schaute lange, ohne jemand zu fragen, und suchte selbst zu erraten, um was es sich handele, – aber dies geht über menschliche Begriffe. Eine von den ersten Sachen zog meine Aufmerksamkeit an – ein hölzernes haut-relief, abscheulich ausgeführt, das eine Frau (nackt) darstellt, die mit beiden Händen aus den Brustwarzen Bäche von Blut auspreßt. Das Blut fließt nach unten und geht in Lilafarben über. Die Haare sind zuerst nach unten herabgelassen, dann nach oben gezogen, wo sie sich in Bäume verwandeln. Die Figur ist ganz in gelber Farbe gemalt, die Haare in brauner.

Dann ein Bild: gelbes Meer, darauf schwimmt etwa ein Schiff oder ein Herz, am Horizont ist ein Profil mit einem Heiligenschein und mit gelben Haaren, die ins Meer übergehen und sich in ihm verlieren. Die Farben sind bei einigen Bildern so dick aufgelegt, daß es ebensogut Malerei wie Skulptur sein könnte. Das dritte ist noch weniger verständlich: ein männliches Profil, vor ihm eine Flamme und schwarze Streifen – Blutegel, wie man mir später sagte. Ich fragte endlich einen Herrn, der sich dort befand, was dies bedeute und er erklärte mir, daß diese Statue ein Symbol sei und daß sie *La Terre* vorstellt, das schwimmende Herz auf dem gelben Meere – sei *Illusion perdue,* der Herr aber mit den Blutegeln sei *Le mal.* Daselbst sind mehrere impressionistische Bilder: primitive Profile mit irgend einer Blume in der Hand. Eintönig, nicht ausgeführt und entweder ganz unbestimmt oder mit einer breiten schwarzen Kontur umgeben."

Dies war im Jahre 1894; jetzt hat diese Richtung noch stärkeren Einfluß gewonnen: Böcklin, Stuck, Klinger, Sascha Schneider u. a.

Ebenso verhält es sich mit dem Drama. Es wird ein Baumeister vorgeführt, der aus irgend einem Grunde seine früheren hohen Pläne nicht erfüllt hat, und der infolge dessen auf das Dach des von ihm erbauten Hauses hinaufkriecht und von dort kopfüber hinunterfliegt; oder eine unbegreifliche alte Frau, die Ratten vertilgt, führt aus unbegreiflichen Gründen ein poetisches Kind ins Meer und ertränkt es dort; oder irgendwelche Blinde, die am Ufer des Meeres sitzend zu irgend welchem Zwecke fortwährend ein und dasselbe wiederholen; oder eine Glocke, die in den See hinunterfliegt und dort läutet.

Dasselbe ereignet sich auch in der Musik, in der Kunst, die, wie es scheinen sollte, doch am meisten allen gleich verständlich sein müßte.

Ein Ihnen bekannter Musiker, der einen Ruf genießt, setzt sich ans Klavier und spielt Ihnen, wie er sagt, sein neues Werk oder das eines neuen Künstlers vor. Sie hören sonderbare laute Töne und wundern sich über die gymnastischen Übungen der Finger und sehen deutlich, daß der Komponist Ihnen einflößen will, daß die von ihm erzeugten Töne – poetischer Drang der Seele sind. Sie sehen seine Absicht, aber es wird Ihnen kein Gefühl, außer Langeweile, mitgeteilt. Der Vortrag dauert lange oder, wenigstens scheint es Ihnen so, sehr lange, weil Sie nichts klar empfinden und sich dabei unwillkürlich an die Worte von A. Karr erinnern: *„Plus ca va vite, plus ca dure longtemps."* Und es kommt Ihnen in den Sinn, ob dies nicht eine Mystifizierung ist, ob Sie der Darsteller nicht einer Probe unterwirft, indem er die Hände und Finger, wie es gerade trifft, auf der Klaviatur herumfahren läßt in der Hoffnung, daß Sie hineinfallen und ihn loben werden, er aber wird auflachen und eingestehen, daß er Sie nur auf die Probe stellen wollte. Aber wenn es schließlich ein Ende nimmt, und der schweißtriefende und erregte Musiker, offenbar ein Lob erwartend, sich von dem Klavier erhebt, sehen Sie, daß dies alles Ernst war.

Genau so geht es auch bei allen Konzerten zu mit den Werken von Liszt, Wagner, Berlioz, Brahms und des neuesten Richard Strauß und einer unzähligen Masse anderer, die ohne Unterbrechung eine Oper nach der anderen, eine Symphonie nach der anderen, ein Stück nach dem anderen dichten.

Dasselbe geschieht auch auf dem Gebiete, wo, wie es scheinen sollte, es schwer ist unverständlich zu sein, – auf dem Gebiete des Romans und der Erzählung.

Sie lesen *„Là bas"* von Huysmanns oder die Erzählungen von Kipling oder *„L'annonciateur" „Villier de l'Isle"* Adams aus seinen *„Coutes cruels"* u. a. und dies alles ist für Sie nicht nur *„abscous"* (ein neues Wort der neuen Schriftsteller), sondern vollständig unverständlich, sowohl der Form, wie auch dem Inhalte nach. So z. B. der jetzt in der *„Revue blanche"* erschienene Roman *„Terre Promise"* von E. Morel und auch die meisten der neuen Romane: der Stil sehr breit, die Gefühle scheinen erhaben zu sein, aber man kann auf keinen Fall verstehen, was, wo und von wem die Sache handelt.

Und derart ist die ganze junge Kunst unserer Zeit.

Die Menschen der ersten Hälfte des 19. Jahrhunderts – Kenner des Goethe, Schiller, Muffet, Hugo, Dickens, Beethoven, Chopin, Raphael, Vinci, Michel Angelo [sic], de Laroche, da sie nichts von dieser neuesten Kunst verstehen, zählen die Erzeugnisse dieser Kunst oft direkt zum geschmacklosen Wahnsinn und wollen sie ignorieren. Aber ein solches Verhalten der neuen Kunst gegenüber ist ganz grundlos, weil erstens diese Kunst sich immer mehr und mehr verbreitet und schon einen festen Platz in der Gesellschaft erobert hat, – einen solchen, wie ihn die Romantik in den [18]30er Jahren erobert hat; zweitens und hauptsächlich: wenn wir nur deshalb in dieser Weise über die Erzeugnisse der späteren, der sogenannten Decadancekunst urteilen wollen, weil wir sie nicht verstehen, so giebt es doch eine ungeheure Menge Menschen – das ganze arbeitende Volk, und viele auch aus dem nicht arbeitenden Volke, die ebensowenig die Kunstwerke, die wir als schön bezeichnen, verstehen: die Gedichte unserer Lieblingskünstler: Goethe, Schiller, Hugo, die Romane von Dickens, die Musik Beethovens, Chopins, die Bilder Raphaels, Michel Angelos, Vincis u. a. Wenn ich das Recht habe zu meinen, daß die großen Volksmassen das, was ich als zweifellos gut anerkenne, nicht verstehen und nicht lieben, weil sie nicht genügend entwickelt sind, so habe ich auch nicht das Recht zu verneinen, daß ich die neuen Kunstwerke nur deshalb nicht verstehen und nicht lieben kann, weil ich nicht genügend entwickelt bin, um dieselben zu verstehen. Wenn ich aber das Recht habe zu sagen, daß ich mit den meisten mir gleichgesinnten Menschen die Erzeugnisse der Kunst nur deshalb nicht begreife, weil da nichts zu begreifen ist, und daß dies eine schlechte Kunst ist, so kann mit demselben Rechte eine noch viel größere Menge, die ganze Arbeitermasse, die das nicht versteht, was ich als schöne Kunst ansehe, sagen, daß das, was ich als gute Kunst ansehe, eine schlechte Kunst sei, und daß dort nichts zu verstehen sei.

Besonders deutlich erkannte ich die Ungerechtigkeit der Verurteilung der neuen Kunst, als einst in meiner Gegenwart ein Poet, der unverständliche Verse dichtet, mit erheiterndem Selbstbewußtsein über eine unverständliche Musik lachte und bald darauf lachte der Musiker, der unverständliche Symphonien schafft, mit demselben Selbstbewußtsein über die unverständlichen Verse. Die neue Kunst deshalb zu verurteilen, weil ich, ein Mensch, dessen Bildungszeit in der ersten Hälfte des neunzehnten Jahrhunderts lag, sie nicht verstehe, – habe ich kein Recht und darf es nicht; ich darf nur sagen, daß sie mir unverständlich ist. Der einzige Vorzug der Kunst, die ich anerkenne, vor der *Decadance* besteht darin, daß diese von mir anerkannte Kunst einer größeren Anzahl von Menschen verständlich ist, als die jetzige.

Daraus, daß ich an eine gewisse abgesonderte Kunst gewöhnt bin und sie begreife, eine noch abgesondertere aber nicht begreife, habe ich kein Recht zu schließen, daß diese, meine Kunst auch die eigentliche Kunst sei, die Kunst aber, die ich nicht begreife, nicht die eigentliche, sondern eine schlechte Kunst sei; daraus kann ich nur das schließen, daß die Kunst, indem sie immer und immer exklusiver wurde, auch immer und immer unverständlicher für einen immer größeren und größeren Teil der Menschen wurde, daß sie in diesem ihrem Aufsteigen zu größerer und größerer Unverständlichkeit, auf deren Stufen ich mit meiner gewohnten Kunst irgendwo stehe, dahin gelangt ist, daß sie von einer ganz kleinen Zahl Auserwählter verstanden wird, und daß die Zahl dieser Auserwählten sich immer vermindert und vermindert.

Kaum hatte sich die Kunst der höheren Klassen von der Volkskunst abgesondert, als die Überzeugung Platz griff, daß die Kunst – Kunst sein und zugleich der Masse unverständlich sein kann. Und kaum war diese Deutung zugelassen, so mußte man unvermeidlich zulassen, daß die Kunst nur für einen sehr kleinen Teil Auserwählter verständlich sein kann und schließlich nur für zwei oder einen – für meinen besten Freund – für mich selbst. So sagen die gegenwärtigen Künstler auch geradezu: „ich schaffe und verstehe mich, wenn mich aber jemand nicht versteht, desto schlimmer für ihn.“

Die Behauptung, daß die Kunst eine gute Kunst, dabei aber einem großen Teil der Menschen unverständlich sein könne, ist so ungerecht, ihre Folgen sind für die Kunst so schädlich und zugleich ist diese Behauptung so verbreitet, hat sich so in unserer Vorstellung eingebürgert, daß man ihre ganze Sinnlosigkeit nicht oft genug erklären kann.

Es giebt nichts Gewöhnlicheres, als daß man von scheinbaren Kunstwerken hört, sie seien sehr gut, aber es sei sehr schwer, sie zu verstehen. Wir sind an eine solche Behauptung gewöhnt, indessen: zu sagen, daß ein Kunstwerk gut, aber unverständlich sei, ist ebenso, als ob man von einer Speise sagte, sie sei sehr gut, aber die Menschen könnten sie nicht essen. Die Menschen können einen faulen Käse, angefaulte Rebhühner und ähnliche Speisen nicht mögen, die von den Feinschmeckern mit verdorbenem Geschmack geschätzt werden, aber Brot oder Früchte sind nur dann gut, wenn sie den Menschen gefallen. Ebenso ist es auch mit der Kunst: eine verdorbene Kunst kann den Menschen unverständlich sein, aber eine gute Kunst ist stets allen verständlich.

Man sagt, die allerbesten Kunstwerke seien derart, daß sie von der großen Masse nicht verstanden werden können und sie seien nur Auserwählten, die für das Verständnis dieser großen Werke vorbereitet sind, zugänglich. Aber wenn die Mehrheit sie nicht versteht, so muß man sie ihr erklären, ihr die Kenntnisse mitteilen, die für das Verständnis notwendig sind. Aber es erweist sich, daß es solche Kenntnisse nicht giebt und die Werke kann man nicht erklären und deshalb geben die, die es sagen, daß die Mehrheit gute Kunsterzeugnisse nicht verstehe, keine Erklärung, sondern sagen, daß man dieselben Werke wieder und wieder lesen, sehen, hören müsse, um sie zu verstehen. Aber das bedeutet keine Erklärung, sondern Angewöhnung. Gewöhnen aber kann man sich an alles, auch an das Schlechteste. Wie man aber Menschen an faule Speisen, Branntwein, Tabak, Opium, so kann man den Menschen auch an eine schlechte Kunst gewöhnen, was man auch thatsächlich thut.

Außerdem darf man nicht sagen, daß die meisten Menschen nicht den für die Wertung der höchsten Kunstwerke nötigen Geschmack haben. Die Mehrheit verstand immer und versteht das, was auch wir als die höchste Kunst ansehen: das Epos der Bibel, die Gleichnisse des Evangeliums, die Volkslegende, das Märchen, das Volkslied verstehen alle. Weshalb verlor denn die Mehrheit plötzlich die Fähigkeit, das Hohe in unserer Kunst zu verstehen?

Von einer Rede kann man sagen, daß sie gut, aber denen unverständlich sei, die die Sprache nicht kennen, in der sie gehalten ist. Eine Rede, die in der chinesischen Sprache gehalten ist, kann gut sein und mir unverständlich bleiben, wenn ich chinesisch nicht kenne, aber ein Kunsterzeugnis unterscheidet sich auch von jeder anderen geistigen Thätigkeit dadurch, daß seine Sprache allen verständlich ist, daß es alle ohne Unterschied ansteckt. Die Thränen, das Lachen des Chinesen, werden mich ebenso anstecken, wie die Thränen, das Lachen eines Russen, ebenso auch die Malerei, die Musik und ein poetisches Werk, wenn es in eine mir verständliche Sprache übertragen ist. Das Lied eines Kirgisen und eines Japaners wird mich rühren, obgleich schon schwächer, als den Kirgisen selbst und den Japaner.

Ebenso wirkt auf mich die japanische Malerei und die indische Architektur und das arabische Märchen. Wenn mich das Lied eines Japaners und der Roman eines Chinesen wenig rührt, so ist es nicht aus dem Grunde, weil ich diese Erzeugnisse nicht verstehe, sondern aus dem Grunde, weil ich höhere Kunstwerke kenne und an sie gewöhnt bin, aber keinesfalls, weil diese Kunst höher ist als ich. Große Kunstwerke sind nur deshalb groß, weil sie allen zugänglich und verständlich sind. Die Geschichte Josephs, in die chinesische Sprache übertragen, rührt die Chinesen. Die Geschichte des Sakia-Muni rührt uns. So geht es auch mit Bauten, Gemälden, Statuen, Musik. Und darum darf man nicht sagen, wenn die Kunst auf einen nicht wirkt, daß dies an dem mangelnden Verständnis des Zuschauers und des Zuhörers liege, sondern man kann und muß daraus nur schließen, daß dies entweder eine schlechte oder gar keine Kunst sei.

Die Kunst unterscheidet sich auch dadurch von der Verstandesthätigkeit, die eine Vorbereitung und eine gewisse Stufenfolge des Wissensstoffes erfordert (so daß man einen Menschen nicht Trigonometrie lehren kann, wenn er die Geometrie nicht kennt), daß die Kunst auf die Menschen wirkt, gleichviel auf welcher Stufe der Entwickelung und Bildung sie stehen, daß die Anmut eines Gemäldes, der Töne, der Bilder jeden Menschen erfaßt, auf welcher Stufe der Entwickelung er auch stehen mag.

Die Aufgabe der Kunst besteht gerade darin, das verständlich und faßbar zu machen, was in Gestalt von Erörterungen unverständlich und unfaßbar sein könnte. Gewöhnlich scheint es dem Genießenden, wenn er einen wahren, künstlerischen Eindruck erhält, als habe er dies schon früher gewußt, aber nur nicht verstanden es auszudrücken.

Und derartig war stets die gute, höchste Kunst: die Iliade, die Odyssee, die Geschichte Jakobs, Isaaks, Josephs und die hebräischen Propheten, die Psalmen und evangelischen Gleichnisse, die Geschichte von Sakia-Muni und die Hymnen der Veda – geben sehr hohe Empfindungen wieder und sind trotzdem vollständig verständlich, sowohl uns jetzt, den Gebildeten und den Ungebildeten, wie sie den damaligen Menschen verständlich waren, die noch weniger wie unser arbeitendes Volk gebildet waren. Man redet von

Unverständlichkeit. Aber wenn die Kunst eine Wiedergabe der Gefühle ist, die aus dem religiösen Bewußtsein der Menschen entströmen, wie kann dann das Gefühl, das auf der Religion, d. h. dem Verhältnis des Menschen zu Gott, beruht, unverständlich sein? Solch eine Kunst muß stets allen verständlich sein und war es thatsächlich immer, weil das Verhältnis eines jeden Menschen zu Gott ein und dasselbe war. Und deshalb waren auch die Kirchen und die Bilder und der Gesang in ihnen stets allen verständlich. Das Hindernis für das Verständnis der höchsten, besten Empfindungen liegt keinesfalls, wie dies auch im Evangelium gesagt ist, an dem Mangel an Entwickelung und Belehrung, sondern im Gegenteil an der falschen Entwickelung und an der falschen Lehre.

Thatsächlich kann auch ein gutes und hoch künstlerisches Erzeugnis unverständlich sein, aber nicht den einfachen, den unverdorbenem Arbeitsmenschen aus dem Volke (diesem ist alles Allerhöchste verständlich), sondern ein echtes Kunsterzeugnis kann und ist auch oft den vielgelehrten, verdorbenen, der Religion entbehrenden Menschen unverständlich, wie dies fortwährend in unserer Gesellschaft vorkommt, wo die höchsten religiösen Empfindungen den Menschen einfach unverständlich sind. Ich kenne z. B. Menschen, die sich für fein gebildet halten und dabei sagen, daß sie die Poesie der Nächstenliebe und der Selbstaufopferung nicht verstehen, die Poesie der Keuschheit nicht begreifen, so daß die gute, große, religiöse Weltkunst lediglich einem kleinen Kreise von verdorbenen Menschen unverständlich sein kann, aber in keinem Falle umgekehrt.

Die Kunst kann der großen Masse nicht lediglich deshalb unverständlich sein, weil sie sehr gut ist, wie dies die Künstler unserer Zeit zu sagen lieben. Man muß eher annehmen, daß der großen Masse die Kunst nur deshalb unverständlich ist, weil diese Kunst eine sehr schlechte oder auch gar keine Kunst ist, so daß die so beliebten Beweise, die von der Kulturmenschheit naiv angenommen werden, daß die Beweise, man müsse die Kunst empfinden, sie verstehen (was im Grunde genommen lediglich sich an sie gewöhnen bedeutet), den glaubwürdigsten Beweis liefern, daß das, was auf diese Weise verstanden werden soll, entweder eine schlechte, exklusive Kunst oder gar keine Kunst ist.

Man sagt: die Kunstwerke gefallen dem Volke nicht, weil es nicht fähig ist, sie zu verstehen. Aber wenn die Kunstwerke den Zweck haben, die Gefühle auf die Menschen zu übertragen, die der Künstler empfunden hat, wie kann man denn von Unverständnis reden?

Ein Mensch aus dem Volke hat ein Buch gelesen, ein Bild gesehen, ein Drama oder eine Symphonie angehört und hat gar keine Gefühle empfunden. Man sagt ihm, das sei deshalb geschehen, weil ihm das Verständnis fehle. Man verspricht dem Menschen, ihm ein gewisses Schauspiel zu zeigen, – er tritt herein und sieht nichts. Man sagt ihm, daß dies deshalb so sei, weil sein Gesichtssinn zu diesem Schauspiel nicht vorbereitet ist. Aber der Mensch weiß doch, daß er alles ausgezeichnet sieht. Wenn er aber dasjenige nicht sieht, was man ihm zu zeigen versprochen hat, so schließt er nur (was auch vollständig gerecht ist), daß die Menschen, die ihm ein Schauspiel zu zeigen übernommen haben, dasjenige nicht erfüllt haben, was sie übernommen haben. Dasselbe, und auch vollständig mit Recht, schließt der Mensch aus dem Volke von den Erzeugnissen unserer Kunst, die in ihm gar kein Gefühl hervorrufen. Und deshalb zu sagen, daß der Mensch von meiner Kunst nicht gerührt wird, weil er noch dumm ist, was sehr selbstüberzeugt und zugleich dreist ist, heißt die Rollen vertauschen und sie vom kranken Kopfe auf einen gesunden abwälzen.

Voltaire sagte, daß: *Tous les genres sont bons, hors le genre ennuyeux:* mit noch größerem Recht kann man von der Kunst sagen, daß: *tous les genres sont bons, hors celui qu'on ne comprend pas,* oder: *qui ne produit pas son effet,* denn was kann ein Gegenstand für einen Wert haben, der den Zweck nicht erfüllt, für den er bestimmt ist?

Die Hauptsache ist die: giebt man eben zu, daß die Kunst – Kunst sein kann, indem sie irgend welchen geistig gesunden Menschen unverständlich ist, dann liegt kein Grund vor, daß nicht irgend ein Kreis verdorbener Menschen auch Werke erdichte, die ihre verdorbenen Gefühle kitzeln und niemand verständlich sind, außer ihnen selbst, und daß sie diese Erzeugnisse nicht Kunst nennen, was eigentlich jetzt schon bei den sogenannten Dekadenten geschieht.

Der Gang, den die Kunst genommen hat, ist ähnlich, als wenn man auf einen Kreis von großem Durchmesser Kreise von immer kleineren und kleineren Durchmessern aufgelegt hätte, so daß sich ein Kegel bildet, dessen Gipfel schon aufhört ein Kreis zu sein. Das ist auch bei der Kunst unserer Zeit eingetreten.

11

Indem die Kunst immer ärmer und ärmer an Inhalt, und der Form nach immer unverständlicher und unverständlicher wurde, verlor sie in ihren letzten Äußerungen geradezu alle Eigenschaften der Kunst und wurde mit den Ebenbildern von Kunst vertauscht.

Noch nicht genug, daß infolge ihrer Absonderung von der allgemeinen, die Kunst der höheren Klassen arm an Inhalt und schlecht in der Form, d. h. immer und immer unverständlicher wurde – es hörte die Kunst der höheren Klassen im Laufe der Zeit einfach auf, Kunst zu sein und wurde durch ein Falsifikat der Kunst ersetzt.

Dies geschah aus folgenden Gründen. Eine Volkskunst entsteht nur dann, wenn irgend ein Mensch aus dem Volke ein starkes Gefühl empfunden hat und das Bedürfnis hegt, es den Menschen mitzuteilen. Die Kunst der reichen Klassen aber entsteht nicht deshalb, weil das Bedürfnis des Künstlers sie hervorbringt, sondern vorzugsweise darum, weil die Menschen der höheren Klassen Zerstreuungen verlangen, die sie gut bezahlen. Die Menschen der reichen Klassen verlangen von der Kunst die Wiedergabe der ihnen angenehmen Gefühle und die Künstler geben sich Mühe diese Forderungen zu befriedigen. Aber diese Forderungen zu befriedigen ist sehr schwer, da die Menschen der reichen Klassen ihr Leben in Müßiggang und Luxus verbringen und unaufhörliche Zerstreuungen durch die Kunst verlangen; eine Kunst aber, wenn auch von der niedrigsten Sorte, kann man nicht nach Willkür erzeugen, – sie muß von selbst im Künstler keimen. Und deshalb mußten die Künstler, um die Forderungen der Menschen der reichen Klassen zu befriedigen, Kniffe ausfindig machen, vermittels deren sie kunstähnliche Gegenstände[,] erzeugen könnten. Und diese Kniffe wurden erfunden und zwar sind es folgende:

1) Entlehnung, 2) Nachahmung, 3) Auffälligkeit und 4) Verwendung des Interessanten. Der erste Kniff besteht darin, aus früheren Kunstwerken entweder ganze Partien oder nur einzelne Züge der früheren poetischen Erzeugnisse, die allen bekannt sind, zu entlehnen und sie so umzuarbeiten, daß sie nach einigen Zuthaten etwas Neues vorstellen.

Solche Werke, indem sie in den Menschen eines gewissen Kreises Erinnerungen an künstlerische Gefühle hervorrufen, die sie früher empfunden haben, erzeugen einen der Kunst ähnlichen Eindruck und gelten unter den Menschen, die einen Genuß in der Kunst suchen, als solche, wenn dabei noch einige andere geforderte Bedingungen erfüllt sind. Die Stoffe, die aus den früheren Kunstwerken entlehnt sind, nennt man gewöhnlich poetische Stoffe.

Die Gegenstände und die Personen aber, die aus den früheren Kunstwerken entlehnt sind, nennt man poetische Gegenstände. So werden in unserem Kreise allerlei Legenden, Sagen, alte Überlieferungen – als poetische Stoffe angesehen. Als poetische Personen und Gegenstände aber werden die Jungfrauen, die Krieger, die Schäfer, die Einsiedler, die Engel, die Satansgestalten jeder Gattung, der Mondschein, das Gewitter, die Berge, das Meer, die Abgründe, die Blumen, die langen Haare, die Löwen, das Lamm, die Taube, die Nachtigall angesehen; überhaupt als poetisch werden alle diejenigen Gegenstände angesehen, die am meisten von allen von den früheren Künstlern für ihre Werke gebraucht worden sind.

Ungefähr vor vierzig Jahren lud mich eine nicht eben kluge, aber sehr „gebildete" Dame – *ayant beaucoup d'acquis* – (die jetzt schon gestorben ist) ein, um einen von ihr gedichteten Roman anzuhören. In diesem Roman begann die Sache damit, daß die Heldin in einem poetischen Walde, beim Wasser, in einer poetischen Kleidung mit poetisch aufgelösten Haaren Gedichte las. Die Sache spielte in Rußland, und plötzlich erscheint hinter den Gebüschen hervor der Held im Hut mit einer Feder *à la Guillaume Tell* (so stand da nämlich geschrieben) in Begleitung von zwei poetischen weißen Hunden. Der Verfasserin schien dies alles sehr poetisch zu sein. Es wäre alles ganz gut gewesen, wenn der Held nichts hätte zu sprechen brauchen; aber kaum daß der Herr mit dem Hut *à la Guilaume Tell* mit dem jungen Mädchen im weißen Kleid zu sprechen begann, so wurde es einem klar, daß die Verfasserin nichts zu sagen hatte, sondern daß sie, von den poetischen Erinnerungen der früheren Werke erfüllt und der Meinung war, daß sie, wenn sie diese Erinnerungen zerlegte, einen künstlerischen Eindruck erzeugen könne. Aber der künstlerische Eindruck, d. h. die Gefühlsübertragung, findet nur dann statt, wenn der Autor selbst auf seine eigene Weise irgend ein Gefühl empfunden hat und es wiedergiebt, nicht aber, wenn er ein fremdes, ihm mitgeteiltes Gefühl wiedergiebt. Diese Art Poesie von der Poesie kann die Menschen nicht ergreifen, sondern giebt nur einen Abklatsch eines Kunstwerkes und dann auch nur für Menschen mit verdorbenem ästhetischen Geschmack. Diese Dame war sehr dumm und ohne jedes Talent und deshalb sah man gleich, woran die Sache lag; aber wenn belesene und talentvolle Menschen, die außerdem die Technik ihrer Kunst beherrschen, solche Entlehnungen vornehmen, dann giebt es jene Entlehnungen aus der griechischen, antiken, christlichen und mythologischen Welt, von denen so viele verbreitet sind, und die besonders jetzt immer mehr erscheinen und von dem Publikum für Kunstwerke genommen werden, wenn diese Entlehnungen in der Technik jener Kunstgattung der sie angehören, vollkommen sind.

Als charakteristisches Muster für diese Art Falsifikate der Kunst kann auf dem Gebiete der Poesie das Stück von Rostand *„Princesse Lointaine"* dienen, in dem kein Funken Kunst ist; das aber vielen und möglicherweise dem Autor selbst als sehr poetisch erscheint.

Der zweite Kniff, der einen Abklatsch der Kunst giebt, – ist das, was ich Nachahmung benannt habe. Das Wesen dieses Kniffs besteht darin, die Einzelheiten, die das, was geschildert oder dargestellt wird, begleiten, wiederzugeben. In der Kunst des Wortes besteht dieser Kniff darin, daß man bis zu den kleinsten Einzelheiten das äußerliche Aussehen, die Gesichter, die Kleidung, die Gebärden, die Töne, die Wohnräume der handelnden Personen mit allem Zufälligen, das im Leben vorkommt, schildert. So beschreibt man in den Romanen, Novellen – bei jeder Rede der handelnden Person, mit welcher Stimme sie dies gesagt, was sie dabei gethan hat. Und die Reden selbst werden nicht so wiedergegeben, daß sie einen möglichst klaren Sinn hätten, sondern so ungereimt, wie sie im Leben mit Unterbrechungen und Unausgesprochenem vorkommen. In der dramatischen Kunst besteht dieser Kniff darin, daß außer der Nachahmung der Gespräche, auch die ganze Ausstattung, alle Handlungen der Personen ebenso sein sollen, wie im wirklichen Leben. In der Malerei und Skulptur läßt dieser Kniff die Malerei zur Photographie sinken und zerstört den Unterschied zwischen Photographie und Malerei. Wie sonderbar es auch scheinen mag, so wird dieser Kniff doch auch in der Musik angewandt, die Musik versucht nicht nur durch Rhythmus, sondern auch durch die Töne, jene Töne nachzuahmen, die im Leben das begleiten, was die Musik darstellen will.

Der dritte Kniff – ist die Einwirkung auf äußerliche Gefühle, die Einwirkung, die oft rein physisch ist – das, was man anziehend, effektvoll nennt. Diese Effekte bestehen in allen Künsten hauptsächlich in Kontrasten: in der Gegenüberstellung vom Schrecklichen und Zarten, Schönen und Häßlichen, Lauten und Leisen, Dunklen und Hellen, Allergewöhnlichsten und Außergewöhnlichen. In der Kunst des Wortes giebt es außer Kontrast-Effekten noch Effekte, die in der Schilderung oder Darstellung dessen bestehen, was nie geschildert und dargestellt wurde, hauptsächlich in der Schilderung und Darstellung von Details, die die Wollust hervorrufen, oder von Details der Leiden und des Todes, die das Gefühl des Grauens erzeugen, – so z. B., daß bei der Schilderung einer Ermordung eine protokollartige Beschreibung der zerrissenen Gewebe, der Geschwülste, des Geruches, der Menge und des Aussehens des Blutes vorkommen soll. Dasselbe findet auch in der Malerei statt: außer den Kontrasten jeglicher Art kommt in der Malerei noch ein Kontrast zur Verwendung, der in der sorgfältigen Bearbeitung eines einzigen Gegenstandes und Nachlässigkeit in allem übrigen besteht. Der hauptsächlichste aber und in der Malerei alltägliche Effekt – ist der Lichteffekt und der der Darstellung des Schrecklichen. Im Drama sind die gewöhnlichsten Effekte – außer den Kontrasten – der Sturm, der Donner, der Mondschein, die Handlungen auf dem Meere oder am Meere und der Kostümwechsel, die Entblößung des weiblichen Körpers, der Wahnsinn, Totschläge und überhaupt der Tod, bei dem die Sterbenden bis in die Einzelheiten alle Phasen der Agonie wiedergeben. In der Musik sind die gebräuchlichsten Effekte – daß von den schwächsten und gleichmäßigen Tönen an das *crescendo* und die Kompliziertheit beginnt, die bis zu den stärksten und kompliziertesten Tönen des gesamten Orchesters hinauf steigt, oder daß ein und dieselben Töne *arpeggio* in allen Oktaven von verschiedenen Instrumenten wiederholt werden, oder daß die Harmonie, das Tempo und der Rhythmus nicht diejenigen sein sollen, die natürlicherweise aus dem Gange des musikalischen Gedankens folgen, sondern solche, die durch ihre Plötzlichkeit verblüffen. Außerdem werden die gewöhnlichsten Effekte in der Musik auf rein physischem Wege, durch die Kraft der Töne, besonders beim Orchester, erzeugt.

Das sind einige der gebräuchlichsten Effekte in allen Künsten, aber außerdem giebt es noch einen Effekt, der ebenfalls allen Künsten gemein ist, – das ist – die Darstellung dessen durch eine Kunst, was darzustellen die Eigenschaft einer anderen ist, so daß die Musik „schildert", wie dies die ganze Programm-Musik Wagners und seiner Anhänger thut, die Malerei, das Drama und die Poesie, „Stimmung erzeugen", wie dies die gesamte Decadence-Kunst thut.

Der vierte Kniff – ist das Interessante, d. h. ein geistiges Interesse, das dem Kunstwerke untergeschoben wird. Das Interessante kann in einer verwickelten Intrigue (*plat*) enthalten sein – ein Kniff, der noch vor kurzem in den englischen Romanen und den französischen Komödien und Dramen sehr gern angewandt wurde, der aber jetzt anfängt aus der Mode zu kommen und durch die Genauigkeit ersetzt wird, d. h. durch die ausführliche Beschreibung irgend eines entweder historischen Zeitraumes oder eines einzelnen Zweiges des gegenwärtigen Lebens. So z. B. besteht das Interessante darin, daß in einem Roman das ägyptische oder römische Leben, oder das Leben der Grubenarbeiter oder des Kommis eines großen Magazins geschildert wird; der Leser ist interessiert und hält dieses Interesse für einen künstlerischen Eindruck. Das Interessante kann auch allein in der Anwendung des Ausdrucks enthalten sein. Und derartiges Interessante ist jetzt sehr gebräuchlich geworden. Wie Gedichte und Prosa, so auch Bilder, Dramen und musikalische Stücke schreibt man so, daß man dieselben wie Rebusse erraten muß; dieser Prozeß des Erratens bereitet auch ein Vergnügen und erzeugt einen ähnlichen Eindruck wie man ihn von der Kunst empfängt.

Man sagt sehr oft, daß ein Kunstwerk sehr gut sei, weil es poetisch oder realistisch, oder effektvoll oder interessant ist, während weder das eine noch das andere, weder das dritte noch das vierte als Maßstab für den Wert der Kunst dienen kann, sondern garnichts mit der Kunst gemein hat.

Poetisch – heißt entlehnt. Jede Entlehnung aber ist nur ein Zurückversetzen der Leser, der Zuschauer, der Zuhörer in eine dunkle Erinnerung an jene künstlerischen Eindrücke, die sie von den früheren Kunstwerken empfangen haben, aber keine Übertragung des Gefühls, das der Künstler selbst empfunden hat. Ein Werk, das auf Entlehnung begründet ist, wie z. B. „Faust" von Goethe, kann sehr gut bearbeitet, mit Geist und allerlei Schönheiten erfüllt sein, aber es kann keinen wirklichen künstlerischen Eindruck erzeugen, weil es der Haupteigenschaft eines Kunstwerkes entbehrt – der Einheitlichkeit, des Organischen, dessen, daß die Form und der Inhalt ein unzertrennbares Ganzes ausmachen, welches das Gefühl, das der Künstler empfunden hat, ausdrückt. Bei der Entlehnung giebt der Künstler nur das Gefühl wieder, welches ihm durch ein Werk der früheren Kunst mitgeteilt worden ist, und deshalb ist jede Entlehnung von ganzen Vorwürfen oder verschiedenen Szenen, Stellungen, Schilderungen nur ein Wiederschein der Kunst, ein Ebenbild von ihr, aber keine Kunst. Und deshalb von solch einem Werke zu sagen, daß es gut ist, weil es poetisch, d. h. einem Kunstwerke ähnlich ist, ist ebenso, als ob man von einer Münze sagen wollte, daß sie gut sei, weil sie einer echten ähnlich ist.

Ebensowenig kann die realistische Nachahmung, wie viele dies meinen, ein Maßstab für den Wert der Kunst sein. Die Nachahmung kann nicht der Maßstab für den Wert der Kunst sein, weil, wenn die Haupteigenschaft der Kunst die Entzündung anderer mit dem Gefühl, das der Künstler empfindet, ist, die Übertragung des Gefühls nicht nur mit der Beschreibung der Einzelheiten des Wiedergegebenen nicht zusammen fällt, sondern meistenteils durch den Überfluß von Einzelheiten gestört wird. Die Aufmerksamkeit dessen, der die künstlerischen Eindrücke empfängt, wird abgelenkt durch alle diese sehr gut beobachteten Einzelheiten und durch sie wird das Gefühl des Autors, wenn es vorhanden ist, nicht mitgeteilt.

Ein Kunstwerk nach dem Maße seiner Realität, der Wahrheitstreue der wiedergegebenen Einzelheiten zu schätzen, ist ebenso sonderbar, wie die wahre Beschaffenheit des Essens nach seinem Aussehen zu beurteilen. Wenn wir den Wert eines Werkes nach der Realität bestimmen, so zeigen wir damit nur, daß wir nicht von einem Kunstwerke reden, sondern von einem Falsifikat der Kunst.

Der dritte Kniff des Falsifikats der Kunst: das Auffallende oder das Effektvolle, fällt auch, ebenso wie die zwei ersten, nicht mit dem Begriff der wirklichen Kunst zusammen, weil in dem Auffallenden, im Effekt der Neuheit, der Plötzlichkeit des Kontrastes, in dem Grauenerregenden kein Gefühl enthalten ist, das mitgeteilt wird, sondern es ist nur eine Einwirkung auf die Nerven. Wenn ein Maler eine Wunde mit Blut schön aufmalen wird, wird mich das Aussehen dieser Wunde überraschen, aber es wird keine Kunst sein. Ein langgezogener Ton auf einer mächtigen Orgel wird eine überraschende Wirkung erzielen, wird oft sogar Thränen hervorrufen, aber das ist keine Musik, weil kein Gefühl wiedergegeben wird. Unterdessen aber werden derartige physiologische Effekte beständig von den Menschen unseres Kreises als Kunst angesehen, nicht nur in der Musik, sondern auch in der Poesie, Malerei und dem Drama.

Man sagt: die jetzige Kunst sei verfeinert worden Umgekehrt, sie ist infolge der Effekthascherei übermäßig grob geworden. Es wird z. B. das neue Theaterstück, das alle Bühnen Europas durchwandert hat, aufgeführt, „Hannele", in dem der Autor dem Publikum das Mitleid zu einem gequälten kleinen Mädchen mitteilen will. Um dies Gefühl in den Zuschauern mittels der Kunst hervorzurufen, müßte der Autor eine von seinen Personen dieses Mitleid so äußern lassen, daß es alle ansteckte, oder die Empfindungen des kleinen Mädchens treu beschreiben. Aber er versteht das nicht oder will es nicht thun, sondern wählt ein anderes, für die Dekorateure komplizierteres, für die Künstler leichteres Mittel. Er läßt das kleine Mädchen auf der Bühne sterben; und um die physiologische Einwirkung auf das Publikum zu verstärken, löscht er dabei die Beleuchtung im Theater aus, läßt das Publikum im Dunkel und zeigt bei den Klängen einer klagenden Musik, wie der betrunkene Vater dieses kleine Mädchen verfolgt und schlägt. Das kleine Mädchen windet sich in Krämpfen, winselt, stöhnt, fällt nieder. Es erscheinen Engel und tragen es fort. Und das Publikum, da es dabei eine gewisse Erregung empfindet, ist vollständig überzeugt, daß dies gerade ein ästhetisches Gefühl sei.

Aber in dieser Erregung liegt nichts Ästhetisches, weil keine Ansteckung eines Menschen durch den anderen vorhanden ist, es ist nur ein gemischtes Gefühl des Mitleids mit einem anderen und meiner Freude, daß nicht ich leide – es ist dem Gefühl ähnlich, das wir beim Anblick einer Hinrichtung empfinden, oder das die Römer in ihren Cirkussen empfanden.

Die Vertauschung des ästhetischen Gefühls gegen das Effektvolle ist besonders bemerkbar in der musikalischen Kunst – in der Kunst, die ihrer Eigenschaft nach eine unmittelbar physiologische Wirkung auf die Nerven hat. Anstatt in der Melodie die Gefühle, die der Autor empfunden hat, wiederzugeben, sammelt sie der moderne Musiker an und verzwickt die Töne, bald verstärkt, bald schwächt er sie ab und erzeugt bei dem Publikum eine physiologische Wirkung, eine Wirkung, die man mit einem dazu existierenden

Apparat ausmessen kann. (Es giebt einen Apparat, vermittels dessen ein sehr empfindlicher Zeiger, der in Bewegung gesetzt wird, und der von der Spannung einer Muskel der Hand abhängig ist, die physiologische Wirkung der Musik auf die Nerven und die Muskeln zeigt. Anm. von L. Tolstoj.) Und das Publikum sieht diese physiologische Wirkung für eine Wirkung der Kunst an.

Was den vierten Kniff angeht, den des Interessanten, so wird dieser Kniff, obgleich er noch weniger als die anderen mit der Kunst zu thun hat, am meisten mit ihr verwechselt. Ohne von dem seitens des Autors absichtlich in den Romanen und Novellen vorgenommenen Verbergen dessen zu reden, was der Leser erraten muß, so hört man sehr oft von einem Bilde, von einem musikalischen Erzeugnis, daß es interessant sei. Was bedeutet denn interessant sein? Ein interessantes Kunsterzeugnis bedeutet entweder, daß das Erzeugnis in uns eine unbefriedigte Neugier hervorruft, oder, daß wir, indem wir das Kunsterzeugnis aufnehmen, neue Mitteilungen erhalten, oder, daß das Werk nicht ganz verständlich ist, daß wir allmählich und angestrengt seine Erklärung finden und an diesem Erraten seines Sinnes haben wir ein gewisses Vergnügen. Weder in dem einen noch in dem anderen Falle hat das Anziehende mit einem künstlerischen Eindruck etwas gemein. Die Kunst hat zum Zweck, die Menschen mit dem Gefühl anzustecken, das der Künstler empfindet. Die geistige Anstrengung aber, die der Zuschauer, Zuhörer, Leser zur Befriedigung der angeregten Neugier oder zur Aneignung des Sinnes eines Werkes aufwenden muß, ist der Gefühlsübertragung hinderlich, da sie die Aufmerksamkeit des Lesers, des Zuschauers, des Zuhörers verschlingt. Deshalb aber hat das Anziehende eines Werkes durchaus nichts gemein mit dem Werte eines Kunstwerkes, sondern eher ist es dem künstlerischen Eindruck hinderlich, als förderlich.

Das Poetische, die Nachahmung, das Auffallende und das Anziehende können in einem Kunstwerke vorkommen, aber sie können nicht die Haupteigenschaft der Kunst ersetzen: das Gefühl, das der Künstler empfunden hat. In letzter Zeit aber sind gerade in der Kunst der höheren Klassen die meisten Gegenstände, die für Kunstgegenstände ausgegeben werden, derartige Gegenstände, die nur der Kunst ähneln, aber in ihrer Fundierung nicht die Haupteigenschaft der Kunst haben – das von dem Künstler empfundene Gefühl.

Ehe der Mensch einen wahren Kunstgegenstand erzeugen kann,

müssen viele Bedingungen erfüllt sein. – Es ist notwendig, daß dieser Mensch auf dem Niveau einer höheren Weltanschauung stehe als seine Zeit, daß er das Gefühl erlebe, das Verlangen und die Fähigkeit es wiederzugeben habe und daß er außerdem noch die Begabung zu irgend einer Art der Künste besitze.

Alle diese Bedingungen, die zur Erzeugung einer wahren Kunst notwendig sind, vereinigen sich sehr selten. Um aber mit Hilfe der ausgearbeiteten Kunstkniffe: der Entlehnung, der Nachahmung, des Effektvollen und des Anziehenden Ebenbilder der Kunst, die in unserer Gesellschaft gut bezahlt werden, zu schaffen, braucht man nur ein Talent auf irgend einem Gebiete der Kunst zu haben, was sehr oft vorkommt. Talent nenne ich eine Fähigkeit: in der Kunst des Wortes – seine Gedanken und Eindrücke leicht auszudrücken, charakteristische Einzelheiten zu beobachten und zu behalten; in der plastischen Kunst – die Fähigkeit, die Linien, die Formen, die Farben zu unterscheiden, zu behalten und wiederzugeben; in der musikalischen – die Fähigkeit, die Intervalle zu unterscheiden, die Reihenfolge der Töne zu behalten und wiederzugeben. Kaum hat in unserer Zeit ein Mensch solch ein Talent, so kann er, nachdem er die Technik und die Handgriffe der Falsifizierung seiner Kunst erlernt hat, wenn bei ihm das ästhetische Gefühl, das ihm seine Werke widerlich erscheinen ließ, abgestumpft ist, und wenn er Ausdauer hat, schon ununterbrochen bis zum Ende seiner Tage Werke schaffen, die in unserer Gesellschaft als Kunst angesehen werden.

Zur Produktion solcher Falsifikate giebt es auf jedem Gebiete der Kunst eigene bestimmte Regeln oder Rezepte, so daß ein talentvoller Mensch, wenn er dieselben sich angeeignet hat, schon *à froid* ohne das kleinste Gefühl solche Gegenstände schaffen kann. Um Gedichte zu schreiben, muß der Mensch, der eine Begabung für Litteratur hat, nur lernen, anstatt jedes echten, nötigen Wortes noch zehn andere Worte zu gebrauchen, die ungefähr dasselbe bedeuten, je nach den Anforderungen des Reimes oder Versmaßes und dann sich anzueignen, jede Phrase, die, um klar zu sein, nur eine einzige für sie gebräuchliche Wortstellung hat, in alle möglichen Wortstellungen zu bringen, sozusagen daß sie einem gewissen Sinne ähnelt; außerdem muß er sich noch aneignen, geleitet von den Worten, die für den Reim in Frage kommen, zu diesen Worten einen Anschein von Gedanken, Gefühlen und Bildern auszudenken, und dann kann solch ein Mensch schon ohne Unterbrechung Gedichte, je nach Bedarf, kurze oder lange, religiöse, Liebes- oder Zeitgedichte fabrizieren

Wenn aber ein Mensch, der Talent zur Kunst des Wortes hat, Romane und Novellen schreiben will, so muß er nur den Stil in sich ausarbeiten, d. h. er muß lernen, alles zu beschreiben, was er erblickt, und sich gewöhnen, die Einzelheiten zu behalten oder zu notieren. Wenn er aber dies erreicht hat, so kann er schon ununterbrochen Romane oder Novellen, je nach Verlangen oder Forderung schreiben: historische, naturalistische, soziale, erotische, psychologische oder sogar religiöse, je nachdem Nachfrage und Mode es mit sich bringen. Die Stoffe kann er aus dem Gelesenen oder aus den erlebten Ereignissen nehmen, die Charaktere der handelnden Personen aber kann er von seinen Bekannten abschreiben.

Und solche Romane und Novellen, wenn sie nur mit gut beobachteten und notierten, am besten mit erotischen Einzelheiten gewürzt sind, werden als Kunstwerke angesehen werden, wenn auch kein Funken von Gefühl in ihnen wäre.

Zur Erzeugung von Kunst in dramatischer Form muß der talentvolle Mensch außer alledem, was für einen Roman und eine Novelle nötig ist, noch lernen, in den Mund seiner handelnden Personen möglichst viel witzige Schlagwörter hineinzulegen, die theatralischen Effekte zu benutzen, und die Handlungen der Personen so verwickeln lernen, daß auf der Bühne kein einziges langes Gespräch, sondern möglichst viel Hin- und Herlaufen und Bewegung sei. Wenn der Schriftsteller dies versteht, so kann er ohne aufzuhören ein dramatisches Werk nach dem anderen schreiben, und die Sujets der Kriminalchronik oder aus der letzten Frage, die die Gesellschaft beschäftigt, wie Hypnotismus, Vererbung u.s.w. oder aus dem ältesten und sogar phantastischen Gebiete wählen.

Einem talentvollen Menschen ist es noch leichter auf dem Gebiete der Malerei oder der Skulptur Gegenstände, die der Kunst ähnlich sind, zu erzeugen. Dazu muß er nur zeichnen lernen, malen und modellieren, besonders nackte Körper. Sobald er aber dies erlernt hat, kann er ununterbrochen ein Bild nach dem anderen malen und eine Statue nach der anderen modellieren, indem er, je nach Neigung, entweder mythologische oder religiöse, oder phantastische und symbolische Sujets wählt, oder das darstellt, worüber man in den Zeitungen schreibt: die Krönung, den Streik, den türkischgriechischen Krieg, die Leiden der Hungersnot; oder das, was sehr alltäglich ist, alles, was hübsch zu sein scheint, darzustellen: angefangen von einem nackten Weibe bis zu kupfernen Schalen.

Zur Erzeugung von musikalischer Kunst hat ein talentvoller Mensch noch weniger nötig – das, was das Wesen der Kunst ausmacht, d. h. das Gefühl, das die anderen anstecken würde; dafür aber ist mehr als für jede andere Kunst, ausgeschlossen vielleicht die Tanzkunst, physische, gymnastische Arbeit nötig. Zu der musikalischen Erzeugung von Kunst muß man zuerst lernen, ebenso schnell die Finger auf irgend einem Instrument zu bewegen, wie sie die bewegen, die darin die höchste Stufe der Vollkommenheit erreicht haben; dann muß man erfahren, wie man in früheren Zeiten eine vielstimmige Musik geschrieben hat, was man das Erlernen von Kontrapunkt und Fuge nennt, dann muß man lernen zu orchestrieren, d. h. die Effekte der Instrumente zu benutzen. Nachdem er dies alles erlernt hat, kann der Musiker schon ununterbrochen ein Werk nach dem anderen schreiben: entweder eine Programmmusik, oder Opern und Romanzen, indem er mehr oder weniger den Worten entsprechende Töne ausdenkt, entweder Kammermusik, d. h. fremde Themata nehmen und sie mit Hilfe des Kontrapunktes und der Fuge in bestimmte Formen umarbeiten, oder das allergewöhnlichste, eine phantastische Musik, d. h. zufällig in den Sinn kommende Vereinigungen von Tönen nehmen und auf diese zufällig in den Sinn gekommenen Töne allerlei Kompliziertheit und Verzierung aufbürden.

So werden auf allen Gebieten der Kunst nach einem fertigen ausgearbeiteten Rezept die Falsifikate der Kunst geschaffen, die das Publikum unserer höheren Klassen für echte Kunst nimmt. Und gerade diese Unterschiebung der Falsifikate für die Kunstwerke war die dritte und wichtigste Folge der Absonderung der Kunst der höheren Klassen von der Volkskunst.

12

Die Erzeugung von Gegenständen der gefälschten Kunst in unserer Gesellschaft fördern drei Bedingungen. Diese Bedingungen sind: 1) die bedeutende Belohnung der Künstler für ihre Erzeugnisse und die deshalb eingetretene Berufsmäßigkeit der Künstler, 2) die Kunstkritik und 3) die Kunstschulen.

Solange die Kunst sich nicht entzweit hat, sondern nur lediglich die religiöse Kunst geschätzt und gefördert wurde, die gleichgültige Kunst aber nicht gefördert wurde, – da gab es gar keine Falsifikate der Kunst; wenn sie aber vorkamen, fielen sie sofort ab, da sie vom gesamten Volke verurteilt wurden. Aber kaum vollzog sich diese Teilung, so wurde von den Menschen der reichen Klassen jede Kunst als gut anerkannt, wenn sie nur Genuß bereitete, und diese Kunst, die Genuß bereitete, wurde mehr belohnt, als irgend eine andere gesellschaftliche Thätigkeit; da widmeten sich sofort eine große Menge Menschen dieser Thätigkeit und diese Thätigkeit nahm einen ganz anderen Charakter an, als sie früher gehabt hatte, und wurde ein Beruf.

Kaum aber wurde die Kunst Profession, so wurde sie bedeutend verwässert und teilweise wurde die wertvollste und die Haupteigenschaft der Kunst – ihre Aufrichtigkeit zerstört.

Ein berufsmäßiger Künstler lebt von seiner Kunst, und deshalb muß er ununterbrochen Gegenstände für seine Werke ausdenken und er denkt sie aus. Und es ist klar, was für ein Unterschied zwischen den Kunstwerken sein muß, wie sie von Menschen, wie die jüdischen Propheten, die Dichter der Psalmen, Franciscus von Assisi, dem Dichter der Iliade und Odyssee, aller Volksmärchen, Legenden, Gesänge, geschaffen wurden, die nicht nur keine Belohnung für ihre Erzeugnisse erhielten, sondern nicht einmal ihren Namen mit denselben verbanden, und der Kunst, die dann geschaffen wurde zuerst von Hofpoeten, Hofdramaturgen, Hofmusikanten, die dafür geehrt und belohnt wurden, nachher aber von gleichsam vereidigten Künstlern, die von ihrem Handwerke leben und von Journalisten, Verlegern, Impresarios, überhaupt von den Vermittlern zwischen den Künstlern und dem städtischen Publikum – den Konsumenten der Kunst – erhalten.

In dieser Berufsmäßigkeit liegt die erste Bedingung, für die Verbreitung von falsificierter Afterkunst. – Die zweite Bedingung ist die in letzter Zeit entstandene Kunstkritik, d. h. die Schätzung der Kunst nicht von allen und hauptsächlich nicht von einfachen Menschen, sondern von gelehrten, d. h. verdorbenen und zu gleicher Zeit dünkelhaften Menschen.

Einer meiner Freunde bezeichnete bei der Erwähnung des Verhältnisses der Krittler zu den Künstlern dasselbe halbscherzend, wie folgt: die Kritiker – das sind die Dummen, die über die Klugen reden. Diese Definition, wie einseitig, ungenau und grob sie auch sein mag, enthält dennoch einen Teil Wahrheit und ist unvergleichlich viel gerechter als die, nach der die Kritiker anscheinend die Kunsterzeugnisse erklären.

„Die Kritiker erklären". Was erklären sie denn?

Ein Künstler, wenn er ein echter Künstler ist, hat in seinem Werke den anderen Menschen das Gefühl wiedergegeben, das er erlebt hat; was ist denn dabei zu erklären?

Wenn das Erzeugnis als Kunst gut ist, so wird, einerlei ob es sittlich oder unsittlich ist – das Gefühl, das von dem Künstler geäußert wird, den anderen Menschen mitgeteilt. Wenn es den anderen Menschen mitgeteilt worden ist, so empfinden sie es und alle Deutungen sind überflüssig. Wenn aber das Werk die Menschen nicht ergreift, so werden keine Deutungen vermögen, daß es ergreifend wird. Die Werke eines Künstlers kann man nicht deuten. Wenn man mit Worten das erklären könnte, was der Künstler sagen wollte, hätte er es auch mit Worten gesagt. Er hat es aber mit seiner Kunst gesagt, weil man auf eine andere Weise das Gefühl, das er empfunden hat, nicht wiedergeben konnte. Die Erläuterung eines Kunstwerkes durch Worte beweist nur, daß der, der es deutet, nicht fähig ist, die Kunst nachzuempfinden. So sind denn auch, so sonderbar es scheinen mag, die Kritiker stets Menschen gewesen, die weniger als andere fähig waren, die Kunst nachzuempfinden. Meistens sind es Menschen, die flott schreiben, gebildet, klug sind, aber mit vollständig verdorbener oder mit atrophierter Fähigkeit, die Kunst nachzuempfinden. Und deshalb förderten und fördern diese Menschen durch ihre Schriften stets in bedeutendem Maße den Verderb des Geschmackes bei demjenigen Publikum, das dieselben liest und ihnen glaubt. Eine Kunstkritik gab es nicht, konnte und kann es nicht geben in der Gesellschaft, wo die Kunst nicht entzweit ist und wo sie deshalb nach der religiösen Weltanschauung des gesamten Volkes geschätzt wird. Die Kunstkritik entstand und konnte nur entstehen in der Kunst der höheren Klassen, die das religiöse Bewußtsein ihrer Zeit nicht anerkennen.

Eine allgemeine Kunst hat ein bestimmtes und zweifelloses innerliches Kriterium – das religiöse Bewußtsein; die Kunst der höheren Klassen aber hat dasselbe nicht und deshalb müssen die Beurteiler dieser Kunst unvermeidlich sich an irgend ein äußerliches Kriterium halten. Und als solches Kriterium erscheint für sie, wie dies auch der englische Ästhetiker ausgesprochen hat, der Geschmack *„the best nurtured“*, der bestgebildeten Menschen, d. h. die Autorität der Menschen, die für gebildet angesehen werden, und nicht nur diese Autorität, sondern auch die Überlieferung von Autoritäten solcher Menschen. Diese Überlieferung aber ist deshalb sehr fehlerhaft, weil die Urteile der *„best nurtured men“*, oft fehlerhaft sind, auch deshalb, weil die Urteile, die einmal richtig waren, mit der Zeit aufhören dies zu sein. Die Kritiker aber, da sie keine Grundlagen für ihre Urteile haben, hören nicht auf, dieselben zu wiederholen. Die alten Tragiker wurden einmal für gut angesehen und die Kritik sieht sie dafür an. Man hielt Dante für einen großen Poeten, Raphael – für einen großen Maler, Bach – für einen großen Musiker, und die Kritiker, da sie keinen Maßstab haben, nach dem sie die gute Kunst von der schlechten unterscheiden könnten, halten nicht nur diese Künstler für groß, sondern halten auch *alle* Werke dieser Künstler für groß und nachahmungswürdig.

Nichts förderte und fördert in solch einem Maße das Verderben der Kunst, wie diese Autoritäten, die von der Kritik festgesetzt werden.

Der Mensch erzeugt irgend ein Kunstwerk, wie jeder Künstler äußert er darin die von ihm erlebten Gefühle auf seine besondere Weise – die meisten Menschen werden von dem Gefühl des Künstlers angesteckt und sein Werk wird bekannt. Und siehe da, die Kritik fängt, indem sie den Künstler bespricht, an zu sagen, daß sein Werk nicht übel sei, aber dennoch sei dies kein Dante, kein Shakespeare, kein Goethe, kein Beethoven der letzten Zeit, kein Raphael. Und der junge Künstler hört solche Urteile und beginnt denen nachzuahmen, die man ihm als Muster hinstellt, und erzeugt nicht nur schwache, sondern falsifizierte, falsche Werke.

So z. B. schreibt unser Puschkin seine kleinen Gedichte, den Eugen Onegin, die Zigeuner, seine Novellen, und dies sind alles Werke von verschiedenem Wert, aber immerhin Werke der wahren Kunst. Aber da schreibt er unter dem Einfluß der Pseudokritik, die Shakespeare lobt, den Boris Godunow, ein Werk des kühlen Verstandes, und dies Werk loben die Kritiker und stellen es als Muster hin, und es erscheinen Nachahmungen von Nachahmungen: „Minin" – von Ostrowsky, „Zar Boris" – von Tolstoj und andere. Solche Nachahmungen von Nachahmungen überfüllen alle Litteraturen mit den geringfügigsten, zu nichts tauglichen Werken.

Der hauptsächlichste Schaden, den die Kritiker anrichten, besteht darin, daß sie, als Menschen, die der Fähigkeit, die Kunst nachzuempfinden verlustig geworden sind (das sind aber alle Kritiker: wenn ihnen diese Fähigkeit nicht fehlte, könnten sie nicht die unmögliche Deutung von Kunstwerken übernehmen), sie besteht darin, daß sie die vornehmliche Aufmerksamkeit auf die dem Verstande entsprungenen, erklügelten Erzeugnisse richten, diese preisen und sie als nachahmungswürdige Muster hinstellen. Infolgedessen preisen sie mit solch einer Zuversicht die griechischen Tragiker, Dante, Tasso, Milton, Shakespeare, Goethe (fast den ganzen, ohne Ausnahme), von den neuen – Zola, Ibsen; die Musik der letzten Zeitperiode Beethovens, Wagner. Aber zur Rechtfertigung ihrer Lobpreisungen dieser dem Verstande entsprungenen, erdachten Werke erdenken sie ganze Theorien (so auch die berühmte Theorie der Schönheit) und nicht allein stumpfsinnige, talentvolle Menschen erdichten ihre Werke direkt nach diesen Theorien, sondern oft sogar unterwerfen sich echte Künstler diesen Theorien, indem sie sich Gewalt anthun. Jedes falsche Werk, das von den Kritikern gepriesen ist – ist eine Thüre, durch die die Heuchler der Kunst sich sofort hineinstürzen.

Lediglich dank den Kritikern, die in unserer Zeit die rohen, wilden und für uns oft sinnlosen Werke der alten Griechen preisen: die des Sophocles, des Euripides, des Äschylos, besonders des Aristophanes, oder der neuen: Dante, Tasso, Milton, Shakespeare; in der Malerei – den gesamten Raphael, den gesamten Michel Angelo mit seinem unsinnigen „Jüngsten Gericht", in der Musik – den gesamten Bach und den gesamten Beethoven in seiner letzten Periode; dank ihnen sind in unserer Zeit möglich geworden die Ibsen, die

Maeterlink, die Verlaine, die Mallarmée, die Puivissede Chavanne, die Klinger, die Böcklin, die Stuck, die Schneider, in der Musik – die Wagner, die Liszt, die Berlioz, die Brahms, die Richard Strauß u.s.w., und die ganze ungeheuere Menge der ganz unnützen Nachahmer von diesen Nachahmern.

Als die beste Illustration des schädlichen Einflusses der Kritik kann ihr Verhalten zu Beethoven dienen. Unter seinen oft auf Bestellung geschriebenen unzähligen Werken sind trotz der erkünstelten Form auch Kunstwerke; aber er wird taub, er kann nicht hören und fängt an, schon vollständig erdachte, unvollendete und deshalb oft sinnlose, dem musikalischen Sinne unverständliche Werke zu schreiben. Ich weiß, daß die Musiker sich die Töne ziemlich lebhaft vorstellen und fast das hören können, was sie lesen; aber die eingebildeten Töne können nie die realen ersetzen und jeder Komponist muß sein Werk hören, um im stande zu sein, es zu bearbeiten. Beethoven aber konnte nicht hören, konnte sie nicht bearbeiten und deshalb setzte er diese Werke in die Welt, die ein künstlerisches Irrereden vorstellen. Die Kritik aber, nachdem sie ihn einmal als einen großen Komponisten anerkannt hat, klammert sich mit besonderer Freude an diese verunstalteten Werke und sucht in ihnen ungewöhnliche Schönheiten. Zur Rechtfertigung aber ihrer Lobpreisungen schreibt sie, indem sie den eigentlichen Begriff der musikalischen Kunst verdreht, der musikalischen Kunst die Fähigkeit das darzustellen zu, was diese nicht darstellen kann, und es erscheinen Nachahmer, eine unzählige Menge von Nachahmern dieser verunstalteten Versuche von Kunstwerken, die der taube Beethoven schreibt.

Und siehe, da erscheint Wagner, der zuerst in kritischen Aufsätzen den Beethoven, gerade der letzten Zeit, lobt und diese Musik in Zusammenhang bringt mit der mystischen Theorie Schopenhauers, die ebenso unsinnig ist, wie die Musik Beethovens selbst – der Theorie, daß die Musik eine Äußerung des Willens ist – nicht einzelner Offenbarungen des Willens auf verschiedenen Stufen der Objektivation, sondern seines Wesens selbst – bringt dann aber schon selbst nach dieser Theorie seine Musik in Zusammenhang mit dem noch falscheren System der Vereinigung aller Künste. Nach Wagner aber erscheinen schon wieder neue Nachahmer, die sich noch mehr von der Kunst entfernen: die Brahms, die Richard Strauß und andere.

Dieser Art sind die Folgen der Kritik. Aber die dritte Bedingung des Verderbnisses der Kunst – die Schulen, die die Künste lehren – ist vielleicht noch schädlicher.

Kaum gab es die Kunst – Kunst nicht für das gesamte Volk, sondern für die Klasse der reichen Menschen, so wurde sie Profession, kaum wurde sie aber Profession, so wurden Kunstkniffe ausgearbeitet, die diese Profession lehrten, und Menschen, die die Profession der Kunst erwählt hatten, wurden in diesen Kunstkniffen unterrichtet und es erschienen professionelle Schulen: rhetorische Klassen oder Klassen der Litteratur in Gymnasien, Akademien für Malerei, Konversatorien für Musik, Theaterschulen für die dramatische Kunst.

In diesen Schulen unterrichtet man in der Kunst. Aber die Kunst ist die Mitteilung eines besonderen, von dem Künstler empfundenen Gefühls an andere Menschen. Wie kann man denn dies in den Schulen unterrichten?

Keine Schule kann in dem Menschen ein Gefühl hervorrufen und noch weniger kann sie den Menschen lehren, worin das Wesen der Kunst besteht: das Gefühl in seiner besonderen, ihm allein eigenen Weise.

Eins, was die Schule lehren kann, ist das, die Gefühle, die andere Künstler empfunden haben, so wiederzugeben, wie die anderen Künstler sie wiedergegeben haben. Eben dies lehrt man auch *in* den Kunstschulen, und dieser Unterricht ist nicht nur der Verbreitung der wahren Kunst nicht förderlich, sondern im Gegenteil er verbreitet Falsifikate der Kunst und nimmt den Menschen mehr als alles andere die Fähigkeit, die wahre Kunst zu verstehen.

In der litterarischen Kunst werden die Menschen unterrichtet, damit sie verstehen, ohne irgend etwas sagen zu wollen, einen Aufsatz von vielen Seiten über ein Thema zu schreiben, über das sie nie nachgedacht haben und so zu schreiben, daß dies den Werken der Autoren, die als berühmt anerkannt sind, ähnlich ist. Dies lehrt man in den Gymnasien.

In der Malerei besteht der hauptsächliche Unterricht darin, nach den Originalen und nach der Natur vornehmlich den nackten Körper zu zeichnen und zu malen, denselben, den man nie sieht und den fast nie ein Mensch, der mit der wahren Kunst beschäftigt ist, Gelegenheit haben wird darzustellen, und man lehrt ihn so zu zeichnen und zu malen, wie die früheren Meister gezeichnet und gemalt haben; man lehrt aber die Bilder zu erdenken, indem man ähnliche Themata giebt, wie sie von den früheren anerkannten Berühmtheiten behandelt wurden.

Ebenso lehrt man auch in den dramatischen Schulen die Schüler die Monologe ebenso vorzutragen, wie sie die für berühmt gehaltenen Tragöden gesprochen haben. Dasselbe ist auch in der Musik der Fall. Die ganze Theorie der Musik ist nichts anderes, als ein zusammenhangloses Wiederholen jener Kunstgriffe, die die anerkannten Meister der Komposition zur Erdichtung der Musik gebraucht haben.

Ich habe schon irgendwo den tiefsinnigen Ausspruch des russischen Malers Brülow über die Kunst angeführt, aber ich muß ihn noch einmal anführen, weil er am besten zeigt, was man in den Schulen lehren kann und was nicht. Indem Brülow die Studie eines Schülers korrigierte, berührte er sie kaum an einigen Stellen und die schlechte, tote Studie lebte plötzlich auf. „Sieh da, Sie haben sie *kaum, kaum* berührt und alles hat sich geändert", – sagte einer der Schüler. – „Die Kunst fängt dort an, wo das *Kaum-kaum* anfängt", sagte Brülow und sprach mit diesen Worten den charakteristischsten Zug der Kunst aus.

Diese Bemerkung ist für alle Künste wahr, aber ihre Richtigkeit ist besonders bemerkbar bei der Aufführung von Musik. Damit eine musikalische Aufführung künstlerisch, Kunst sei, d. h. Mitempfinden erzeuge, ist die Beobachtung von drei Hauptbedingungen nötig. (Außer diesen Bedingungen giebt es noch viele Bedingungen für eine musikaliche Vollkommenheit: es ist nötig, daß der Übergang von einem Ton zu dem anderen abgerissen oder zusammengezogen sei, daß der Ton sich gleichmäßig verstärke oder abschwäche, daß er sich mit einem ganz bestimmten und mit keinem anderen Tone verbinde, daß der Ton jenen, aber nicht einen anderen Timbre und noch vieles andere habe). Aber nehmen wir die drei Hauptbedingungen – die Höhe, die Dauer und die Kraft des Tones. Eine musikalische Aufführung ist lediglich dann eine Kunst und zündet nur dann, wenn der Ton weder höher, noch niedriger als er sein muß, ist, d. h. wenn die unendlich kleine Mitte des Tones, der erforderlich ist, genommen wird, wenn dieser Ton gerade solange, wie es nötig ist, hingezogen und wenn die Kraft des Tones weder stärker, noch schwächer, wie es nötig ist, sein wird.

Die kleinste Abweichung von der Höhe des Tones nach der einen oder anderen Seite, die kleinste Verlängerung oder Verkürzung der Zeit und die kleinste Verstärkung oder Abschwächung des Tones gegen das, was erfordert wird, vernichtet die Vollkommenheit der Aufführung und infolgedessen die Wirkungsfähigkeit des Werkes. So daß wir das Mitempfinden, das durch die Musikkunst scheinbar so einfach und leicht hervorgerufen wird, nur dann erhalten, wenn der Darstellende die unendlich kleinen Momente, die für die Vollkommenheit der Musik erforderlich sind, findet.

Dasselbe ist in allen Künsten der Fall: kaum, kaum heller, kaum, kaum dunkler, kaum, kaum höher, niedriger, mehr rechts, mehr links – in der Malerei; kaum, kaum geschwächt oder verstärkt die Intonation – in der dramatischen Kunst; oder es ist kaum, kaum früher, kaum, kaum später gethan, kaum, kaum ungesagt, zuviel gesagt, übertrieben – in der Poesie, und es giebt keine Wirkung.

Die Wirkung wird nur dann erreicht und nur in dem Maße, in dem der Künstler jene unendlich kleinen Momente findet, aus denen ein Kunstwerk zusammengesetzt wird. Und es giebt keine Möglichkeit, das Auffinden dieser unendlich kleinen Momente auf äußerliche Art beizubringen: Man findet sie nur dann, wenn der Mensch sich dem Gefühl ergiebt. Kein Unterricht kann das bewirken, daß ein tanzender Mensch genau in den Musiktakt hineinkommt, daß ein Sänger oder Geiger gerade die unendlich kleine Mitte des Tones nimmt, daß der Zeichner von allen möglichen die einzig richtige Linie zieht und daß der Poet die einzig richtige Stellung der einzig richtigen Worte findet. Dies alles findet nur das Gefühl. Und deshalb können die Schulen das lehren, was nötig ist, um irgend etwas der Kunst Ähnliches zu vollbringen, aber keineswegs die Kunst selbst.

Der Unterricht der Schulen bleibt dort stehen, wo das *kaum – kaum* anfängt, – also dort, wo die Kunst anfängt.

Die Gewöhnung aber der Menschen an das, was der Kunst ähnlich ist, entwöhnt sie von dem Verständnis der wahren Kunst. Aus diesem Grunde geschieht es auch, daß es keine gegen die Kunst abgestumpfteren Menschen giebt, als die, welche die professionellen Schulen der Kunst durchgemacht und in ihnen die größten Erfolge erzielt haben. Diese professionellen Schulen erzeugen eine Heuchelei der Kunst, die genau eben so ist, wie jene religiöse Heuchelei, die die Schulen, in denen Prediger und überhaupt allerhand religiöse Lehrer unterrichtet werden, erzeugen. Wie es unmöglich ist, in der Schule einen Menschen so zu unterrichten, daß er ein religiöser Lehrer der Menschen wird, ebenso ist es unmöglich, einen Menschen anzulernen, daß er ein Künstler wird.

So sind also die Kunstschulen in doppelter Hinsicht verderblich für die Kunst: erstens dadurch, daß sie die Fähigkeit, eine wahre Kunst zu erzeugen, in den Menschen töten, die das Unglück hatten, in diese Schulen hineinzukommen und in ihnen einen sieben-, acht- oder zehnjährigen Kursus durchzumachen: zweitens dadurch, daß sie in ungeheurer Menge jene gefälschte Kunst vermehren, die den Geschmack der Massen verdirbt und mit der unsere Welt überfüllt ist. Aber damit Menschen, die als Künstler geboren sind, die von früheren Künstlern ausgearbeiteten Kunstgriffe in allen Arten der Künste erfahren könnten, müssen bei allen Elementarschulen solche Klassen für Zeichnen, Musik und Gesang existieren, nach deren Absolvierung jeder begabte Schüler, indem er die existierenden und allen zugänglichen Muster benutzt, sich selbständig in seiner Kunst vervollkommnen könnte.

Diese drei Bedingungen: die Berufsmäßigkeit der Künstler, die Kritik und die Kunstschulen haben gerade das bewirkt, daß die meisten Menschen unserer Zeit ganz und garnicht nicht mehr verstehen, was Kunst ist, und daß sie die gröbsten Falsifikate für Kunst halten.

Bis zu welchem Grade die Menschen unseres Kreises und unserer Zeit die Fähigkeit, die echte Kunst zu empfinden, verloren haben und gewöhnt sind, Gegenstände, die nichts mit der Kunst gemein haben, als die Kunst anzusehen, – beobachtet man am besten bei den Werken Richard Wagners, die in letzter Zeit immer mehr und mehr geschätzt und anerkannt werden, nicht allein von den Deutschen, sondern auch von den Franzosen und Engländern, und zwar als die allerhöchste Kunst, die neue Horizonte eröffnet hat.

Die Besonderheit der Musik Wagners besteht, wie bekannt ist, darin, daß die Musik der Poesie dienen soll, indem sie alle Schattierungen eines poetischen Werkes äußert.

Die Vereinigung des Dramas mit der Musik, die im 15. Jahrhundert in Italien zur Restaurierung des erklügelten altgriechischen Musikdramas erschienen war, ist eine künstliche Form, die einen Erfolg nur bei den höheren Klassen gehabt hat und noch hat und auch nur dann, wenn talentvolle Musiker, wie Mozart, Weber, Rossini und andere, sich an einem dramatischen Stoffe begeisterten, sich ihrer Eingebung völlig hingaben und den Text der Musik unterordneten, weshalb in ihren Opern für den Zuhörer nur die Musik zu einem gewissen Text, aber nicht der Text selbst von Belang war, und der Text, wenn er auch ganz sinnlos war, wie z. B. in der „Zauberflöte", dennoch dem künstlerischen Eindruck der Musik nicht hinderlich war.

Wagner will die Oper dadurch verbessern, daß die Musik sich den Anforderungen der Poesie anpasse und sich mit ihr vereinige. Aber jede Kunst hat ihr bestimmtes, nicht mit anderen Künsten zusammenfallendes, sondern sich nur mit ihnen berührendes Gebiet, und deshalb werden, wenn man die Äußerungen nicht einmal von mehreren, sondern lediglich von zwei Künsten, der dramatischen und der musikalischen, zu einem Ganzen vereinigt, die Ansprüche der einen Kunst nicht die Möglichkeit lassen, die Ansprüche der anderen zu erfüllen, wie dies auch stets in der gewöhnlichen Oper, wo die dramatische Kunst sich der musikalischen unterordnete oder eher den Platz räumte, stattfand. Wagner aber will, daß die musikalische sich der dramatischen Kunst unterordne, und daß beide sich in ganzer Kraft äußern. Dies aber ist unmöglich, weil jedes Kunstwerk, wenn es ein wahres Kunstwerk ist, die vollständig exklusive und nichts anderem ähnliche Äußerung der innigsten Gefühle des Künstlers ist. Das ist das Wesen eines Musikwerkes und ist auch das Wesen eines Erzeugnisses der dramatischen Kunst, wenn es die wahre Kunst ist. Und aus diesem Grunde ist es, wenn das Erzeugnis einer Kunst mit dem Erzeugnis einer anderen zusammenfällt, nötig, daß etwas Unmögliches geschehe: daß nämlich zwei Werke der Kunst aus verschiedenen Gebieten ausnahmsweise vollständig anders geartet wären, als alles frühere, und zusammenfallen und einander ganz und gar ähnlich sein würden.

Dies aber kann nicht sein, wie es nicht nur keine zwei Menschen, sondern auch keine zwei Blätter an einem Baume geben kann, die einander völlig ähnlich wären. Noch weniger können zwei Werke aus verschiedenen Gebieten der Kunst – ein musikalisches und ein litterarisches – vollständig gleich sein. Wenn sie zusammenfallen, so ist entweder das eine ein Kunstwerk, das andere aber Falsifikat oder beide sind Falsifikate. Zwei lebende Blätter können einander nicht vollständig ähnlich sein, ähnlich sein können nur zwei künstlich nachgemachte Blätter. Ebenso ist es auch mit den Kunstwerken. Sie können nur dann vollständig zusammenfallen, wenn weder das eine, noch das andere – Kunst ist, sondern ein erklügeltes Ebenbild der Kunst.

Wenn die Poesie und die Musik sich mehr oder weniger in einer Hymne, einem Liede und einer Romanze vereinigen können (aber dann auch nicht derartig, daß die Musik jeden Vers des Textes verfolgt, wie dies Wagner wünscht, sondern derart, daß das eine und das andere ein und dieselbe Stimmung erzeugt), so geschieht dies nur aus dem Grunde, weil die lyrische Poesie und die Musik teilweise ein gemeinsames Ziel haben – Stimmung zu erzeugen, und die Stimmungen, die durch die lyrische Poesie und die Musik erzeugt werden, können minder oder mehr zusammenfallen. Aber auch bei diesen Vereinigungen liegt stets der Schwerpunkt in einem von den beiden Erzeugnissen, so daß nur das eine einen künstlerischen Eindruck hervorruft, das andere aber unbemerkt bleibt. Um so weniger kann es eine solche Vereinigung zwischen der epischen oder dramatischen Poesie und der Musik geben.

Außerdem ist eine der Hauptbedingungen des künstlerischen Schaffens die volle Freiheit des Künstlers von allerhand vorgefaßten

Forderungen. Die Notwendigkeit aber, sein musikalisches Werk dem Werke der Poesie anzupassen, oder umgekehrt, ist solch eine vorgefaßte Forderung, bei der jegliche Möglichkeit des Schaffens vernichtet wird und deshalb können auch solche Werke, die einander angepaßt sind, nicht Werke der Kunst, sondern, wie sie es auch stets waren, nur Nachahmungen davon sein, wie die Musik in den Melodramen, die Unterschriften unter den Bildern, die Illustrationen in den Büchern, die Librettos in den Opern.

Derart sind auch die Werke Wagners. Und die Bestätigung dafür erblickt man darin, daß in der neuen Musik von Wagner der Hauptzug eines jeden wahren Kunstwerkes – die Einheitlichkeit, das Organische fehlt, eine solche, bei der die kleinste Formveränderung die Bedeutung des ganzen Werkes stört. In einem echten Kunstwerk – einem Gedicht, Drama, Bild, Lied, Symphonie – kann man nicht einen Vers, eine Szene, eine Gestalt, einen Takt von seiner Stelle wegnehmen und an eine andere Stelle versetzen, ohne die Bedeutung des ganzen Werkes zu stören, ebenso wie man das Leben eines organischen Wesens stört, wenn man ein Organ von seiner Stelle entfernt und an eine andere versetzt. – Mit der Musik Wagners aus seiner letzten Periode aber, mit Ausnahme einiger wenig bedeutungsvollen Stellen, die einen selbständigen musikalischen Sinn haben, kann man allerhand Versetzungen vornehmen, das, was vorne war, nach hinten stellen und umgekehrt, ohne den musikalischen Sinn dadurch zu verändern. Der Sinn der Musik von Wagner verändert sich dabei deshalb nicht, weil er in den Worten, nicht aber in der Musik liegt.

Der musikalische Text der Wagnerschen Opern ist ähnlich, als wenn ein Versemacher, wie es deren jetzt viele gibt, seine Zunge so gedrillt hat, daß er auf jedes Thema, auf jeden Reim, auf jedes Versmaß Gedichte schreiben kann, die den Gedichten, die einen Sinn haben, ähnlich sein werden, – wenn solch ein Versemacher sich zum Vorsatz macht, mit seinen Gedichten irgend eine Symphonie oder Sonate von Beethoven oder eine Ballade von Chopin so zu illustrieren, daß er auf die ersten Takte des einen Charakters Gedichte schreiben würde, die nach seiner Meinung diesen ersten Takten entsprechen. Dann auf die folgenden Takte, die einen anderen Charakter tragen, würde er auch nach seiner Meinung passende Gedichte ohne jeglichen innerlichen Zusammenhang mit den ersten Gedichten und außerdem ohne Reim und ohne Versmaß schreiben.

Solch ein Werk ohne Musik würde im poetischen Sinne vollständig den Opern Wagners im musikalischen Sinne, wenn man sie ohne Text anhört, ähnlich sein.

Aber Wagner ist nicht nur Musiker, er ist auch Poet oder gleichzeitig ein und dasselbe und daher muß man, um über Wagner zu urteilen, auch seinen Text, – denselben Text, dem die Musik dienen soll, kennen. Das hauptsächlichste poetische Werk Wagners ist die poetische Bearbeitung der Nibelungen. Dieses Werk hat in unserer Zeit eine so große Bedeutung erlangt, hat solch einen Einfluß auf alles das, was jetzt für Kunst ausgegeben wird, daß jeder Mensch unserer Zeit unbedingt einen Begriff davon haben muß.

Ich habe die vier Büchlein, in denen dieses Erzeugnis gedruckt ist, aufmerksam gelesen und habe einen kurzen Auszug, den ich im zweiten Anhange [→S. 218-222] hinzufüge, aus ihnen gemacht, und ich rate dem Leser sehr, wenn er den Text selbst nicht gelesen hat, was er besser thun sollte, wenigstens meine Wiedergabe zu lesen, um sich einen Begriff von diesem wunderbaren Erzeugnis zu machen. Dies Erzeugnis ist das Muster eines rohen, sogar ins lächerliche sich erhebenden Falsifikates der Poesie.

Aber man sagt, daß man über die Werke Wagners nicht urteilen kann, ohne sie auf der Bühne gesehen zu haben. In diesem Winter gab man in Moskau den zweiten Tag oder den zweiten Akt dieses Dramas, den besten Akt von allen, wie man mir sagte, und ich ging zu dieser Vorstellung.

Als ich kam, war das riesige Theater schon von oben bis unten besetzt. Hier war die Blüte der Aristokratie und der Kaufmannschaft, und der Gelehrten und des mittleren städtischen Beamtenpublikums. Die meisten hielten das Libretto in der Hand und versenkten sich in seinen Sinn. Die Musikanten – einige alte ergraute Menschen – verfolgten mit den Partituren in der Hand die Musik. Offenbar war die Aufführung dieses Werkes eine Art Ereignis.

Ich hatte mich ein wenig verspätet, aber man sagte mir, daß das kurze Vorspiel, mit dem die Handlung eröffnet wird, wenig Bedeutung hat und daß diese Lücke nicht von Belang sei. Auf der Bühne, zwischen den Dekorationen, die eine Höhle in einem Felsen vorstellen sollen, saß vor irgend einem Gegenstand, der eine Schmiedeeinrichtung vorstellen soll, ein Schauspieler in Trikot und einem Mantel aus Fellen, mit einer Perücke und falschem Barte, mit weißen, schwachen Händen, nicht mit Arbeitshänden (an den ungezwungenen Bewegungen, hauptsächlich – an dem Bauche und der Abwesenheit von Muskeln erkannte man einen Schauspieler) und er schlug mit einem Hammer, den es nie gegeben hat, auf ein Schwert, das es nie geben kann, und schlug so, wie man nie mit Hämmern schlägt, dabei öffnete er auf sonderbare Weise seinen Mund und sang irgend etwas, das man nicht verstehen konnte. Die von allerlei Instrumenten ausgeübte Musik begleitete diese sonderbaren Töne, die er herausstieß. Aus dem Libretto konnte man erfahren, daß dieser Schauspieler den mächtigen Zwerg vorstellen soll, der in der Grotte lebt und für Siegfried, den er erzogen hat, das Schwert schmiedet. Daß dies ein Zwerg sei, konnte man daraus ersehen, daß dieser Schauspieler während des Herumgehens die in Trikot gekleideten Beine in den Knieen bog. Dieser Schauspieler öffnete fortwährend ebenso sonderbar den Mund und schrie oder sang irgend etwas. Die Musik ließ dabei irgend etwas Sonderbares, allerlei Anfänge von irgend etwas, die nicht weiter geführt und mit nichts beendet wurden, erklingen. Aus dem Libretto konnte man erfahren, daß der Zwerg sich selbst von dem Ringe erzähle, dessen sich der Riese bemächtigt hat und den er, der Zwerg, durch Siegfried zu erlangen wünscht. Siegfried aber hat ein gutes Schwert nötig; mit dem Schmieden dieses Schwertes ist der Zwerg auch beschäftigt. Nach einem ziemlich langen derartigen Gespräche oder Gesange mit sich selbst ertönen plötzlich im Orchester andere Klänge, auch irgend etwas Anfangendes und nicht Endendes, es erscheint ein anderer Schauspieler mit einem Horn über den Rücken und mit einem Menschen, der auf allen Vieren herumläuft und als ein Bär verkleidet ist, und er hetzt diesen Bären auf den Zwerg-Schmied, der herumläuft, ohne die mit Trikot umspannten geknickten Beine auszurecken. Dieser andere Schauspieler soll den Helden selbst, den Siegfried, vorstellen. Die Töne, die im Orchester beim Erscheinen dieses Schauspielers erklingen, sollen den Charakter Siegfrieds darstellen und werden das Leitmotiv Siegfrieds genannt. Und diese Töne wiederholen sich jedesmal, wenn Siegfried erscheint. Solch eine bestimmte Vereinigung von Tönen des Leitmotivs giebt es für jede Person. So daß dieses Leitmotiv jedesmal wiederholt wird, wenn die Person, die es vorstellt, erscheint; sogar bei der Erwähnung von irgend einer Person hört man das Motiv, das dieser Person entspricht. Nicht genug damit, jeder Gegenstand hat sein Leitmotiv oder seinen Akkord. Es giebt ein Motiv des Ringes, ein Motiv des Helmes, ein Motiv des Apfels, des Feuers, des Speeres, des Schwertes, des Wassers und dergleichen, und kaum wird der Ring, der Helm, der Apfel erwähnt, – so ist auch das Motiv oder der Akkord des Helmes, des Apfels da. Der Schauspieler mit dem Horne öffnet ebenso unnatürlich, wie der Zwerg, den Mund und schreit lange in singendem Tone allerhand Worte und ihm antwortet Mime gleichfalls in singendem Tone irgend etwas. Mime heißt nämlich der Zwerg. Der Sinn dieses Gesprächs, den man nur aus dem Libretto erfahren kann, besteht darin, daß Siegfried von dem Zwerge erzogen worden ist und aus irgend welchem Grunde deshalb den Zwerg haßt und ihm fortwährend nach dem Leben trachtet. Der Zwerg hat dem Siegfried das Schwert geschmiedet, aber Siegfried ist mit dem Schwert unzufrieden.

Aus dem in dem Librettoheftchen zehn Seiten langen Gespräche, das ungefähr eine halbe Stunde lang mit demselben sonderbaren Öffnen des Mundes in singendem Tone geführt wird, ersieht man, daß Siegfried von seiner Mutter im Walde geboren ist, von dem Vater aber ist nur bekannt, daß er ein Schwert gehabt hat, das zertrümmert ist und dessen Bruchstücke sich bei Mime befinden, und daß Siegfried keine Furcht kennt und aus dem Walde fortgehen will, daß Mime aber ihn nicht fortlassen will. Bei diesem Gespräch mit Musikbegleitung sind nirgends beim Erwähnen des Vaters, des Schwertes und dergleichen die Motive dieser Personen und Gegenstände vergessen.

Nach diesen Gesprächen auf der Bühne ertönen neue Klänge des Gottes Wotan und es erscheint ein Pilger. Dieser Pilger ist der Gott Wotan. Dieser Gott Wotan, auch in einer Perücke, auch in Trikot, steht in einer dummen Stellung mit einem Speere da und erzählt aus irgend einem Grunde alles das, was Mime wissen muß, was aber den Zuschauern bekannt gemacht werden muß. Er erzählt dies alles jedoch nicht einfach, sondern in Rätseln, die er ihm vorzulegen bittet und aus irgend einem Grunde verwettet er seinen Kopf, daß er sie erraten wird. Dabei kommt, kaum daß der Pilger mit dem Speere auf die Erde schlägt, aus der Erde ein Feuer hervor und man hört im Orchester die Töne des Speeres und die Töne des Feuers.

Das Gespräch wird von dem Orchester begleitet, das durchweg kunstvoll von den Motiven der Personen und der Gegenstände, von denen geredet wird, durchflochten ist. Außerdem werden die Gefühle in der naivsten Weise durch die Musik geäußert: das Schreckliche – sind die Töne in Baß, das Leichtsinnige – sind die schnellen Wiederholungen im Diskant und dergleichen.

Die Rätsel haben keinen anderen Sinn, als den, den Zuschauern zu erzählen, wer die Nibelungen, wer die Riesen, wer die Götter sind und was sich früher begeben hat. Dies Gespräch, gleichfalls mit sonderbar geöffnetem Munde geführt, geschieht in singendem Tone, nimmt in dem Libretto acht Seiten ein und dauert entsprechend lange auf der Bühne. Alsdann geht der Pilger fort, Siegfried erscheint von neuem und spricht mit Mime noch 13 Seiten lang. Keine einzige Melodie, sondern fortwährend nur eine Durcheinanderflechtung von Leitmotiven der Personen und Gegenstände des Gespräches. Das Gespräch dreht sich darum, daß Mime dem Siegfried die Furcht anlernen will, Siegfried aber weiß nicht, was Furcht ist.

Nach Beendigung dieses Gesprächs ergreift Siegfried ein Stück dessen, was die Stücke des Schwertes vorstellen soll, durchsägt es, legt es auf das hin, was den Schmiedeambos vorstellen soll, schweißt es zusammen, dann schmiedet er und singt: Heaho, heaho, hoho! Hoho, hoho, hoho, hoho; hoheo, haho, haheo, hoho, und das ist der Schluß des ersten Aktes.

Die Frage, um derentwillen ich ins Theater gekommen war, war für mich unzweifelhaft gelöst, ebenso unzweifelhaft, wie die Frage von dem Wert der Erzählung meiner bekannten Dame, als sie mir die Szene zwischen dem jungen Mädchen mit dem aufgelösten Haar, im weißen Kleide und dem Helden mit zwei weißen Hunden und dem Hute mit der Feder *à la Guillaume Tell* vorgelesen hatte. Von dem Autor, der solche, das ästhetische Gefühl mit Messern schneidende falsche Szenen erdichten kann, wie die, die ich gesehen hatte, kann man nichts weiter erwarten; man kann dreist schließen, daß alles, was solch ein Autor schreiben wird, schlecht sein wird, weil offenbar solch ein Autor nicht weiß, was eigentlich ein wahres Kunstwerk ist. Ich wollte fortgehen, aber die Freunde, mit denen ich da war, baten mich zu bleiben und behaupteten, daß man nach diesem einen Akt sich keine Meinung bilden könne, daß es im zweiten besser sein werde – und ich blieb bis zum zweiten Akt.

Der zweite Akt – ist Nacht. Dann bricht der Tag an. Überhaupt ist das ganze Stück erfüllt von Tagesanbrüchen, Nebeln, Mondschein, Dunkel, zauberhaften Feuern, Gewittern und dergleichen. Die Bühne stellt einen Wald vor und im Walde ist eine Höhle. Bei der Höhle sitzt ein dritter Schauspieler in Trikot, der einen anderen Zwerg vorstellt. Der Tag bricht an. Wiederum kommt der Gott Wotan mit einem Speere, wiederum wie ein Pilger. Abermals erklingen seine Töne und neue Töne im tiefsten Baß, den man nur hervorbringen kann. Diese Töne bedeuten das, was der Drache spricht. Wotan weckt den Drachen. Es ertönen dieselben Baßtöne in immer tieferem und tieferem Baß. Zuerst sagt der Drache: ich will schlafen, dann aber kriecht er aus der Höhle heraus. Den Drachen stellen zwei Menschen vor, die mit einem grünen Schuppenfelle bekleidet sind, und die von der einen Seite den Schweif schwingen, von der anderen den wie bei einem Krokodil angebrachten Rachen öffnen, aus dem von einem elektrischen Lämpchen Feuer herausfliegt. Der Drache, der grauenerregend sein soll und der fünfjährigen Kindern wahrscheinlich so erscheint, sagt mit einem brüllenden Baß allerlei Worte. Dies alles ist so dumm und gauklerhaft, daß man sich wundert, wie Menschen, die älter sind als sieben Jahre, ernsthaft bei dieser Sache zugegen sein können; aber tausende quasi-gebildete Menschen sitzen und hören aufmerksam zu, schauen und entzücken sich.

Es kommt Siegfried mit dem Horn und Mime. Im Orchester ertönen die Klänge, die diese beiden bezeichnen, und Siegfried und Mime sprechen darüber, ob Siegfried weiß oder nicht weiß, was Furcht ist. Darauf geht Mime fort und es beginnt eine Szene, die die poetischste sein soll. Siegfried legt sich in seinem Trikot in einer Stellung, die schön sein soll, hin und bald schweigt er, bald spricht er mit sich selbst. Er träumt, er hört dem Gesange der Vögel zu und will ihnen nachahmen. Zu diesem Zwecke schneidet er mit dem Schwerte ein Rohr ab und macht eine Flöte. Es wird immer heller und heller, die Vögel singen. Siegfried versucht den Vögeln nachzuahmen. Man hört im Orchester eine Nachahmung der Vögel, die sich mit den Tönen vermischt, die seinen Worten entsprechen. Aber Siegfried gelingt das Spiel auf der Schalmei nicht und er spielt auf seinem Horne. Diese Scene ist unerträglich. Von der Musik, d. h. von der Kunst, die als eine Art der Wiedergabe der Stimmung, die der

Autor empfunden hat, dient – ist keine Idee. Es giebt im musikalischen Sinne irgend etwas vollständig Unbegreifliches. Im musikalischen Sinne empfindet man stets eine Hoffnung, auf die aber sofort die Enttäuschung folgt, indem ein musikalischer Gedanke anfängt, aber sofort abbricht. Wenn irgend etwas vorkommt, was sich wie Ansätze einer Musik anhört, so sind diese Ansätze so kurz, so verbaut von Komplikationen der Harmonie, der Orchestrierung der Effekte, von Kontrasten, so unklar, so unvollendet, dabei ist die Unnatürlichkeit, die auf der Bühne vorgeht, so widerlich, daß es schwer fällt, jene Anfänge zu bemerken, geschweige schon von ihnen angesteckt zu werden. – Die Hauptsache ist die, daß die Berechnung des Autors vom ersten Anfang bis zu Ende und in jeder Note derartig hörbar und sichtbar ist, daß man nicht den Siegfried und nicht die Vögel hört und sieht, sondern lediglich einen beschränkten, selbstbewundernden, schlechten Ton und Geschmack eines Deutschen, der die falschesten Begriffe von der Poesie hat und der in gröbster und primitivster Weise mir diese seine falschen Vorstellungen von der Poesie wiedergeben will.

Jeder kennt das Gefühl des Mißtrauens und des Widerstrebens, das durch die offenbare Absichtlichkeit des Autors hervorgerufen wird. Der Erzähler braucht nur im Voraus zu sagen; bereitet euch vor zu weinen oder zu lachen und Sie werden bestimmt nicht lachen oder weinen: aber wenn Sie merken, daß der Autor nicht nur Rührung vorschreibt dem gegenüber, was nicht nur nicht rührend, sondern lächerlich oder widerlich ist, und wenn Sie dabei sehen, daß der Autor ohne Zweifel überzeugt ist, daß er Sie gefesselt hat, empfindet man ein schweres qualvolles Gefühl, das dem ähnlich ist, das jeder empfinden würde, wenn eine alte, häßliche Frau sich ein Ballkleid angezogen hätte und lächelnd vor Ihnen sich drehte, überzeugt von Ihrer Teilnahme. Dieser Eindruck verstärkte sich noch dadurch, daß ich rings um mich eine dreitausendköpfige Menge sah, die nicht nur gehorsam diesen ganzen, mit nichts zu vergleichenden Unsinn anhörte, sondern es auch für ihre Pflicht hielt, sich an ihm zu entzücken.

Knapp sah ich noch die folgende Scene mit dem Erscheinen des Ungeheuers, begleitet von den Baßtönen, die sich mit dem Motive Siegfrieds vermischten, den Kampf mit dem Ungeheuer, all dies Gebrüll, Feuer, Schwertschwingen mit an, aber länger konnte ich es nicht mehr aushalten und lief aus dem Theater mit einem Gefühle des Widerwillens hinaus, das ich jetzt noch nicht vergessen kann.

Indem ich diese Oper anhörte, stellte ich mir unwillkürlich einen achtbaren, klugen, lesekundigen ländlichen Arbeitsmenschen vor, vornehmlich von den klugen, wahrhaft religiösen Menschen, die ich aus dem Volke kenne, und malte mir das schreckliche Erstaunen aus, in das solch ein Mensch geraten würde, wenn man ihm das zeigen würde, was ich an diesem Abend gesehen habe. Was würde er denken, wenn er erfahren würde, welche Arbeit auf diese Vorstellung verwendet ist, und wenn er dieses Publikum sähe, jene Mächtigen dieser Welt, die er gewöhnt ist zu achten, alte, kahlköpfige Menschen mit grauen Bärten, die volle sechs Stunden schweigend sitzen, aufmerksam zuhören und alle diese Dummheiten ansehen.

Aber von einem erwachsenen Arbeitsmenschen abgesehen, ist es schon schwer, sich vorzustellen, daß nur ein Kind von mehr als sieben Jahren sich mit diesem dummen ungereimten Märchen beschäftigen könnte. Unterdessen aber sitzt ein großes Publikum, die Blüte der gebildeten Menschen der höheren Klassen, diese sechs Stunden bei der wahnsinnigen Vorstellung, geht fort und meint, indem es dieser Dummheit einen Tribut gezahlt habe, habe es ein neues Recht auf Anerkennung als fortgeschrittenes und aufgeklärtes Publikum erhalten.

Ich rede von dem moskauischen Publikum. Aber was ist denn das Publikum in Moskau? Es ist ein Hundertstel von jenem Publikum, das sich selbst für das aufgeklärteste hält, das es sich als Verdienst anrechnet, bis zu solch einem Grade die Fähigkeit, von der Kunst angesteckt zu werden, verloren zu haben, daß es nicht nur ohne Empörung bei dieser dummen Fälschung anwesend sein, sondern sich noch begeistern kann.

In Bayreuth, wo diese Vorstellungen angefangen haben, strömten von allen Seiten der Erde Menschen hinzu, verbrauchten je tausende von Rubeln, um diese Vorstellung zu sehen, Menschen, die sich für fein gebildet halten, saßen vier Tage nacheinander jeden Tag sechs Stunden lang da, gingen hin diesen Unsinn und diese Fälschung zu sehen und zu hören.

Aber warum reisten und reisen jetzt noch Menschen zu diesen Vorstellungen und warum begeistern sie sich dabei? Unwillkürlich taucht die Frage auf: wie erklärt man sich den Erfolg der Werke von Wagner?

Diesen Erfolg erkläre ich mir so: dank der exklusiven Lage, in der er sich befand, da er die Mittel des Königs zu seiner Verfügung hatte, benutzte Wagner mit großem Verständnis alle Mittel des Falsifikates der Kunst, die durch lange Praxis der falschen Kunst ausgearbeitet sind, und setzte ein musterhaftes falsifiziertes Kunstwerk auf. Ich habe deshalb auch dieses Werk als Beispiel genommen, weil in keinem einzigen mir bekannten Falsifikate der Kunst alle Handgriffe, vermittels deren die Kunst nachgemacht wird, mit solch einer Meisterhaftigkeit und Kraft vereinigt sind, nämlich: die Entlehnung, die Nachahmung, das Effektvolle und das Interessante. Angefangen von dem Sujet, das aus dem Altertum genommen ist, bis auf die Nebel und die Mond- und Sonnenaufgänge, benutzt Wagner in diesem Werke alles das, was als poetisch angesehen wird. Hier ist die schlafende schöne Prinzessin, und die Nixen, und das unterirdische Feuer, und die Gnomen, und Kämpfe und Schwerter und Liebe, und Blutvermischung und ein Ungeheuer und der Vogelgesang – das ganze Arsenal des Poetischen ist für die Sache verwendet.

Dabei ist alles nachgeahmt: die Dekorationen und die Kostüme sind nachgeahmt. Dies alles ist so gemacht, wie es nach allen Beweisstücken der Archäologie des Altertums sein mußte, – nachgeahmt sind selbst die Töne. Wagner, der eines musikalischen Talentes nicht entbehrt, hat gerade solche Töne erdacht, die den Hammerschlägen, dem Zischen des glühenden Eisens, dem Gesänge der Vögel und derartigem nachahmen.

Außerdem ist in diesem Werke alles im höchsten Grade erstaunlich effektvoll, – erstaunlich durch seine Eigenheiten: durch die Ungeheuer und zauberhaften Feuer und die Handlungen, die im Wasser vorgehen, und durch die Dunkelheit, in der sich die Zuschauer befinden und durch die Unsichtbarkeit des Orchesters und durch neue vorher nicht gebräuchliche harmonische Vereinigungen.

Und außerdem ist alles interessant. Das Interessante besteht nicht nur darin, wer wen töten wird und wer wen heiraten wird und wer wessen Sohn ist und was auf das oder jenes folgen wird – das Interessante liegt noch in der Beziehung der Musik zum Text: es rollen die Wellen auf dem Rhein – wie wird dies in der Musik geäußert werden? Es erscheint ein böser Zwerg – wie wird die Musik den bösen Zwerg bezeichnen? – Wie wird die Musik die Sinnlichkeit dieses Zwerges ausdrücken? Wie wird durch die Musik zum Ausdruck gebracht werden – die Kühnheit, das Feuer, wie die Äpfel? Wie verflicht sich das Leitmotiv der sprechenden Person mit den Leitmotiven der Personen und der Gegenstände, von denen es spricht?

Außerdem ist die Musik noch interessant. Diese Musik widerspricht allen früher angenommenen Gesetzen und in ihr erscheinen die unerwartetsten und völlig neuen Modulationen, was sehr leicht und durchaus möglich ist in einer Musik, die keine innere Gesetzmäßigkeit hat. Es giebt neue Dissonanzen und sie werden nach neuer Art gelöst, und dies ist auch interessant.

Dieses Poetische nämlich, die Nachahmung, das Auffallende und das Interessante sind in diesen Werken dank den Eigenheiten der Begabung Wagners und der vorteilhaften Lage in der er sich befand, bis zu der höchsten Stufe der Vollkommenheit geführt, wirken auf den Zuschauer und hypnotisieren ihn in der Art, wie ein Mensch, der im Laufe von mehreren Stunden die irren Reden eines Wahnsinnigen, die mit großer Vortragskunst hergesagt werden, anhört, hypnotisiert sein würde.

Man sagt: Sie können nicht urteilen, ohne die Werke Wagners in Bayreuth gesehen zu haben, in der Dunkelheit, wo man die Musik nicht sieht, die aber unter der Bühne ist und wo die Aufführung bis zum höchsten Grade der Vollkommenheit gebracht ist. Dies gerade beweist doch, daß hier die Sache nicht in der Kunst, sondern in der Hypnotisation liegt. Dasselbe sagen auch die Spiritisten. Um einen von der Wahrheit ihrer Erscheinungen zu überzeugen, sagen sie gewöhnlich: Sie können nicht urteilen, versuchen Sie, nehmen Sie Teil an einigen Seancen, d. h. sitzen Sie schweigend im Dunkel einige Stunden nacheinander in einer Gesellschaft von halbverrückten Menschen und wiederholen Sie dies zehn Mal und Sie werden alles, was wir sehen, erblicken. Ja, wie soll man auch nicht? Versetzen Sie sich nur in solche Verhältnisse – und Sie werden sehen, was Ihnen beliebt.

Noch schneller kann man dies erreichen, wenn man sich an Wein betrinkt oder Opium raucht. Dasselbe ist auch der Fall beim Anhören von Wagners Opern. Sitzen Sie vier Tage lang im Dunkel in Gesellschaft von nicht ganz normalen Menschen, indem Sie Ihr Gehirn durch die Nerven des Gehörs der allerstärksten Einwirkung von

Tönen, die auf den Reiz des Gehirns besonders berechnet sind, aussetzen, Sie geraten bestimmt in einen anormalen Zustand und werden entzückt sein von dem Unsinn. Aber dazu sind nicht vier Tage nötig, es genügen schon die fünf Stunden eines Tages, die eine Vorstellung dauert, wie dies in Moskau der Fall war. Es genügen nicht nur fünf Stunden, es genügt auch eine Stunde für Menschen, die keine klare Vorstellung davon haben, was Kunst sein muß, und die sich im voraus die Meinung gebildet haben, daß dasjenige, was sie erblicken werden, schön ist und daß eine Gleichgültigkeit und Unzufriedenheit diesen Werken gegenüber als Beweis ihrer Ungebildetheit und Rückständigkeit dienen werden.

Ich habe das Publikum jener Vorstellung, bei der ich war, beobachtet. Menschen, die das ganze Publikum leiteten und ihm den Ton angaben, waren Menschen, die schon vorher hypnotisiert waren und von neuem der bekannten Hypnose unterlagen. Diese hypnotisierten Menschen, da sie in einem anormalen Zustande waren, waren in vollem Entzücken. – Außerdem spendeten dem Werke, das großen Stoff zum Philosophieren bietet, auch alle Kunstkritiker tiefsinnig Beifall, die der Fähigkeit von der Kunst angesteckt zu werden entbehren und deshalb stets die Werke, in denen alles die Sache des Verstandes ist, besonders schätzen. Diesen zwei Abteilungen von Menschen aber folgte die große städtische Menge mit den reichen Leuten und Mäcenen an der Spitze, mit einer verdorbenen und teilweise atrophierten Fähigkeit, von der Kunst angesteckt zu werden, die sich der Kunst gegenüber gleichgültig verhält und die stets, wie schlechte Jagdhunde, zu denen sich hält, die am lautesten und entschlossensten ihre Meinung sagen.

„Oh ja, selbstverständlich, was für eine Poesie! Wunderbar! Besonders die Vögel!" – „Ja, ja, ich bin ganz hin", – so wiederholen diese Menschen in verschiedenen Tonarten dasselbe, was sie eben von Menschen, deren Meinung ihnen als vertrauenswürdig erscheint, gehört haben.

Wenn es auch Menschen giebt, die von der Sinnlosigkeit und Falschheit beleidigt sind, so schweigen diese Menschen verlegen, wie die Nüchternen unter den Betrunkenen verlegen sind und schweigen. Und siehe da, ein sinnloses, grobes, falsches Werk, das nichts mit der Kunst gemein hat, geht durch die ganze Welt, dank der Meisterhaftigkeit der Falsifizierung von Kunst, kostet Millionen bei seiner Aufführung und verdirbt immer mehr und mehr den Geschmack der Menschen der höheren Klassen und ihren Begriff von dem, was Kunst ist.

Ich weiß, daß die meisten von den Menschen, die nicht nur für klug
angesehen werden, sondern tatsächlich sehr kluge Menschen sind,
die fähig sind, die schwersten wissenschaftlichen, mathematischen,
philosophischen Abhandlungen zu verstehen, sehr selten eine
Wahrheit verstehen können, wenn es auch die einfachste und klarste
Wahrheit ist, aber eine, woraus man den Schluß ziehen muß, daß
das von ihnen zuweilen mit großer Mühe gebildete Urteil von einem
Gegenstande, das Urteil, – auf das sie stolz sind, das sie andere ge-
lehrt haben, auf dem sie ihr ganzes Leben aufgebaut haben, – daß
dieses Urteil falsch sein kann. Und deshalb habe ich wenig Hoffnung, daß die Gründe, die ich für die Verdorbenheit der Kunst und
des Geschmackes in unserer Gesellschaft anführe, nicht nur angenommen, sondern ernst erörtert werden; aber dennoch sehe ich
mich genötigt, rückhaltlos alles das auszusprechen, wozu mich
meine Untersuchung, der Frage nach dem Wesen der Kunst mit
zwingender Gewalt geführt hat. Diese Untersuchung hat mich zu
der Überzeugung geführt, daß fast alles das, was als Kunst und als
gute und ganze Kunst in unserer Gesellschaft angesehen wird, nicht
nur keine wahre und gute Kunst und nicht die ganze Kunst, sondern
überhaupt keine Kunst ist, ja vielmehr eine Falsifizierung davon.
Dieser Satz, weiß ich, ist sehr sonderbar und scheint paradox zu
sein. Wenn wir indes nur die Wahrheit anerkennen, daß die Kunst
eine menschliche Thätigkeit ist, mittels deren die einen Menschen
den anderen ihre Gefühle mitteilen, aber kein Kult der Schönheit
oder die Äußerung einer Idee und dergleichen, – so müssen wir den
Satz unbedingt stehen lassen.

Wenn es wahr ist, daß die Kunst eine Thätigkeit sei, mittels deren
ein Mensch, nachdem er ein Gefühl empfunden hat, es einem anderen bewußt mitteilt, so müssen wir unvermeidlich anerkennen, daß
in alledem, was unter uns die Kunst der höheren Klassen genannt
wird, – in allen jenen Romanen, Erzählungen, Dramen, Komödien,
Bildern, Skulpturen, Symphonien, Opern, Operetten, Ballets und
dergleichen, die als Kunstwerke ausgegeben werden – kaum eins
von hunderttausend aus dem von dem Autor empfundenen Gefühle entstanden ist; alles übrige aber sind nur fabrikmäßige Erzeugnisse, Falsifikate der Kunst, in denen die Entlehnungen, die Nachah-

mung, das Effektvolle und das Interessante die Ansteckung durch das Gefühl ersetzen.

Den Umstand, daß das Quantum der wahren Kunstwerke sich zu dem Quantum dieser Falsifikate, wie Eins zu Hunderttausend und noch viel mehr verhält, kann man durch folgende Berechnung beweisen. Ich habe irgend wo gelesen, daß es in Paris allein 30.000 Kunstmaler giebt. Ebensoviel giebt es wahrscheinlich in England, ebensoviel auch in Deutschland, ebensoviel in Rußland mit Italien und anderen kleinen Staaten. Es muß demnach in Europa insgesamt ca. 120.000 Kunstmaler geben und ebensoviel Musikanten und ebensoviel schriftstellernde Künstler. Wenn diese 300.000 Menschen jedes Jahr wenigstens jeder 3 Werke (viele schaffen aber 10 und mehr Werke) schafft, so ergiebt das jedes Jahr eine Million Kunstwerke. Wieviel giebt es ihrer denn in den letzten zehn Jahren und wieviel seit der ganzen Zeit, wo die Kunst der höheren Klassen von der Volkskunst getrennt ist? Offenbar – Millionen.

Wer hat denn von den größten Kunstkennern thatsächlich einen Eindruck von allen diesen vermeintlichen Kunstwerken erhalten? Geschweige schon das ganze arbeitende Volk, das nicht einmal einen Begriff von diesen Werken hat, können die Menschen der höheren Klassen nicht ein tausendstel von allen kennen und erinnern sich nicht deren, die sie kennen gelernt haben.

Alle diese Gegenstände erscheinen unter dem Mantel der Kunst, erzeugen bei niemand einen Eindruck, außer zuweilen bei der müßigen Menge der reichen Menschen den der Zerstreuung, und verschwinden spurlos. Darauf antwortet man gewöhnlich: wenn es nicht ein großes Quantum von mißglückten Versuchen gäbe, würde es auch keine wahren Kunstwerke geben. Aber eine solche Erwiderung gleicht der, die ein Brotbäcker auf den Vorwurf, daß sein Brot nichts tauge, machen würde; daß, wenn es nicht Hunderte verdorbene Brote gäbe, es auch kein gut gebackenes Brot geben würde. Es ist wahr, daß dort, wo Gold ist, auch viel Sand ist; aber dies kann durchaus kein Grund sein, daß man viel Dummheiten redet, um irgend etwas Kluges zu sagen.

Wir sind umgeben von Werken, die als künstlerisch angesehen werden. Zugleich sind Tausende von Gedichten, Tausende von Poesien, Tausende von Romanen, Tausende von Dramen, Tausende von Bildern, Tausende von Musikstücken gedruckt. Alle Gedichte beschreiben die Liebe oder die Natur oder den seelischen Zustand des Autors, in allen ist das Versmaß und der Reim beobachtet; alle Dramen und Komödien sind ausgezeichnet ausgestattet und werden von gut geschulten Schauspielern gespielt, alle Romane sind in Kapitel eingeteilt, in allen ist die Liebe beschrieben, es giebt effektvolle Scenen und es werden wahre Details aus dem Leben beschrieben; alle Symphonien enthalten Allegro, Andante, Scherzo und Finale und alle bestehen aus Modulationen und Akkorden und werden von bis zur Feinheit geschulten Musikanten gespielt; alle Bilder, in goldenen Rahmen, stellen deutlich Personen nebst Zubehör dar. Aber unter diesen Erzeugnissen der verschiedenen Arten der Kunst giebt es nur eins unter Hunderttausenden – nur eins, das nicht etwa bloß ein wenig besser ist, als die anderen, sondern sich, wie ein Brillant vom Glase, von allen anderen unterscheidet. Das eine kann man für kein Geld kaufen, so wertvoll ist es; ein anderes hat nicht nur gar keinen Wert, sondern hat einen negativen Wert, weil es den Geschmack betrügt und verdirbt. Indessen sind sie äußerlich für einen Menschen mit einem verdorbenen und atrophierten Gefühl vollständig gleichwertig.

Die Schwierigkeit des Erkennens von Kunstwerken vermehrt sich in unserer Gesellschaft noch dadurch, daß der äußerliche Wert der Arbeit bei den gefälschten Werken nicht nur nicht schlechter, sondern oft besser ist, als bei den echten; oft erregt das gefälschte mehr Erstaunen, als das echte und der Inhalt des falschen ist interessanter. Wie da wählen? Wie dieses eine Werk aus den Hunderttausenden herausfinden, das sich äußerlich durch nichts von dem, dem echten mit Absicht vollständig nachgemachten unterscheidet?[19]

Für einen Menschen mit unverdorbenem Geschmack, für einen Arbeiter, aber keinen städtischen, ist dies eben so leicht, wie es einem Tier mit unverdorbenem Spürsinn leicht fällt, im Walde oder im Felde unter Tausenden von Spuren die einzige Spur, die es nötig hat, zu finden. Das Tier wird unfehlbar das, was es nötig hat, finden; ebenso wählt auch der Mensch, wenn nur nicht die angeborenen

---

[19] [In der letzten, überarbeiteten Auflage (München 1993) der Übersetzung wird dieser Satz so gefasst: „Wie dieses Werk aus den Hunderttausenden herausfinden, das sich äußerlich durch nichts von dem unterscheidet, das dem echten mit Absicht vollständig nachgemacht wurde?"]

Eigenschaften seiner Natur in ihm verdorben sind, unter Tausenden von Gegenständen unfehlbar den echten Kunstgegenstand, dessen er bedarf, indem er ihn, den Menschen, mit dem von dem Künstler empfundenen Gefühl ansteckt.

Dem ist aber nicht so bei Menschen mit einem durch die Erziehung und die Lebensweise verdorbenen Geschmack. Bei diesen Menschen ist der Sinn, durch den sie die Kunst aufnehmen, atrophiert und bei der Schätzung von Kunstwerken müssen sie sich von Erörterung und Studium leiten lassen, und diese Erörterung und dies Studium verwirren sie endgültig, so daß die meisten Menschen unserer Gesellschaft gar nicht imstande sind, ein Kunstwerk von dem gröbsten Falsifikate zu unterscheiden. Die Menschen sitzen stundenlang in den Conzerten oder in Theatern, hören die Werke der neuen Komponisten an und halten es für ihre Pflicht, die Romane der berühmten neuen Romanschriftsteller zu lesen und die Bilder, die entweder unverständlich sind oder immer genau dasselbe darstellen, was sie viel besser in der Wirklichkeit sehen, zu betrachten; und die Hauptsache, sie halten es für ihre Pflicht, sich über all dies zu entzücken, indem sie sich einbilden, daß dies alles Kunstgegenstände seien. Dabei gehen sie nicht nur achtlos, sondern mit Geringschätzung an den echten Kunstwerken vorbei, nur deshalb, weil diese Werke in ihrem Kreise nicht zu den Kunstgegenständen gerechnet werden.

Vor ein paar Tagen ging ich von einem Spaziergange in gedrückter Seelenstimmung nach Hause. Indem ich mich dem Hause näherte, hörte ich einen lauten Gesang eines großen Reigens von Weibern. Sie begrüßten meine Tochter, die geheiratet hat und nach Hause gekommen war, und sangen ihr einen Lobgesang. In diesem Gesang mit Aufschreien und Schlagen der Sense drückte sich solch ein bestimmtes Gefühl der Freude, des Mutes, der Energie aus, daß ich selbst nicht merkte, wie ich von diesem Gefühle angesteckt wurde, gehobener nach Hause ging und völlig frisch und freudig dort hinkam. In eben solcher erregter Stimmung fand ich alle Hausbewohner, die diesem Gesange zuhörten.

An demselben Abend spielte uns ein guter Musiker, der bei uns zu Besuch weilte und durch seinen Vortrag von klassischen, Beethovenschen Stücken, rühmlichst bekannt ist, *opus 101*, die Sonate von Beethoven vor.

Ich halte es denen gegenüber, die mein Urteil über diese Sonate Beethovens auf meine Unfähigkeit, sie zu verstehen, zurückführen möchten, für notwendig zu bemerken, daß ich alles das, was andere an dieser Sonate und anderen Stücken aus der letzten Periode Beethovens verstehen, ebenso gut wie jene, verstanden habe, daß ich sehr empfänglich für Musik bin. Ich stimmte mich lange Zeit so, daß ich mich an diesen formlosen Improvisationen erfreute, die den Inhalt der Werke Beethovens in seiner letzten Periode ausmachen.

Kaum aber faßte ich einen ernsten Standpunkt gegenüber der Sache der Kunst, indem ich den empfangenen Eindruck von den Werken der letzten Periode Beethovens mit dem angenehmen, klaren und starken musikalischen Eindruck verglich, wie z. B. mit dem Eindruck, den man von den Melodien Bachs (seinen Arien), Haydn, Mozart, Chopin empfängt – dort, wo ihre Melodien mit den Compliciertheiten und Verzierungen nicht verbaut sind, und mit den Melodien desselben Beethovens aus seiner ersten Periode, hauptsächlich aber – mit dem Eindruck, den man von einem Volksliede erhält – von einem italienischen, norwegischen, russischen, von dem ungarischen Czardasch und dergleichen, kaum geschah das, so verschwand sofort jener gewisse, von mir künstlich hervorgerufene, unklare und fast krankhafte Reiz von den Werken der letzten Periode Beethovens.

Nach Beendigung des Vortrags zollten die Anwesenden eifrig Beifall, obgleich man sah, daß, wie es nicht anders sein konnte, das tiefsinnige Werk Beethovens allen langweilig geworden war, und sie vergaßen nicht zu erwähnen, daß sie diese letzte Periode früher nicht verstanden hätten, sie sei aber doch die beste. Als ich mir aber erlaubte, den Eindruck, den der Gesang der Weiber auf mich gemacht hatte, den Eindruck, den alle, die diesen Gesang gehört, empfunden hatten, mit dieser Sonate zu vergleichen, da lächelten die Verehrer Beethovens nur verächtlich und hielten es nicht für nötig, auf solche sonderbare Reden zu antworten.

Indessen aber war das Lied der Weiber, die echte Kunst, die ein bestimmtes und starkes Gefühl wiedergab, die 101. Sonate von Beethoven aber war nur ein mißglückter Versuch der Kunst, der kein bestimmtes Gefühl enthält und deshalb durch nichts ansteckt.

Für meine Arbeit über die Kunst habe ich in diesem Winter eifrig und mit großer Mühe die berühmten und von ganz Europa gelobten

Romane und Erzählungen – von Zola, Bourget, Huysmans, Kipling gelesen. Und zu gleicher Zeit stieß ich zufällig in einer Zeitschrift für Kinder auf die Erzählung eines völlig unbekannten Schriftstellers. Diese handelte davon, wie sich eine arme Witwe mit ihren Kindern zum Osterfest bereitet. Die Erzählung besteht darin, daß die Mutter mit Mühe weißes Mehl erworben und es auf den Tisch ausgeschüttet hat, um es zu kneten, sie ist gegangen, um Hefe zu holen, und hat den Kindern geboten, nicht aus dem Hause zu gehen und auf das Mehl aufzupassen. Die Mutter ist fortgegangen, die Nachbarkinder sind aber mit Geschrei vor das Fenster gelaufen gekommen und haben sie auf die Straße, zum Spielen gerufen. Die Kinder haben den Befehl der Mutter vergessen, sind auf die Straße hinausgelaufen und beschäftigen sich mit dem Spiel. Die Mutter kommt mit der Hefe zurück, im Hause auf dem Tische schleudert ein Huhn seinen Kücheln das letzte Mehl auf die gepflasterte Diele, und diese suchen es aus dem Staube heraus. Die Mutter ist in Verzweiflung und schilt die Kinder, die Kinder weinen. Und der Mutter thun die Kinder leid, aber weißes Mehl ist nicht mehr da und um dem Unglücke zu helfen, beschließt die Mutter den Osterkuchen aus durchgesiebtem schwarzem Mehl zu backen, es mit Eiweiß zu bestreichen und mit Eiern zu umkränzen.

„Es schmeckt auch so gut", sagt die Mutter den Kindern zum Troste, daß das Osterbrot nicht aus weißem Mehl sein wird. Und die Kinder gehen plötzlich von der Verzweiflung zum freudigen Entzücken über, wiederholen in verschiedenen Tonarten „es schmeckt auch so gut" und erwarten das Osterbrot noch freudiger.

Und was denkt man? – das Lesen der Romane und Erzählungen von Zola, Bourget, Huysmans, Kipling und anderen mit den stärksten Sujets hat mich nicht einen Augenblick gerührt, ich war aber die ganze Zeit auf die Autoren ärgerlich, wie es einen ärgert, wenn ein Mensch einen für so naiv hält, daß er sogar den Handgriff des Betrugs, mit dem er einen fangen will, nicht verbirgt. Von den ersten Zeilen an sieht man die Absicht, mit der es geschrieben ist, und alle Einzelheiten werden überflüssig und es wird einem langweilig. Die Hauptsache aber ist – man weiß, daß der Autor kein anderes Gefühl, außer dem Verlangen, eine Erzählung oder einen Roman zu schreiben, gehabt hat und hat. Und deshalb erhält man keinen künstlerischen Eindruck. Von der Erzählung des unbekannten Verfassers aber, von den Kindern und den Kücheln konnte ich mich nicht losreißen, weil ich gleich von dem Gefühl, das der Autor offenbar erlebt, empfunden und wiedergegeben hat, angesteckt wurde.

Wir haben einen Maler Wasnezow. Er hat für die Kathedrale in Kiew die Heiligenbilder gemalt; alle loben ihn als den Begründer einer neuen hohen Art irgend einer christlichen Kunst. Er hat an diesen Heiligenbildern Jahrzehnte gearbeitet, man hat ihm Tausende und Abertausende gezahlt und alle diese Heiligenbilder sind eine schlechte Nachahmung von Nachahmung der Nachahmungen, die keinen Funken von Gefühl enthalten. Und dieser selbe Wasnezow hat zu der Erzählung von Turgenjew „Die Wachtel" (dort wird erzählt, wie in Gegenwart eines Knaben der Vater eine Wachtel erschießt und wie sie ihm leid thut) ein Bild gezeichnet, in dem ein schlafender Knabe mit geöffneter Oberlippe dargestellt wird und über ihm wie eine Traumgestalt – eine Wachtel. Und dieses Bildchen ist ein wahres Kunstwerk.

In der englischen Academy befinden sich zwei Bilder nebeneinander: das eine stellt die *Versuchung des heiligen Antonius* vor, von J. C. Dalmas. Der Heilige liegt auf den Knieen und betet. Hinter ihm steht ein nacktes Weib und allerlei Tiere. Man sieht, daß dem Künstler das Weib sehr gefiel, der Antonius geht ihn garnichts an, und daß die Versuchung ihm (dem Künstler) nicht nur nicht schrecklich, sondern im Gegenteil im höchsten Grade angenehm ist. Und wenn also in diesem Bilde auch eine Kunst steckt, so ist sie sehr schlecht und falsch.

In demselben Buche steht neben jenem ein kleines Bild von Langley, das einen wandernden Bettelknaben vorstellt, den eine Wirtin offenbar eingeladen hat, da er ihr leid that. Der Knabe hat seine nackten Füße unter der Bank kläglich zusammengezogen und ißt, die Wirtin sieht zu und wahrscheinlich erwägt sie, ob nicht noch mehr nötig sein wird. Ein kleines siebenjähriges Mädchen aber hat das Händchen aufgestützt und sieht aufmerksam und ernst mit unverwandtem Auge den hungrigen Knaben an. Offenbar hat sie zum erstenmal begriffen, was Armut und was die Ungleichheit der Menschen sei und zum erstenmal hat sie sich die Fragen gestellt, warum hat sie alles, der aber da ist nackt und hungrig? Das Kind empfindet Mitleid und gleichzeitig ist es ihm freudig zu Mute. Und es liebt auch den Knaben und das Gute … Und man fühlt, daß der Künstler dieses kleine Mädchen und das, was es liebt, geliebt hat. Und dieses Bild eines, wie es scheint, wenig bekannten Künstlers – ist ein schönes wahres Kunstwerk.

Ich entsinne mich, ich habe die Darstellung des Hamlet von Rossi gesehen. Die Tragödie selbst und der Schauspieler, der die Hauptrolle spielte, werden von unseren Kritikern als „das letzte Wort" der dramatischen Kunst angesehen. Unterdessen aber litt ich die ganze Zeit sowohl unter dem Inhalte des Dramas selbst, wie auch unter der Darstellung jene eigenartige Qual, die durch Nachahmungen von Kunstwerken erzeugt wird.

Dagegen las ich vor kurzem einen Bericht von dem Theater bei dem wilden Volke der Wogulen. Einer von denen, die dort gewesen sind, beschreibt folgende Vorstellung: Einer ist ein großer Wogul, der andere ist ein kleiner Wogul, beide sind sie mit Hirschfellen bekleidet, der eine stellt – eine Hindin, der andere – das Rehkälbchen vor. Ein dritter Wogul stellt einen Jäger mit einem Bogen und Schneeschuhen vor, ein vierter stellt mit der Stimme ein Vöglein, das den Hirsch vor der Gefahr warnt, vor. Das Drama besteht darin, daß der Jäger die Spur der Hindin und ihres Jungen verfolgt. Die Hirsche laufen von der Bühne fort und kommen wieder. Solch eine Vorstellung geht in einem kleinen Nomadenzelte vor sich. Der Jäger kommt den Verfolgten immer näher und näher. Das Rehkälbchen ist ermüdet und schmiegt sich an die Mutter. Die Mutter bleibt stehen, um sich zu erholen. Der Jäger holt sie ein und zielt. Da piept der Vogel und giebt den Hirschen die Gefahr kund. Die Hirsche laufen fort. Wiederum eine Verfolgung, und abermals nähert sich der Jäger, holt sie ein und schießt den Pfeil ab. Der Pfeil trifft das Rehkälbchen. Das Rehkälbchen kann nicht mehr laufen, es schmiegt sich an die Mutter, die Mutter leckt ihm die Wunde. Der Jäger zieht einen anderen Pfeil auf. Die Zuschauer erstarren, wie jener, der dabei gewesen ist, berichtet, und im Publikum vernimmt man schwere Seufzer und sogar Weinen. Und ich hatte bloß nach der Beschreibung die Empfindung, daß dies ein wahres Kunstwerk war.

Das, was ich sage, wird als eine wahnsinnige Paradoxie aufgefaßt werden, über die man sich nur wundern kann und dennoch kann ich nicht umhin das auszusprechen, was ich denke, nämlich, daß die Menschen unserer Kreise, von denen die einen Gedichte, Erzählungen, Romane, Opern, Symphonien, Sonaten dichten, Bilder jeder Art zeichnen, Statuen meis[s]eln, die anderen aber zuhören, dies ansehen, die dritten dies alles schätzen, kritisieren, sich streiten, verurteilen, einen Sieg feiern, einander Denkmäler errichten und so mehrere Generationen hindurch, – daß alle diese Menschen mit den kleinsten Ausnahmen: wie die Künstler, so auch das Publikum und die Kritiker, nie, außer in der frühesten Kindheit und Jugend, so lange sie noch keine Erörterungen über Kunst gehört haben, das einfache und dem einfachsten Menschen sogar dem Kinde bekannte Gefühl der Ansteckung von den Gefühlen eines anderen empfunden haben, das einen veranlaßt, sich über eine fremde Freude zu freuen, ein fremdes Leid zu erleiden, mit einem anderen Menschen sich seelisch zu vereinigen, was das Wesen der Kunst ausmacht, und daß deshalb diese Menschen nicht nur einen Gegenstand der wahren Kunst von dem Falsifikate nicht unterscheiden können, sondern stets für die echte schöne Kunst die schlechteste und gefälschte annehmen, die echte Kunst aber nicht einmal bemerken, weil die Falsifikate stets prunkvoller sind, die echte Kunst aber bescheiden ist.

15

In unserer Gesellschaft ist die Kunst bis zu solch einem Grade verdorben, daß nicht nur schlechte Kunst für gute angesehen wird, sondern es ist sogar der Begriff davon, was Kunst ist, verloren gegangen, sodaß man, um von der Kunst unserer Gesellschaft sprechen zu können, vorerst die echte Kunst von der gefälschten absondern muß.

Das Kennzeichen, das die echte Kunst von der gefälschten unterscheidet, ist ein einziges untrügliches – die Ansteckungsfähigkeit der Kunst. Wenn ein Mensch ohne jede Anstrengung seinerseits und ohne jegliche Veränderung seiner Lage das Erzeugnis eines anderen Menschen liest, hört, sieht und dabei eine Seelenstimmung empfindet, die ihn mit diesem Menschen und anderen Menschen vereinigt, die ebenso wie er, den Kunstgegenstand empfangen, so ist der Gegenstand, der solch einen Zustand hervorgerufen hat, ein Kunstgegenstand.

Wie poetisch, dem echten ähnlich, effektvoll oder interessant ein Gegenstand auch sein mag, er ist kein Kunstgegenstand, wenn er in dem Menschen nicht jenes, von allen anderen völlig verschiedene Gefühl der Freude, der seelischen Vereinigung mit einem anderen (dem Autor) und mit noch mehr anderen (den Zuhörern oder Zuschauern, die dasselbe Kunstwerk empfangen) hervorruft.

Es ist wahr, daß dies Kennzeichen ein *inneres* ist, und daß Menschen, die die Wirkung, die durch die echte Kunst erzeugt wird, vergessen haben und die von der Kunst irgend etwas ganz anderes erwarten – von solchen giebt es aber in unserer Gesellschaft eine große Menge – meinen können, daß das Gefühl der Zerstreuung und einer gewissen Erregung, die sie bei den Falsifikaten der Kunst empfinden, gerade das ästhetische Gefühl sei, und obgleich man diese Menschen nicht überzeugen kann – sowenig wie man einen Farbenblinden davon überzeugen kann, daß die grüne Farbe nicht rot sei – so bleibt dies dennoch für Menschen mit unverdorbenem und hinsichtlich der Kunst nicht atrophiertem Gefühl ganz bestimmt das Kennzeichen, das das Gefühl, das durch die Kunst erzeugt wird, von jedem anderen unterscheidet.

Die hauptsächliche Eigenart dieses Gefühles besteht darin, daß der Empfangende bis zu solch einem Grade sich mit dem Künstler vereinigt, daß es ihm scheint, als sei der von ihm genossene Gegenstand nicht von jemand anderem, sondern von ihm selbst gemacht, und als sei alles das, was durch diesen Gegenstand geäußert wird, dasselbe, was er schon längst ausdrücken wollte. Ein echtes Kunstwerk vollbringt das, daß in dem Bewußtsein des Empfangenden die Trennung zwischen ihm und dem Künstler aufgehoben wird, und nicht nur zwischen ihm und dem Künstler, sondern zwischen ihm und allen Menschen, die dasselbe Kunstwerk genießen.

In dieser Befreiung der Persönlichkeit aus ihrer Absonderung von anderen Menschen, aus ihrer Einsamkeit, in dieser Zusammenschmelzung einer Persönlichkeit mit anderen ist auch die hauptsächliche Anziehungskraft und Eigenschaft der Kunst enthalten.

Wenn der Mensch dies Gefühl empfindet, von der Seelenstimmung, in der sich der Autor befand, angesteckt wird und seine Vereinigung mit anderen Menschen fühlt, so ist der Gegenstand, der diesen Zustand hervorruft, Kunst; findet diese Ansteckung, die Vereinigung mit dem Autor und den Mitgenießenden nicht statt – so ist keine Kunst da. Aber nicht genug, daß die Ansteckungsfähigkeit ein untrügliches Kennzeichen der Kunst ist, der Grad der Ansteckungsfähigkeit ist auch das einzige Maß des Wertes der Kunst.

Je stärker die Ansteckung ist, desto besser ist die Kunst an und für sich, ganz abgesehen von ihrem Inhalte, d. h. unabhängig von dem Werte der Gefühle, die sie wiedergiebt.

Die Kunst aber wirkt mehr oder weniger ansteckend aus folgenden drei Ursachen:

1) infolge der größeren oder geringeren Eigenart desjenigen Gefühls, das wiedergegeben wird;

2) infolge der größeren oder geringeren Klarheit der Wiedergabe dieses Gefühles und

3) infolge der Aufrichtigkeit des Künstlers, d. h. der größeren oder geringeren Kraft, mit der der Künstler selbst das Gefühl, das er wiedergiebt, empfindet.

Je eigenartiger das Gefühl ist, das wiedergegeben wird, desto stärker wirkt es auf den Empfänger. Der Empfänger empfindet einen um so größeren Genuß, je eigenartiger der Seelenzustand ist, in den er sich versetzt, und deshalb verschmilzt er um so bereitwilliger und stärker mit ihm.

Die Klarheit der Äußerung des Gefühles aber wirkt bei der Ansteckung mit, weil der Empfänger, indem er sich in seinem Bewußtsein mit dem Autor vereinigt, desto mehr befriedigt ist, je klarer das Gefühl ausgedrückt ist, das er, wie es ihm scheint, schon lange kennt und empfindet, und für das er erst jetzt einen Ausdruck gefunden hat.

Am meisten aber verstärkt sich der Grad der Ansteckung der Kunst durch den Grad der Aufrichtigkeit des Künstlers. Kaum empfindet der Zuschauer, Zuhörer, der Leser, daß der Künstler selbst durch sein Werk angesteckt wird und daß er schreibt, singt oder spielt für sich selbst, und nicht nur, um auf andere einzuwirken, so steckt solch ein seelischer Zustand des Künstlers den Empfänger an. Und umgekehrt, kaum fühlt der Zuschauer, der Leser oder der Zuhörer, daß der Autor nicht zu seiner eigenen Befriedigung, sondern für ihn, den Empfänger, schreibt, singt oder spielt und daß er selbst das nicht empfindet, was er ausdrücken will, so tritt ein Widerstreben ein und das eigenartigste neueste Gefühl und die kunstvollste Technik rufen nicht nur keinen Eindruck hervor, sondern stoßen ab.

Ich spreche von drei Bedingungen der Ansteckung der Kunst, im Grunde genommen giebt es nur eine einzige, die letzte Bedingung, daß der Künstlerin innerliches Bedürfnis empfinde, das Gefühl das er wiedergiebt, auszudrücken. Diese Bedingung enthält die erste in sich, denn wenn der Künstler aufrichtig ist, so wird er das Gefühl so ausdrücken, wie er es empfangen hat. Da aber kein Mensch dem anderen gleich ist, so wird dies Gefühl auch für jeden anderen eigenartig sein und desto eigenartiger, je tiefer der Künstler schöpfen wird, je herzlicher, aufrichtiger er sein wird. Diese selbe Aufrichtigkeit wird den Künstler auch veranlassen, einen klaren Ausdruck für das Gefühl, das er wiedergeben will, zu finden.

Deshalb ist auch diese dritte Bedingung – die Aufrichtigkeit – die wichtigste von den dreien. Diese Bedingung ist stets in der Volkskunst zu finden. Infolgedessen wirkt sie auch so stark, und fehlt fast immer in unserer Kunst der höheren Klassen, die ununterbrochen von den Künstlern für ihre persönlichen eigennützigen oder eitlen Zwecke produziert wird.

Das sind die drei Bedingungen, deren Erfüllung die Kunst von den Falsifikaten unterscheidet, und zugleich den Wert jedes Kunstwerkes unabhängig von seinem Inhalt bestimmt.

Das Fehlen einer dieser Bedingungen bewirkt, daß das Werk nicht mehr der Kunst, sondern ihren Falsifikaten zugehört. Wenn ein Werk die individuelle Eigenart des Gefühles des Künstlers nicht wiedergiebt und deshalb nicht eigenartig ist, wenn es unverständlich ausgedrückt ist oder wenn es nicht aus dem inneren Bedürfnis des Autors entstanden ist, so ist es kein Kunstwerk. Wenn aber, sei es auch im geringsten Grade, alle drei Bedingungen erfüllt sind, so ist das Werk, wenn auch ein schwaches, so doch ein Kunstwerk.

Das Vorhandensein der drei Erfordernisse in verschiedenen Graden: der Eigenart, der Klarheit und der Aufrichtigkeit, bestimmt den Wert der Kunstgegenstände als Kunst, unabhängig von ihrem Inhalt. Der Wert aller Kunstwerke bestimmt sich nach dem höheren oder niederen Grade, in dem jede dieser drei Bedingungen erfüllt ist. In einem überwiegt die Eigenart des Gefühles, das wiedergegeben wird, in einem anderen – die Klarheit des Ausdrucks, im dritten – die Aufrichtigkeit, im vierten – die Aufrichtigkeit und die Eigenart, vereint mit einem Mangel an Klarheit, im fünften – die Eigenart und die Klarheit mit weniger Aufrichtigkeit u.s.w. in allen möglichen Graden und Vereinigungen.

So sondert sich Kunst von Nichtkunst ab und so bestimmt sich der Wert der Kunst als Kunst, unabhängig von ihrem Inhalt, d. h. unabhängig davon, ob sie gute oder schlechte Gefühle wiedergiebt.

Aber wodurch ermittelt man, ob die Kunst ihrem Inhalte nach gut oder schlecht ist?

16

Wodurch ermittelt man, ob die Kunst ihrem Inhalt nach gut oder schlecht ist? Die Kunst ist ebenso wie die Sprache ein Verbindungsmittel, und deshalb auch ein Mittel des Fortschrittes, d. h. der Bewegung der Menschheit zur Vollkommenheit hin. Die Sprache giebt den Menschen der letzten lebenden Generationen die Möglichkeit, alles das zu wissen, was durch Erfahrung und Denken die vorhergehenden Generationen und die besten fortgeschritteneren Menschen der Gegenwart gelernt haben: die Kunst giebt den Menschen der letzten lebenden Generationen die Möglichkeit, alle die Gefühle zu empfinden, die die Menschen vor ihnen empfunden haben und gegenwärtig die besten fortgeschrittenen Menschen empfinden.

Und wie sich die Evolution des Wissens vollzieht, d. h. wie das wahrhaftere und notwendigere Wissen das fehlerhafte und unnütze Wissen hinausdrängt und ersetzt, ebenso vollzieht sich die Evolution der Gefühle mittels der Kunst, indem die niedrigeren weniger guten und für das Wohl der Menschen weniger nötigen Gefühle durch bessere, für dieses Wohl notwendigere verdrängt werden. Darin liegt die Bestimmung der Kunst. Und daher ist die Kunst ihrem Inhalte nach um so besser, je mehr sie diese Bestimmung erfüllt und um so schlechter, je weniger sie sie erfüllt.

Die Schätzung der Gefühle aber, d. h. die Anerkennung jener oder anderer Gefühle, als mehr oder weniger guter, d. h. als für das Wohl der Menschen nötiger geschieht durch das religiöse Bewußtsein einer gewissen Zeitperiode.

In jeder gegebenen geschichtlichen Zeit und in jeder menschlichen Gesellschaft existiert ein höchstes Verständnis des Sinnes des Lebens, bis zu dem nur die Menschen dieser Gesellschaft gelangt sind, ein Verständnis, das das höchste Wohl bestimmt, zu dem diese Gesellschaft hinstrebt. Dies Verständnis ist das religiöse Bewußtsein einer gewissen Zeit und Gesellschaft. Dieses religiöse Bewußtsein wird stets von einigen fortgeschritteneren Menschen der Gesellschaft klar ausgedrückt und von allen mehr oder weniger lebhaft empfunden. Solch ein religiöses Bewußtsein, das einen entsprechenden Ausdruck findet, ist stets in jeder Gesellschaft vorhanden. Wenn es uns scheint, als sei in der Gesellschaft kein religiöses Bewußtsein vorhanden, so scheint uns dies nicht deshalb so, weil es tatsächlich nicht existiert, sondern weil wir es nicht sehen wollen. Wir wollen es aber oft deshalb nicht sehen, weil es unser Leben, das mit ihm nicht übereinstimmt, anklagt.

Das religiöse Bewußtsein in der Gesellschaft ist dasselbe, wie die Richtung des fließenden Flusses. Wenn ein Fluß fließt, so giebt es eine Richtung, in der er fließt. Wenn die Gesellschaft lebt, so giebt es ein religiöses Bewußtsein, das die Richtung andeutet, in der, mehr oder weniger bewußt, alle Menschen dieser Gesellschaft vorwärts streben.

Und daher gab es stets und giebt es in jeder Gesellschaft ein religiöses Bewußtsein. Und entsprechend diesem religiösen Bewußtsein wurden auch stets die Gefühle, die die Kunst wiedergab, geschätzt. Nur auf Grund dieses religiösen Bewußtseins der jeweiligen Zeit wurde stets aus dem ganzen endlos verschiedenartigen Gebiete der Kunst das ausgesondert, was die Gefühle wiedergiebt, die im Leben das religiöse Bewußtsein der gegebenen Zeit verwirklichen. Und solch eine Kunst wurde stets hochgeschätzt und gefördert.

Die Kunst aber, die die Gefühle wiedergiebt, die aus dem religiösen Bewußtsein der früheren Zeit entstammen, eine zurückgebliebene, schon veraltete, wurde stets verurteilt und verachtet. Die gesamte übrige Kunst aber, die alle verschiedenartigsten Gefühle wiedergiebt, mittels deren die Menschen untereinander in Berührung kommen, wurde nicht verurteilt und zugelassen, wenn sie nur nicht Gefühle wiedergab, die dem religiösen Bewußtsein widerlich waren.

So z. B. bei den Griechen wurde die Kunst ausgeschieden, gelobt und gefördert, die die Gefühle der Schönheit, der Stärke, der Kühnheit wiedergab (Hesiod, Homer, Phidias), und die Kunst, die die Gefühle der groben Sinnlichkeit, der Niedergeschlagenheit, der Verweichlichung wiedergab, wurde verurteilt und verachtet. Bei den Hebräern wurde die Kunst, die die Gefühle der Treue und Demut gegen den Gott der Hebräer und seine Gebote wiedergab (einige Teile des Buches der Genesis, die Propheten, die Psalmen) ausgeschieden [hervorgehoben] und gefördert, und die Kunst, die die Gefühle des Götzendienstes (das goldene Kalb) wiedergab, verurteilt und verachtet; alle übrige Kunst aber – die Erzählungen, die Gesänge, die Tänze, die Verzierungen der Häuser, das Hausgerät, die

Kleider, – die dem religiösen Bewußtsein nicht widerlich waren, wurden nicht empfunden und gar nicht erörtert.

So wurde die Kunst ihrem Inhalte nach stets und überall geschätzt, so muß sie auch abgeschätzt werden, weil solch ein Verhalten gegenüber der Kunst aus den Eigenschaften der menschlichen Natur hervorgeht; diese Eigenschaften aber verändern sich nicht.

Ich weiß, daß nach der in unserer Zeit weitverbreiteten Meinung die Religion ein Aberglaube ist, den die Menschheit überlebt hat und daß deshalb angenommen wird, in unserer Zeit gebe es kein allen Menschen gemeinsames religiöses Bewußtsein, nach dem die Kunst abgeschätzt werden könnte. Ich weiß, daß das die in den quasi-gebildeten Kreisen unserer Zeit verbreitete Meinung ist. Die Menschen, die das Christentum in seinem wahren Sinn nicht anerkennen, weil das Christentum in diesem Sinne ihnen alle ihre gesellschaftlichen Vorzüge wegnimmt, und die sich deshalb allerlei philosophische und ästhetische Theorien erdenken, die ihnen die Sinnlosigkeit und die Lasterhaftigkeit ihres Lebens verbergen, diese Menschen können auch gar nicht anders denken. Diese Menschen meinen, indem sie absichtlich, zuweilen aber auch ohne Absicht, den Begriff des Kultus der Religion mit dem Begriffe des religiösen Bewußtseins verwechseln, daß sie, wenn sie den Kultus negieren, damit das religiöse Bewußtsein negieren. Aber alle diese Angriffe auf die Religion und die Versuche einer Aufstellung von einer Weltanschauung, die dem religiösen Bewußtsein unserer Zeit widerspricht, beweisen am deutlichsten das Vorhandensein dieses religiösen Bewußtseins, das das Leben der Menschen, das nicht mit jenem übereinstimmt, anklagt.

Wenn sich in der Menschheit ein Fortschritt, d. h. eine Bewegung nach vorwärts, vollzieht, so muß unbedingt ein Wegweiser für die Richtung dieser Bewegung da sein. Und solch einen Wegweiser gab es zu allen Zeiten in den Religionen. Die ganze Geschichte zeigt, daß der Fortschritt der Menschheit sich nicht anders vollzog, als unter der Anleitung der Religion. Wenn aber der Fortschritt der Menschheit ohne die Leitung der Religion sich nicht vollziehen kann, – ein Fortschritt aber vollzieht sich stets, und also vollzieht er sich auch in unserer Zeit, – so muß es auch unbedingt eine Religion unserer Zeit geben. Folglich: ob dies den sogenannten gebildeten Menschen unserer Zeit gefällt oder nicht gefällt, – sie müssen die Existenz der

Religion – nicht den Kultus der Religion (der orthodoxen, katholischen, protestantischen u. a.), sondern des religiösen Bewußtseins, als des notwendigen Leiters des Fortschrittes auch in unserer Zeit, anerkennen. Wenn aber unter uns ein religiöses Bewußtsein existiert, so muß auch auf Grund dieses religiösen Bewußtseins unsere Kunst abgeschätzt werden; und ebenso, wie es stets und überall der Fall war, muß aus der ganzen indifferenten Kunst die Kunst, die die Gefühle wiedergiebt, die aus dem religiösen Bewußtsein unserer Zeit entstammen, ausgeschieden, anerkannt, hoch geschätzt und gefördert werden, und die Kunst, die diesem Bewußtsein widerspricht, verurteilt und verachtet werden, die ganze übrige indifferente Kunst aber muß nicht ausgesondert [ausgezeichnet] und nicht gefördert werden.

Das religiöse Bewußtsein unserer Zeit ist in seiner allgemeinsten praktischen Anwendung das Bewußtsein dessen, daß unser materielles und geistiges, einzelnes und allgemeines, zeitliches und ewiges Wohl in dem brüderlichen Leben aller Menschen, in unserer liebevollen Vereinigung unter einander, enthalten ist.

Dies Bewußtsein ist nicht nur durch Christus, sondern auch durch alle vorzüglichen Menschen der vergangenen Zeit ausgedrückt und wird nicht nur in den verschiedenartigsten Formen und von den verschiedenartigsten Seiten von den besten Menschen unserer Zeit wiederholt, sondern dient auch schon als Leitfaden der ganzen komplizierten Arbeit der Menschheit, die einerseits in der Vernichtung der physischen und sittlichen Hindernisse, die der Vereinigung der Menschen hinderlich sind, besteht und anderseits in der Bestimmung der allen Menschen gemeinsamen Grundlagen, die die Menschen in einer einzigen Weltverbrüderung vereinigen können und müssen.

Auf Grund dieses Bewußtseins müssen wir auch alle Erscheinungen unseres Lebens abschätzen, darunter auch unsere Kunst, indem wir aus ihrem Gebiete alles das ausscheiden [hervorheben], was die Gefühle, die aus diesem religiösen Bewußtsein entstammen, wiedergiebt, indem wir diese Kunst hoch schätzen und fördern, die Kunst, die diesem Bewußsein widerspricht, negieren und der übrigen Kunst die Bedeutung, die ihr nicht zukommt, nicht zuschreiben.

Der Hauptfehler, den die Menschen der höheren Klassen in der sogenannten Renaissancezeit begangen haben, – der Fehler, den wir jetzt fortsetzen, bestand nicht darin, daß sie aufhörten, die religiöse Kunst zu schätzen und ihr eine Bedeutung zuzuschreiben (die Menschen jener Zeit konnten ihr auch keine Bedeutung zuschreiben, weil sie ebenso wie die Menschen der höheren Klassen unserer Zeit, nicht an das, was von ihnen als Religion ausgegeben wurde, glauben konnten), sondern der Fehler bestand darin, daß sie an Stelle dieser fehlenden religiösen Kunst eine nichtige Kunst, die nur den Genuß der Menschen zum Zwecke hat, hinstellten. D. h. sie begannen das als religiöse Kunst auszuscheiden und zu fördern, was in keinem Falle diese Schätzung und eine Förderung verdiente.

Einer der Kirchenväter sagte, daß das hauptsächliche Unglück der Menschen nicht darin bestehe, daß sie Gott nicht kennen, sondern darin, daß sie an Stelle Gottes das gesetzt haben, was nicht Gott ist. Dasselbe ist auch in der Kunst der Fall. Das hauptsächliche Unglück der Menschen der höheren Klassen unserer Zeit liegt nicht darin, daß sie kein religiöses Bewußtsein haben, sondern darin, daß sie anstatt der höchsten, religiösen Kunst, die aus aller übrigen Kunst, als besonders wichtige und wertvolle, ausgeschieden ist, die minderwertigste, meistenteils schädliche Kunst, die den Genuß Weniger zum Zwecke hat, ausgeschieden haben, und die deshalb schon allein ihrer Exklusivität wegen der christlichen Grundlage der universellen Vereinigung widerspricht, die das religiöse Bewußtsein unserer Zeit ausmacht.

An Stelle der religiösen Kunst ist eine nichtige, inhaltlose und oft unsittliche Kunst gesetzt worden und dadurch ist vor den Menschen das Bedürfnis nach der wahren religiösen Kunst, die im Leben vorhanden sein muß, um es zu verbessern, versteckt.

Es ist wahr, daß die Kunst, die den Forderungen des religiösen Bewußtseins unserer Zeit genügt, etwas vollständig anderes ist als die frühere Kunst, aber trotz dieser Unähnlichkeit ist das, was das religiöse Bewußtsein unserer Zeit ausmacht, für einen Menschen, der sich die Wahrheit nicht absichtlich selbst verbirgt, sehr klar und bestimmt.

In früheren Zeiten, wo das höchste religiöse Bewußtsein nur eine gewisse, wenn auch sehr große, vereinzelt unter den anderen dastehende Gesellschaft von Menschen vereinigte (die der Hebräer, der athenischen, römischen Bürger) in jenen Zeiten entströmten die Gefühle, die von der Kunst der damaligen Zeit wiedergegeben wurden, dem Verlangen nach Macht, Größe, Ruhm, und dem Wohlgedeihen dieser Gesellschaften, und Helden der Kunst konnten Menschen, die diesem Wohlgedeihen durch Kraft, List, Heimtücke, Grausamkeit (Odysseus, Jakob, David, Herkules und alle Helden) behilflich waren, sein. Das religiöse Bewußtsein unserer Zeit aber scheidet keine einzelne Gesellschaft von Menschen aus, – im Gegenteil, es verlangt die Vereinigung von allen, schlankweg allen Menschen ohne Ausnahme und höher als alle anderen Tugenden stellt es die Bruderliebe zu allen Menschen und daher können die Gefühle, die durch die Kunst unserer Zeit wiedergegeben werden, nicht nur mit den Gefühlen, die durch die frühere Kunst wiedergegeben werden, nicht zusammenfallen, sondern müssen ihnen entgegengesetzt sein.

Die christliche, die wahrhaft christliche Kunst konnte lange nicht aufgestellt werden und ist bis jetzt noch nicht bestimmt, gerade weil das christliche religiöse Bewußtsein keiner von den kleinen Schritten war, durch die sich die Menschheit gleichmäßig fortbewegt, sondern es war eine ungeheure Umwälzung, die, wenn sie es noch nicht verändert hat, unvermeidlich das ganze Lebensverständnis der Menschen und die gesamte innere Einrichtung ihres Lebens verändern muß.

Es ist wahr, daß das Leben der Menschheit, wie auch des einzelnen Menschen, sich gleichmäßig fortbewegt, aber innerhalb dieser gleichmäßigen Bewegung giebt es gleichsam Wendepunkte, die das vorherige Leben von dem nachfolgenden scharf trennen. Solch ein Wendepunkt für die Menschheit war das Christentum, wenigstens als solches muß es uns, die mit christlichem Bewußtsein leben, erscheinen. Das christliche Bewußtsein gab allen Gefühlen der Menschen eine andere, neue Richtung und änderte daher auch vollständig den Inhalt und die Bedeutung der Kunst. Die Griechen konnten die Kunst der Perser benutzen und die Römer die Kunst der Griechen, ebenso wie die Hebräer die Kunst der Ägypter, – die Grundideale waren ein und dieselben. Das Ideal war das eine Mal die Größe und das Wohl der Perser, das andere Mal die Größe und das Wohl der Griechen oder der Römer. Ein und dieselbe Kunst wurde in andere Verhältnisse übertragen und genügte neuen Völkern.

Aber das christliche Ideal änderte, wälzte alles so um, daß, wie es im Evangelium heißt: „was vor den Menschen groß war, wurde vor Gott eine Schande." Das Ideal war nicht die Größe eines Pharao und eines römischen Imperators, nicht die Schönheit des Griechen oder die Reichtümer der Phönizier, sondern Demut, Keuschheit, Mitleid, Liebe. Der Held war nicht der Reiche, sondern der arme Lazarus; die Maria aus Ägypten nicht in ihrer Schönheit, sondern in ihrer Buße; nicht die, die Reichtümer anhäufen, sondern die, die sie verteilen, nicht die, die in Palästen, sondern die in den Katakomben und Hütten leben; nicht die, die über andere Menschen herrschen, sondern Menschen, die keine Macht außer Gott anerkennen.

Und als das höchste Kunstwerk gilt nicht der Siegestempel mit den Statuen der Sieger, sondern die Darstellung der menschlichen Seele, die durch die Liebe so verwandelt ist, daß der Mensch, der gequält und getötet wird, mit seinen Peinigern Mitleid hat und sie liebt.

Und deshalb ist es den Menschen der christlichen Welt schwer, der Schwungkraft der heidnischen Kunst, mit der sie durch ihr ganzes Leben verwachsen sind, stand zu halten. Der Inhalt der christlichen religiösen Kunst ist so neu für sie, ist dem Inhalte der früheren Kunst so unähnlich, daß es ihnen scheint, als sei die christliche Kunst eine Verneinung der Kunst, und so halten sie verzweifelt an der alten Kunst fest. Da indes diese alte Kunst in unserer Zeit keine Quelle in dem religiösen Bewußtsein mehr hat, hat sie ihre ganze Bedeutung verloren und wir müssen *nolens volens* ihr entsagen.

Das Wesen des christlichen Bewußtseins besteht darin, daß jedermann seine Gotteskindschaft anerkennt, sowie die daraus folgende Vereinigung der Menschen mit Gott und untereinander, wie es auch im Evangelium heißt (Joh. XVII, 21), und deshalb besteht der Inhalt der christlichen Kunst aus solchen Gefühlen, die der Einigung der Menschen mit Gott und untereinander förderlich sind.

Der Ausdruck ‚die Einigung der Menschen mit Gott und untereinander' kann den Menschen, die gewöhnt sind, einen sehr häufigen Mißbrauch dieser Worte zu hören, unklar erscheinen, doch haben diese Worte eine sehr klare Bedeutung. Diese Worte bedeuten, daß die christliche Einigung der Menschen im Gegensatz zu der vereinzelten, exklusiven Einigung lediglich weniger Menschen, – diejenige ist, die alle Menschen ohne Ausnahme vereinigt.

Die Kunst, jede Kunst an sich, hat die Eigenschaft, die Menschen zu vereinigen. Jede Kunst bewirkt, daß die Menschen, die das von dem Künstler wiedergegebene Gefühl empfangen, erstens mit dem Künstler und zweitens mit allen Menschen, die denselben Eindruck erhalten haben, seelisch verbunden werden.

Aber die nicht-christliche Kunst, die nur einige Menschen untereinander vereinigt, sondert sie durch diese Vereinigung von anderen Menschen ab, so daß diese vereinzelte Vereinigung oft als Quelle nicht nur der Entzweiung, sondern der Feindseligkeit zu anderen Menschen, dient. Solcher Art ist die ganze patriotische Kunst mit ihren Hymnen, Poemen, Denkmälern, solcher Art ist die kirchliche Kunst, d. h. die Kunst gewisser Kulte mit ihren Heiligenbildern, Statuen, Prozessionen, Gottesdiensten, Tempeln; solcher Art ist die Kriegskunst, solcher Art ist die gesamte verfeinerte, eigentlich unsittliche Kunst, die nur Menschen, die andere Menschen unterdrücken, Menschen der müßigen reichen Klassen zugänglich ist. Solch eine Kunst ist eine zurückgebliebene Kunst – keine christliche, die die einen Menschen nur darum vereinigt, um sie noch schärfer von anderen Menschen zu scheiden und sie sogar zu den anderen Menschen in feindselige Beziehung zu stellen.

Die christliche Kunst ist lediglich die, die alle Menschen ohne Ausnahme vereinigt oder – dadurch, daß sie in den Menschen das Bewußtsein der Gleichheit ihrer Lage vor Gott und dem Nächsten hervorruft, oder dadurch, daß sie in den Menschen ein und dasselbe Gefühl, wenn auch das einfachste, aber dem Christentum nicht widersprechende und allen Menschen ohne Ausnahme eigene gemeinsam hervorruft.

Die gute christliche Kunst unserer Zeit kann von den Menschen aus Mangel an Formvollendung oder infolge der Unaufmerksamkeit der Menschen unverstanden bleiben, aber sie muß derartig sein, daß alle Menschen die Gefühle, die sie wiedergiebt, empfinden können. Sie muß nicht die Kunst irgend eines Kreises von Menschen, nicht eines Standes, nicht einer Nationalität, nicht eines religiösen Kultus sein, d. h. nicht die Gefühle, die nur dem auf eine gewisse Art erzogenen Menschen, oder nur dem Adligen, dem Kaufmann oder nur dem Russen, dem Japaner oder dem Katholiken oder dem Buddhisten u.s.w. zugänglich sind, wiedergeben, sondern die Gefühle, die jedem Menschen zugänglich sind. Nur solch eine Kunst kann in unserer Zeit als gute Kunst anerkannt, aus der gesamten übrigen Kunst ausgeschieden und gefördert werden.

Die christliche Kunst, d. h. die Kunst unserer Zeit muß katholisch im reinen Sinne dieses Wortes, d. h. universell sein und daher muß sie alle Menschen vereinigen. Zweierlei Art Gefühle aber vereinigen nur alle Menschen: die Gefühle, die dem Bewußtsein der Gotteskindschaft und der Brüderlichkeit der Menschen entstammen und die einfachsten alltäglichen Gefühle, aber solche, die allen Menschen ohne Ausnahme zugänglich sind, wie die Gefühle der Freude, der Rührung, des Frohsinns, der Ruhe und dergleichen. Nur diese zwei Arten von Gefühlen machen den Gegenstand einer dem Inhalte nach guten Kunst unserer Zeit aus.

Und die Wirkung, die von diesen zwei untereinander scheinbar so verschiedenen Arten der Kunst erzeugt wird, – ist ein und dieselbe. Die Gefühle, die aus dem Bewußtsein der Gotteskindschaft und der Brüderlichkeit der Menschen entstammen, wie die Gefühle der Seelenfestigkeit in der Wahrheit, der Ergebenheit in den Willen Gottes, der Selbstaufopferung, der Achtung vor dem Menschen und der Liebe zu ihm, die aus dem christlichen religiösen Bewußtsein entstammen und die einfachsten Gefühle – eine gerührte oder freudige Stimmung von einem Liede, oder von einem amüsanten und allen Menschen verständlichen Scherze oder einer rührenden Erzählung oder einem Bilde oder einer Puppe, erzeugen ein und dieselbe Wirkung – die liebevolle Einigung der Menschen.

Es kommt vor, daß Menschen beisammen sind, wenn auch nicht feindselig, so doch einander in ihren Stimmungen und Gefühlen fremd, und plötzlich vereinigt entweder eine Erzählung oder eine Aufführung oder ein Bild, sogar ein Bau und am häufigsten eine Musik, wie ein elektrischer Funken, alle diese Menschen und alle diese Menschen fühlen anstatt der früheren Fremdheit, und oft sogar Feindseligkeit, die Einigkeit und Liebe zu einander. Jeder freut sich darüber, worüber ein anderer sich freut, empfindet dasselbe, was jener auch empfindet, freut sich über die Einigkeit, die sich nicht nur zwischen ihm und allen Anwesenden, sondern auch zwischen allen jetzt lebenden Menschen hergestellt hat, die denselben Eindruck empfangen werden; nicht genug damit, man fühlt eine geheimnisvolle Freude der überirdischen Einigkeit mit allen Menschen der Vergangenheit, die dasselbe Gefühl empfunden haben, und mit den Menschen der Zukunft, die es empfinden werden. Diese Wirkung wird gerade erzeugt, ebensowohl von der Kunst, die

die Gefühle der Liebe zu Gott und dem Nächsten wiedergiebt, wie von der alltäglichen Kunst, die die einfachsten, allen Menschen gemeinsamen Gefühle wiedergiebt.

Der Unterschied in der Wertung der Kunst unserer Zeit und der früheren besteht hauptsächlich darin, daß die Kunst unserer Zeit, d. h. die christliche Kunst, indem sie auf dem religiösen Bewußtsein, das die Einigkeit der Menschen verlangt, basiert, alles das aus dem Gebiete der dem Inhalte nach guten Kunst ausschließt, was exklusive Gefühle, die nicht vereinigen, sondern die Menschen entzweien, wiedergiebt, und solch eine Kunst in das Gebiet einer dem Inhalte nach schlechten Kunst einreiht.

Dagegen schließt sie in das Gebiet der dem Inhalte nach guten Kunst eine Abteilung der universellen Kunst ein, die früher nicht als eine die Ausscheidung [Hervorgebung] und Achtung verdienende anerkannt wurde, die, wenn auch die geringsten einfachen Gefühle, aber solche, die allen Menschen ohne Ausnahme zugänglich sind und sie deshalb vereinigen, wiedergiebt.

Solch eine Kunst muß in unserer Zeit als gut anerkannt werden, weil sie dasselbe Ziel erreicht, das das religiöse christliche Bewußtsein unserer Zeit der Menschheit aufstellt.

Die christliche Kunst ruft in den Menschen entweder die Gefühle hervor, die durch die Liebe zu Gott und dem Nächsten sie zu einer immer größeren und größeren Einigkeit heranziehen, sie zu solch einer Einigkeit bereit und fähig macht; oder aber sie ruft in ihnen die Gefühle hervor, die ihnen zeigen, daß sie schon durch die Gemeinsamkeit der alltäglichen Freude und des Kummers vereinigt sind. Und daher kann die christliche Kunst unserer Zeit von zweierlei Art sein, und sie ist es auch:

1) die Kunst, die die Gefühle wiedergiebt, die dem religiösen Bewußtsein der Stellung des Menschen in der Welt, seinem Verhältnis zu Gott und dem Nächsten, entstammen – die religiöse Kunst, und

2) die Kunst, die die gewöhnlichsten alltäglichen Gefühle, aber solche, die allen Menschen der ganzen Welt zugänglich sind, wiedergiebt – die alltägliche Kunst, die Volkskunst, die universelle Kunst.

Nur diese zwei Arten der Kunst können in unserer Zeit als gute Kunst angesehen werden.

Die erste Art, die religiöse Kunst, die sowohl positive Gefühle der Liebe zu Gott und dem Nächsten, wie auch negative der Entrüstung, des Entsetzens vor dem Vergehen gegen die Liebe, wiedergiebt, äußert sich vornehmlich in der Form des Wortes und teilweise auch in der Malerei und Skulptur; die zweite aber – die universelle Kunst, die die Gefühle, die allen zugänglich sind, wiedergiebt, äußert sich in dem Worte, in der Malerei, in der Skulptur, in den Tänzen, in der Architektur und vorzugsweise in der Musik.

Wenn man von mir verlangen würde, in der neuen Kunst Muster von jeder dieser Arten der Kunst aufzuweisen, so würde ich als die Muster der höchsten Kunst, die aus der Liebe zu Gott und dem Nächsten stammt, in der Litteratur *„Die Räuber"* von Schiller anführen; von den neuesten *„Les pauvres gens"* von V. Hugo und seine *„Misérables"*, die Novellen, Erzählungen und Romane von Dickens, *„Tales of two cities" „Chimes"* u. a., *„Onkel Toms Hütte"*, den Dostojewsky, vorzugsweise sein *„Totenhaus"*, den Adam Bead und Georges Elliot.

In der Malerei der neuen Zeit giebt es, so sonderbar dies auch scheinen mag, fast keine Werke solcher Art, die die christlichen Gefühle der Liebe zu Gott und dem Nächsten wiedergeben, besonders nicht unter den berühmten Malern. Es giebt evangelische Bilder und deren zwar sehr viel, aber sie stellen alle ein historisches Ereignis mit großem Reichtum von Details dar, aber sie geben nicht wieder und können nicht wiedergeben jenes religiöse Gefühl, das die Autoren nicht haben. Es giebt viele Bilder, die die persönlichen Gefühle von allerlei Menschen darstellen, aber Bilder, die Heldenthaten der Selbstaufopferung, der christlichen Liebe wiedergeben, giebt es sehr wenige und dann auch vorzugsweise bei den wenig bekannten Malern und in unbeendeten Bildern, öfter aber in Zeichnungen. Dazu gehört die Zeichnung von Kramskoi, die viele seiner Bilder wert ist, die ein Empfangszimmer mit einem Balkon darstellt, an dem die zurückkehrenden Krieger feierlich vorbeiziehen. Auf dem Balkon steht eine Amme mit einem Kinde und ein Knabe. Sie ergötzen sich an dem Vorbeizug der Soldaten. Die Mutter aber hat das Gesicht mit einem Tuche verhüllt und lehnt sich mit dem Gesicht schluchzend an die Rücklehne des Divans. Dazu gehört auch das Bild von Langley, das ich schon erwähnt habe, und ebenso das Bild des französischen Malers Morlon, das ein Rettungsboot darstellt, das in heftigem Sturme einem sinkenden Dampfer zu Hilfe eilt.

Es giebt noch Bilder, die sich dieser Art nähern, die mit Achtung und Liebe den sich abquälenden Arbeiter darstellen. Derart sind die Bilder von Millet, besonders seine Zeichnung: *„Der ausruhende Gräber"*; in dieser selben Art sind die Bilder von Jules Breton, Lermitt, Defregger und anderen. Als Muster von Werken, die Entrüstung, Grauen vor dem Vergehen gegen die Liebe zu Gott und dem Nächsten hervorrufen, können das Bild von Ge – *„Das Gericht"* und das Bild von Liezen-Mayer – *„Die Unterzeichnung des Todesurteils"* dienen.

Bilder dieser Art giebt es jedoch sehr wenig. Die Sorge um die Technik und Schönheit verdunkeln meistens das Gefühl. So drückt z. B. das Bild von Jerome *„Pollice verso"* nicht so sehr das Gefühl des Grauens vor dem, was geschieht, als vielmehr das Entzücken über die Schönheit des Schauspiels aus.

Aber es ist noch schwerer in der neuen Kunst der höheren Klassen Muster der zweiten Art, einer guten universellen alltäglichen Kunst, besonders in der litterarischen Kunst und in der Musik aufzuweisen. Wenn es auch Werke giebt, die ihrem Inhalte nach, wie Don Quichotte, die Komödien von Molière, wie Dickens *„Copperfield"* und *„Pickwickier Klub"*, die Erzählungen von Gogol, Puschkin und einige Sachen von Maupassant, zu dieser Art gezählt werden könnten, so sind diese Sachen dank der Exklusivität der wiedergegebenen Gefühle, dank dem Überfluß an speziellen Details der Zeit und des Ortes und hauptsächlich dank der Armut des Inhaltes im Vergleich mit den Mustern der universellen alten Kunst, wie z. B. die Geschichte Josephs des Schönen, meistenteils nur den Menschen ihres Volkes und sogar nur ihres Kreises zugänglich.

Das, daß die Brüder Josephs aus Eifersucht auf die Liebe des Vaters ihn an die Kaufleute verkaufen; das, daß die Frau des Potiphar den Jüngling verführen will, daß der Jüngling die höchste Stellung erreicht, daß ihm seine Brüder, der geliebte Benjamin, leid thun, und alles übrige – alles dies sind Gefühle, die dem russischen Bauer, wie dem Chinesen und dem Afrikaner, dem Kinde wie dem Alten, dem Gebildeten wie dem Ungebildeten zugänglich sind; und alles dies ist so zurückhaltend und ohne überflüssige Einzelheiten beschrieben, daß man die Erzählung in jeden beliebigen Kreis übertragen kann und sie wird für alle ebenso verständlich und rührend sein.

Aber solcherart sind die Gefühle des Don Quichotte oder der

Helden Molières nicht (obgleich Molière fast der universellste und daher ein guter Künstler der neuen Kunst ist) und noch weniger die Gefühle des Pickwick und seiner Freunde. Diese Gefühle sind sehr exklusiv, nicht allgemein menschlich und daher haben die Autoren, um sie ansteckend zu machen, sie mit überreichen Einzelnheiten der Zeit und des Ortes ausgestattet. Der Überfluß dieser Details aber macht diese Erzählungen noch exklusiver, weniger verständlich für alle Menschen, die außerhalb gerade des Kreises leben, den der Autor beschreibt.

Der Dichter des Romans von Joseph brauchte nicht so genau, wie man dies jetzt zu thun pflegt, die blutbefleckten Kleider Josephs, die Heimstätte und Kleidung Jakobs, die Pose und das Kleid der Frau Potiphars und wie sie das Armband auf der linken Hand zurechtlegt und sagt: „Tritt ein zu mir", u.s.w. zu beschreiben, weil der Inhalt des Gefühles in diesem Roman so stark ist, daß alle Einzelheiten, außer den notwendigsten, wie z. B., daß Joseph in ein anderes Zimmer hinausging, um zu weinen, – daß alle diese Einzelheiten überflüssig sind und nur die Wiedergabe des Gefühls hindern würden. Daher aber ist dieser Roman allen Menschen zugänglich, rührt die Menschen aller Nationen Stände, Altersstufen, ist auf uns überkommen und wird noch Jahrtausende weiterleben. Aber nehmen Sie bei den besten Romanen unserer Zeit die Einzelheiten fort und was bleibt dann übrig?

So kann man in der neuen litterarischen Kunst keine Werke anführen, die völlig den Forderungen der Universalität genügen würden. Sogar diejenigen, die es giebt, sind meistens durch das, was man Realismus nennt, den man in der Kunst richtiger als Provinzialismus bezeichnen sollte, verdorben.

In der Musik geht es ebenso, wie in der litterarischen Kunst und aus denselben Ursachen. Infolge der Armseligkeit des Inhalts, des Gefühls sind die Melodien der neuen Musiker erstaunlich kümmerlich. Und da bauen die neuen Musiker zur Verstärkung des Eindrucks, der von der inhaltlosen Musik erzeugt wird, auf jede geringste Melodie komplizierte Modulationen nicht allein ihrer Volksart auf, sondern Modulationen, die ausschließlich einem gewissen Kreise, einer gewissen musikalischen Schule eigen sind.

Die Melodie – jede Melodie – ist frei und kann von allen verstanden werden; aber kaum ist sie mit einer gewissen Harmonie verbunden und durch sie verbaut, so wird sie nur Menschen, die sich mit dieser Harmonie bekannt gemacht haben, zugänglich und wird nicht nur für andere Nationalitäten, sondern auch für Menschen, die nicht dem Kreise angehören, in dem die Menschen sich an gewisse Formen der Harmonie gewöhnt haben, völlig unverständlich sein.

So dreht sich die Musik in demselben falschen Kreise wie die Poesie, geringfügige exklusive Melodien werden, um sie anziehend zu machen, mit harmonischen, rhythmischen und orchestralen Kompliziertheiten verbaut, werden dadurch noch exklusiver und werden nicht nur nicht universell, sondern sogar nicht einmal volkstümlich, d. h. nur einigen Menschen, nicht aber dem ganzen Volke zugänglich.

In der Musik kann man außer auf Märsche und Tänze von allerhand Komponisten, die den Forderungen einer universellen Kunst sich nähern, nur auf die Volkslieder verschiedener Völker, vom russischen bis zum chinesischen, hinweisen; aus der gelehrten Musik aber auf sehr wenige Werke, auf die berühmte Bachsche Arie für Geige, auf das Notturno in Esdur von Chopin und vielleicht auf ein Dutzend Sachen, nicht ganze Stücke, sondern ausgewählte Stellen aus den Werken von Haydn, Mozart, Schubert, Beethoven, Chopin. (Wenn ich Muster der Kunst, die ich für die besten halte, anführe, messe ich meiner Auswahl keinen besonderen Wert bei, da ich abgesehen davon, daß ich nicht genügend in allen Arten der Kunst bewandert bin, dem Stande der Menschen angehöre, die vermöge der falschen Erziehung einen verdorbenen Geschmack haben. Und daher kann ich aus alten angeeigneten Gewohnheiten mich irren, indem ich den Eindruck, den eine Sache in meiner Jugend auf mich ausgeübt hat, für einen absoluten Vorzug nehme. Ich wähle jedoch die Muster aus den Werken der einen oder der anderen Art lediglich, um meinen Gedanken genauer zu erklären, um zu zeigen, wie ich von meinem gegenwärtigen Standpunkte aus den Wert der Kunst hinsichtlich ihres Inhaltes verstehe.

Dabei muß ich noch bemerken, daß ich meine künstlerischen Arbeiten in das Gebiet der schlechten Kunst rechne, mit Ausnahme der Erzählung *„Gott sieht die Wahrheit"*, die der ersten Art zuzugehören wünscht[,] und den *„Kaukasischen Gefangenen"*, die der zweiten angehören. Anm. d. Verfassers.)

Obgleich sich in der Malerei dasselbe wiederholt wie in der

Poesie und in der Musik, d. h. daß die an Gedankenarmut leidenden Werke, um sie anziehender zu machen, mit bis ins Kleinste erlernten Accessoirs von Zeit und Ort ausgestattet werden, die diesen Werken ein zeitweiliges und örtliches Interesse verleihen, aber sie weniger universell machen, so kann man doch in der Malerei mehr als in den anderen Arten der Kunst, auf Werke, die den Anforderungen der universellen christlichen Kunst genügen, d. h. auf Werke, die allen Menschen zugängliche Gefühle äußern, hinweisen.

Solche dem Inhalte nach universelle Kunstwerke in der Malerei und Skulptur sind alle Bilder und Statuen des sogenannten Genre, die Darstellungen von Tieren, dann Landschaften, Karrikaturen mit einem Allen zugänglichen Inhalt und alle Arten Ornamente. Solche Werke giebt es in der Malerei und der Skulptur (Porzellanpuppen) sehr viel, aber die meisten solcher Gegenstände, wie z. B. allerlei Ornamente, werden nicht als Kunst, oder aber als Kunst niedriger Art angesehen. In Wirklichkeit aber sind alle solche Gegenstände, wenn sie nur das aufrichtige Gefühl des Künstlers (wie gering es uns auch scheinen mag) wiedergeben und wenn sie allen Menschen verständlich sind, die Werke einer echten, guten christlichen Kunst.

Ich fürchte, daß man mir hier den Vorwurf machen wird, ich hätte, während ich negiere, daß der Begriff der Schönheit den Gegenstand der Kunst ausmachen solle, hier wieder die Schönheit als den Gegenstand der Kunst anerkannt. Dieser Vorwurf ist ungerecht, weil der Inhalt der Kunst bei jeder Art von Ornamenten nicht in der Schönheit, sondern in dem Gefühl des Entzückens, der Ergötzung an der Vereinigung von Linien oder Farben besteht, die der Künstler empfunden hat, und durch die er den Zuschauer ansteckt.

So ist die Kunst, was sie thatsächlich ist, und wie es gar nicht anders sein kann, eine Ansteckung eines Menschen seitens eines anderen oder anderer mit dem Gefühle, das der Ansteckende empfunden hat. Unter die Zahl dieser Gefühle aber gehört auch das Gefühl des Ergötzens an dem, was dem Gesichtssinne gefällt. Die Gegenstände aber, die dem Gesichtssinne gefallen, können solche sein, die einer kleinen oder großen Anzahl Menschen gefallen, und solche, die allen gefallen. Und das thun eben vorzugsweise alle Ornamente. Die Landschaft einer sehr exklusiven Gegend, ein sehr spezielles Genre kann nicht allen gefallen, aber die Ornamente, von denen der Jakuten bis zu den griechischen, sind allen zugänglich und rufen bei allen ein gleiches Gefühl des Ergötzens hervor, und deshalb muß diese Art der verächtlich behandelten Kunst in der christlichen Gesellschaft viel höher, als die exklusiven prätenziösen Bilder und Bildsäulen, geschätzt werden.

So giebt es also nur zwei Arten der guten christlichen Kunst, alles übrige aber, das nicht zu diesen zwei Arten paßt, muß als schlechte Kunst bezeichnet werden, die nicht nur nicht gefördert, sondern ausgewiesen, negiert und verachtet werden muß, als eine Kunst, die die Menschen nicht vereinigt, – sondern entzweit.

Derartig sind in der litterarischen Kunst alle Dramen, Romane und Poeme, die pseudo-religiöse, patriotische Gefühle und außerdem exklusive Gefühle wiedergeben, die nur einzig dem Stande der reichen müßigen Menschen eigen sind, – die Gefühle einer aristokratischen Ehre, der Übersättigung, des Weltschmerzes, des Pessimismus, verfeinerte und verdorbene Gefühle, die der geschlechtlichen Liebe entstammen, die der ungeheuren Mehrheit der Menschen völlig unverständlich sind.

In der Malerei müssen als solche Erzeugnisse schlechter Kunst ebenso alle pseudo-religiösen und patriotischen d. h. exklusiven Bilder bezeichnet werden, Bilder, die die Vergnügungen und Reize des reichen und müßigen Lebens darstellen, alle sogenannten symbolischen Bilder, in denen die Bedeutung selbst des Symbols nur den Personen eines gewissen Kreises verständlich ist, – und hauptsächlich – alle Bilder mit wollüstigen Sujets, jene ganze scheußliche weibliche Nacktheit, die alle Ausstellungen und Galerien erfüllt.

Zu dieser Art gehört auch die ganze Kammer- und Opernmusik unserer Zeit, besonders seit Beethoven, – Schumann, Berlioz, List, Wagner, – die ihrem Inhalte nach der Äußerung von Gefühlen gewidmet und nur Menschen zugänglich ist, die sich eine krankhafte nervöse Reizbarkeit anerzogen haben, die durch diese exklusive künstliche und komplizierte Musik erregt wird.

„Wie, die neunte Symphonie gehört zu der schlechten Klasse der Kunst?!" – höre ich empörte Stimmen.

„Außer allem Zweifel" – antwortete ich. Alles, was ich geschrieben habe, habe ich nur deshalb geschrieben, um ein klares vernünftiges Kriterium zu finden, nach dem man über den Wert der Kunstwerke urteilen könnte. Und dieses Kriterium fällt mit dem einfachen und gesunden Verstand zusammen und zeigt mir untrüglich, daß

die Symphonie Beethovens kein gutes Kunstwerk sei. Gewiß ist die
Bezeichnung eines solchen berühmten Werkes als eines schlechten,
wunderlich und merkwürdig für Menschen, die in der Anbetung einiger Werke und ihrer Autoren erzogen sind, für Menschen mit, infolge gerade der Erziehung zu dieser Anbetung, verdorbenem Geschmack. Aber was soll man denn thun mit den Andeutungen der
Vernunft und dem gesunden Verstande?

Die neunte Symphonie von Beethoven wird als ein großes Kunstwerk angesehen. Um diese Behauptung zu kontrollieren, stelle ich
mir vorerst die Frage: giebt dieses Werk das höchste religiöse Gefühl
wieder? Und ich antworte verneinend, weil die Musik an und für
sich diese Gefühle nicht wiedergeben kann; und daher frage ich
mich weiter: wenn dieses Werk der höchsten Kategorie der religiösen Kunst nicht angehört, hat dieses Werk die andere Eigenschaft
der guten Kunst unserer Zeit, – die Eigenschaft, alle Menschen in
einem einzigen Gefühle zu vereinigen, gehört es zu der christlichen
alltäglichen, universellen Kunst? Und ich kann nicht umhin, verneinend zu antworten, weil ich durchaus nicht einsehe, daß die Gefühle, die durch diese Werke wiedergegeben werden, Menschen
vereinigen könnten, die nicht speziell dafür erzogen sind, sich dieser
komplizierten Hypnotisation zu unterwerfen, ja ich kann mir sogar
nicht einmal eine Menge von normalen Menschen vorstellen, die aus
diesem langen und verwirrten künstlich hergestellten Werke irgend
etwas, außer sehr kurzen Fragmenten, die in einem Meere von Un-
verständlichem ertrinken, verstehen könnte. Und daher muß ich *nolens volens* schließen, daß dies Werk der schlechten Kunst angehörte.

Bemerkenswert ist dabei, daß dieser Symphonie am Schlusse ein
Gedicht von Schiller beigefügt ist, das, obgleich auch unklar, doch
gerade den Gedanken ausdrückt, daß das Gefühl (Schiller spricht
von einem Gefühl der Freude) die Menschen vereinigt und in ihnen
die Liebe hervorruft. Ungeachtet dessen, daß dieses Gedicht am
Schlusse der Symphonie gesungen wird, entspricht die Musik nicht
dem Gedanken des Gedichtes, da diese Musik exklusiv ist und nicht
alle Menschen vereinigt, sondern nur einige, indem sie dieselben
von den anderen Menschen absondert.

Ebenso wird man viele, viele Kunstwerke aller Arten, die unter
den höheren Klassen unserer Gesellschaft für groß gehalten werden,
beurteilen müssen. Ebenso wird man nach diesem einzigen zuver-

lässigen Kriterium die berühmte göttliche Komödie und die Befreiung Jerusalems und den größten Teil der Werke von Shakespeare und Goethe und in der Malerei allerlei Darstellungen von Wundern und Christi Verklärung von Raphael u. a. schätzen müssen. Wie der Gegenstand, der für ein Kunstwerk ausgegeben wird, auch beschaffen sein mag, und wie er auch von den Menschen gelobt sein mag, muß man, um seinen Wert zu erkennen, ihm gegenüber die Frage aufwerfen: gehört der Gegenstand der echten Kunst oder ihren Falsifikaten an? Nachdem man auf Grund des Merkmales der Ansteckung, wenn auch für einen kleinen Kreis von Menschen, einen gewissen Gegenstand als dem Gebiete der Kunst zugehörig anerkannt hat, muß man auf Grund des Merkmals der Allgemeinzugänglichkeit die darauf folgende Frage lösen: gehört dieses Werk der schlechten, dem religiösen Bewußtsein unserer Zeit widersprechenden, exklusiven Kunst, oder der christlichen Kunst, die die Menschen vereinigt, an? Nachdem man den Gegenstand als der echten christlichen Kunst zugehörig anerkannt hat, muß man schon auf Grund dessen, ob das Werk die Gefühle, die aus der Liebe zu Gott und dem Nächsten entstammen, oder lediglich einfache Gefühle, die alle Menschen verbinden, wiedergiebt, es zu der oder jener, zu der religiösen oder der universellen alltäglichen Kunst rechnen.

Nur auf Grund dieser Kontrolle werden wir die Möglichkeit haben, aus der ganzen Menge dessen, was in unserer Gesellschaft für Kunst ausgegeben wird, diejenigen Gegenstände, von der ganzen schädlichen und nutzlosen Kunst und ihres Ebenbildes, die uns umringen, auszuscheiden, die die wirkliche, wichtige, notwendige, geistige Nahrung ausmachen. Nur auf Grund solch einer Kontrolle werden wir imstande sein, von den verderblichen Folgen der schädlichen Kunst uns zu befreien und der wohlthätigen und für das geistige Leben des Menschen und der Menschheit notwendigen Einwirkung der wahren und notwendigen Kunst, die ihre Bestimmung ausmacht, Nutzen zu ziehen.

17

Die Kunst ist eines der zwei Organe, die dem Fortschritt der Menschheit dienen. Durch das Wort vereinigt sich der Mensch im Gedanken, durch die Bilder der Kunst vereinigt er sich im Gefühl mit allen Menschen nicht nur der Gegenwart, sondern der Vergangenheit und der Zukunft. Die Menschheit hat die Fähigkeit, diese beiden Organe der Einigkeit zu gebrauchen, deshalb aber muß die Verderbnis, wenn auch nur eines von ihnen, schädliche Folgen auf die Gesellschaft, in der solch eine Verderbnis stattgefunden hat, ausüben.

Und diese Folgen müssen in zweierlei bestehen: erstens darin, daß in der Gesellschaft die Thätigkeit fehlt, die von dem Organ ausgeübt werden muß, und zweitens, die schädliche Thätigkeit des verdorbenen Organs: und eben diese Folgen haben sich auch in unserer Gesellschaft eingestellt. Das Organ der Kunst war verdorben und daher entbehrte die Gesellschaft der höheren Klassen in bedeutendem Maße derjenigen Thätigkeit, die dieses Organ ausüben mußte.

Die in unserer Gesellschaft in ungeheurem Maße verbreiteten Falsifikate der Kunst, die nur zur Erheiterung und zum Verderbnis der Menschen dienen einerseits, und anderseits – die Werke der geringen exklusiven Kunst, die als die höchste geschätzt wird, haben in den meisten Menschen unserer Gesellschaft die Fähigkeit von den wahren Kunstwerken angesteckt zu werden vernichtet, und haben ihnen dadurch die Möglichkeit genommen, die höchsten Gefühle, die die Menschheit erreicht hat und die den Menschen nur durch die Kunst wiedergegeben werden können, zu erkennen.

Alles Vortreffliche, was die Menschheit in der Kunst vollbracht hat, bleibt für die Menschen, denen die Fähigkeit von der Kunst angesteckt zu werden genommen ist, fremd und wird durch falsche Nachahmungen der Kunst oder durch eine niedrige Kunst, die von ihnen als echt aufgefaßt wird, ersetzt. Die Menschen unserer Zeit und Gesellschaft entzücken sich an Baudelaires, Verlaines, Moreas, Ibsens, Maeterlincs in der Poesie; Monets, Mannets, Puivisse de Chavanne[s], Burn Johns, Stucks, Böcklins in der Malerei, an Wagners, Liszts, Richard Straußen in der Musik u.s.w. und sind völlig unfähig sowohl die höchste, wie die einfachste Kunst zu verstehen.

In den Kreisen der höheren Klassen wachsen die Menschen infolge des Verlustes der Fähigkeit, von den Kunstwerken angesteckt zu werden, auf, werden erzogen und leben ohne die mildernde, fördernde Wirkung der Kunst, und daher schreiten sie nicht nur nicht zur Vollkommenheit fort, werden nicht gut, sondern im Gegenteil: sie werden bei hoher Entwicklung der äußerlichen Mittel immer wilder, gröber und grausamer.

Das ist die Folge davon, daß die Thätigkeit des notwendigen Organs der Kunst in unserer Gesellschaft fehlt. Die Folgen der falsch angewendeten Thätigkeit dieses Organs sind aber noch schädlicher und sie sind zahlreich.

Die erste Folge, die in die Augen springt, ist eine ungeheure Vergeudung an Menschenarbeit für eine nicht nur nutzlose, sondern meistens schädliche Sache und außerdem eine unersetzliche Vergeudung an Menschenleben für diese unnütze und schlechte Sache.

Es ist schrecklich zu denken, mit welcher Anstrengung, mit welchen Entbehrungen Millionen Menschen, die keine Zeit und Möglichkeit haben, für sich und ihre Familie das Notwendige zu thun, arbeiten, um in 10, 12, 14 Stunden nachts pseudo-künstlerische Bücher zu setzen, die Sittenlosigkeit unter den Menschen zu verbreiten, oder für die Theater, Konzerte, Ausstellungen, Bildergalerien, die hauptsächlich dieser selben Unsittlichkeit dienen, zu arbeiten; aber am schrecklichsten ist es, wenn man bedenkt, daß lebendige, gute, zu allem Guten fähige Kinder vom frühsten Alter dazu geopfert werden, um im Laufe von 10, 15 Jahren in 6, 8, 10 Stunden täglich: die einen – Tonleitern zu spielen, die anderen – die Glieder zu verdrehen, auf Fußspitzen zu gehen und die Füße über den Kopf zu erheben, die dritten – Solfeggio zu singen, die vierten – sich in jeglicher Art zu verrenken und Gedichte zu deklamieren, die fünften – nach Büsten oder nach der nackten Natur zu zeichnen, Skizzen zu malen, die sechsten – Aufsätze nach den Regeln irgendwelcher Perioden zu schreiben, und daß sie in diesen eines Menschen unwürdigen Beschäftigungen, die oft und lange nach der vollen Mannbarkeit fortgesetzt werden, jede physische und geistige Kraft und jedes Lebensverständnis verlieren. Man sagt, daß es schrecklich und traurig ist, die kleinen Akrobaten zu sehen, wie sie ihre Füße über den Hals werfen, aber nicht weniger traurig ist es zu sehen, wie 10jährige Kinder Konzerte geben und noch mehr, wie 10jährige Gymnasiasten

die Ausnahmen der lateinischen Grammatik auswendig kennen ...
Aber nicht genug, daß diese Menschen physisch und geistig verkrüppelt werden – sie werden auch sittlich verkrüppelt, sie werden
zu nichts, was thatsächlich den Menschen not ist, fähig. Indem sie in
der Gesellschaft die Rolle des Spaßmacher[s] von reichen Leuten
einnehmen, verlieren sie das Gefühl der menschlichen Würde, ent-
wickeln in sich die Leidenschaft für öffentlichen Beifall bis zu solch
einem Grade, daß sie stets unter unbefriedigtem Ehrgeiz, der in
ihnen bis zu krankhaftem Umfang aufgeblasen ist, leiden und alle
ihre geistigen Kräfte nur zur Befriedigung dieser Leidenschaft verwenden.

Und was noch am tragischsten ist: – daß diese Menschen, die der
Kunst wegen für das Leben zu Grunde gerichtet sind, nicht allein
dieser Kunst keinen Nutzen bringen, sondern ihr den größten Schaden, zufügen. In den Akademien, Gymnasien, Konservatorien lehrt
man, wie die Kunst nachzumachen sei, und indem die Menschen
dies lernen, werden sie so verdorben, daß sie vollständig die Fähigkeit, die echte Kunst zu erzeugen, verlieren und Lieferanten jener
gefälschten oder geringen oder unsittlichen Kunst werden, die unsere Welt erfüllt. Das ist die erste Folge, die einem in die Augen
springt: die Verdorbenheit des Organs der Kunst.

Die zweite Folge ist die, daß die Kunsterzeugnisse, die kein bloßer Zeitvertreib sind, und die in solcher grauenerregenden Menge
von der Armee der professionellen Künstler produziert werden, daß
diese Kunstwerke den reichen Menschen unserer Zeit die Möglichkeit geben, dieses nicht nur unnatürliche, sondern auch den Prinzi-
pien der Humanität, die von diesen selben Menschen gepredigt werden, widersprechende Leben zu führen. Es würde unmöglich sein
so zu leben, wie die reichen müßigen Menschen, besonders die
Frauen, leben, der Natur, den Tieren entfremdet in künstlichen Verhältnissen, mit atrophierten oder durch die Gymnastik häßlich ent-
wickelten Muskeln und geschwächter Lebensenergie, wenn das
nicht wäre, was man Kunst nennt, wenn nicht jene Zerstreuung, jene
Vergnügung da wäre, die diesen Menschen die Augen verblendet
gegen die Sinnlosigkeit ihres Lebens und sie von der sie drückenden
Langeweile rettet. Nehmen Sie allen diesen Menschen die Theater,
die Konzerte, die Ausstellungen, das Klavierspiel, die Dichtungen,

die Romane fort, mit denen sie sich in der Überzeugung beschäftigen, daß die Beschäftigung mit diesen Dingen eine sehr feine, ästhetische und deshalb eine gute Beschäftigung sei, nehmen Sie den Mäcenen der Kunst, die Bilder kaufen, die Musiker protegieren, die mit den Schriftstellern verkehren, ihre Rolle als Förderer der wichtigen Sache der Kunst fort und sie werden nicht im Stande sein ihr Leben weiterzuführen und alle werden sie zu Grunde gehen vor Langeweile, Traurigkeit, dem Bewußtsein der Sinnlosigkeit und Ungesetzlichkeit ihres Lebens. Nur die Beschäftigung mit dem, was unter ihnen als Kunst angesehen wird, giebt ihnen die Möglichkeit, alle natürlichen Lebensverhältnisse zu übertreten und weiter zu leben, ohne die Sinnlosigkeit und Grausamkeit ihres Lebens zu bemerken. Diese Unterstützung gerade des falschen Lebens der reichen Leute ist die zweite und nicht minder wichtige Folge der Verdorbenheit der Kunst.

Die dritte Folge der Verdorbenheit der Kunst ist die Verwirrung, die sie in den Begriffen der Kinder und des Volkes erzeugt. Bei den Menschen, die von den falschen Theorien unserer Gesellschaft nicht verdorben sind, bei dem arbeitenden Menschen, bei den Kindern existiert ein sehr bestimmter Begriff davon, um weswillen man die Menschen achten und loben kann. Und als Grund für die Lobpreisung von Menschen kann nach den Begriffen des Volkes und der Kinder entweder nur physische Kraft dienen: Herkules, die Helden, die Eroberer, oder die sittliche, geistige Kraft! Sakia-Muni, der seine schöne Frau und das Königreich verläßt, um die Menschen zu retten, oder Christus, der das Kreuz auf sich nimmt für die von ihm verkündete Wahrheit, und alle Märtyrer und Heiligen. Und das eine wie das andere – ist ebensowohl dem Volke wie den Kindern verständlich. Sie begreifen, daß man die physische Kraft nicht verachten kann, weil sie sich Achtung erzwingt; die sittliche Kraft des Guten aber kann ein unverdorbener Mensch nicht verachten, weil ihn sein ganzes geistiges Wesen zu ihr hinzieht.

Und diese Menschen, die Kinder und das Volk, sehen plötzlich, daß es außer Menschen, die wegen ihrer physischen oder der sittlichen Kraft gelobt, geachtet und belohnt werden, noch Menschen giebt, die in viel größerem Maße, als die Helden der Kraft und des Guten, gelobt, gepriesen und belohnt werden, nur weil sie gut singen, Gedichte ersinnen, tanzen. Sie sehen, daß die Sänger, die Dichter, die Maler, die Tänzerinnen Millionen erwerben, daß man ihnen mehr Ehrenbezeigungen erweist, als den Heiligen und die Menschen des Volkes, und die Kinder geraten in Zweifel.

Als fünfzig Jahre seit dem Tode Puschkins vergangen waren und gleichzeitig seine billigen Werke im Volke verbreitet wurden und man ihm in Moskau ein Denkmal setzte, erhielt ich mehr als ein Dutzend Briefe von verschiedenen Bauern mit Fragen darüber, warum man Puschkin so gepriesen habe? In diesen Tagen noch kam ein lesekundiger Bürger aus Saratow zu mir, der offenbar über diese Frage seinen Verstand verloren hatte und der nach Moskau ging, um die Geistlichkeit anzuklagen, weil sie der Aufstellung eines „Monumentes" für Herrn Puschkin behilflich gewesen war.

Thatsächlich, man muß sich nur die Lage eines solchen Menschen aus dem Volke vorstellen, wenn er aus den zu ihm gelangenden Zeitungen und Gerüchten erfährt, daß in Rußland die Geistlichkeit, die Obrigkeit, alle besten Menschen Rußlands mit Feierlichkeit ein Denkmal für den großen Menschen, den Wohlthäter, den Ruhm Rußlands – Puschkin, von dem er bis dahin nichts gehört hat, enthüllen. Überall liest oder hört er davon und meint, daß, wenn einem Menschen solche Ehrbezeigungen erwiesen werden, so hat dieser Mensch wahrscheinlich irgend etwas Ungewöhnliches, oder Starkes oder Gutes vollbracht.

Er versucht zu erfahren, wer Puschkin gewesen sei, und sobald er erfährt, daß Puschkin kein Held oder Heerführer, sondern ein Privatmann und Schriftsteller gewesen sei, zieht er den Schluß, daß Puschkin ein heiliger Mann und Lehrer des Guten gewesen sein muß, und er beeilt sich, von dessen Leben und Werken etwas zu lesen oder zu erfahren. Aber wie groß muß sein Bedenken sein, wenn er erfährt, daß Puschkin ein Mensch von mehr als leichten Sitten gewesen, daß er im Duell gestorben ist, d. h. bei dem attentäterischen Mordversuch auf einen anderen Menschen, daß sein ganzes Verdienst nur darin besteht, daß er Gedichte über die Liebe, oft sehr unanständige, geschrieben hat.

Daß ein Sagenheld und Alexander von Macedonien, Tschingis Chan oder Napoleon groß waren, begreift er, weil der eine wie der andere ihn und Tausende seinesgleichen zertreten konnte, daß Buddha, Sokrates und Christus groß sind, begreift er auch, weil er weiß und fühlt, daß auch er und alle Menschen so sein müßten; aber wieso ein Mensch groß ist, weil er Gedichte über Frauenliebe geschrieben hat, – das kann er nicht verstehen.

Dasselbe muß auch in dem Kopfe eines bretagnischen, normannischen Bauern vorgehen, der von der Errichtung eines Denkmales *„une statue"*, eben solch einer, wie der Gottesmutter, für Baudelaire erfährt, wenn er lesen wird oder man ihm den Inhalt der *„Fleurs du mal"* erzählen wird. Oder – noch merkwürdiger – wenn er von dem Denkmal Verlaines hört und von jenem kläglichen unsittlichen Leben, das dieser Mensch geführt hat, und wenn er seine Gedichte lesen wird. Was für eine Verwirrung aber muß in den Köpfen der Menschen aus dem Volke vorgehen, wenn sie erfahren, daß man irgend einer Patti oder Taglioni für die Saison 100.000 giebt oder einem Maler ebensoviel für ein Bild, oder noch mehr an Autoren von Romanen, die Liebesscenen beschreiben.

Dasselbe geschieht auch bei Kindern. Ich entsinne mich selbst, wie ich diese Verwunderung und dies Bedenken erlebte und wie ich mich mit diesen Lobpreisungen der Künstler, ihre Erhebung auf gleiche Stufe gleichsam mit den Helden der Kraft und den sittlichen Helden erst dann zufrieden gab, als ich in meinem Bewußtsein die Bedeutung der sittlichen Würde erniedrigte und die falsche unnatürliche Bedeutung für die Kunsterzeugnisse anerkannte. Und dieses selbe vollzieht sich in der Seele eines jeden Kindes und eines Menschen aus dem Volke, wenn er von den sonderbaren Ehrenbezeigungen und Belohnungen, die den Künstlern erwiesen werden, erfährt. Derart ist die dritte Folge des falschen Verhältnisses unserer Gesellschaft zur Kunst.

Die vierte Folge solch eines Verhältnisses besteht darin, daß die Menschen der höheren Klassen immer öfter und öfter auf die Gegensätze der Schönheit und des Guten stoßen, daß sie als das höchste Ideal – das Ideal der Schönheit aufstellten und dadurch sich von den Forderungen der Moral befreien. – Diese Menschen vertauschen die Rollen und anstatt die Kunst, der sie dienen, als eine zurückgebliebene Sache, was sie thatsächlich ist, anzuerkennen, erkennen sie die Moral als eine zurückgebliebene Sache an, die keine Bedeutung haben kann für Menschen, die sich auf der Stufe der Entwickelung befinden, auf der sie zu stehen meinen.

Diese Folge der falschen Beziehung zur Kunst hat sich schon

längst in unserer Gesellschaft geäußert, aber in letzter Zeit äußert sie sich durch ihren Propheten Nietzsche und seine Anhänger und durch die mit ihm übereinstimmenden Dekadenten und englischen Ästhetiker mit besonderer Frechheit. Die Dekadenten und die ästhetisierenden Menschen, wie Oskar Wilde, wählen als Thema ihrer Erzeugnisse die Verneinung der Moral und die Lobpreisung der Unsittlichkeit.

Diese Kunst hat teilweise erzeugt, ist teilweise zusammengefallen mit einer gleichartigen philosophischen Lehre. Vor kurzem erhielt ich aus Amerika ein Buch unter dem Titel „*The survival of the fittest. Philosophy of Power 1897 by Rasnar Redbeard, Chicago 1896.*" Die Idee dieses Buches, so wie sie in dem Vorworte des Herausgebers ausgedrückt ist, ist die, daß das Gute nach der falschen Philosophie der hebräischen Propheten und der weinerlichen (*weeping*) des Messias abzuschätzen – Wahnsinn sei. Das Recht ist nicht die Folge der Lehre, sondern der Macht. Alle Gesetze, Gebote, Lehren darüber, daß man dem anderen nicht das anthun soll, was man nicht wünscht, daß er es einem selbst anthue, haben an sich keine Bedeutung und erhalten sie nur durch den Stock, das Gefängnis und das Schwert. Ein wahrhaft freier Mensch ist nicht verpflichtet, irgend welchen Verordnungen – weder den menschlichen, noch den göttlichen zu gehorchen. Der Gehorsam ist das Kennzeichen der Degeneration; – Ungehorsam ist das Merkmal eines Helden. Die Menschen sollen nicht mit Legenden, die von ihren Feinden erdacht sind, gebunden werden. Die ganze Welt ist weiter nichts als ein Kampffeld. Die ideale Gerechtigkeit besteht darin, daß die Besiegten ausgebeutet, gequält und verachtet werden. Der Freie, und Tapfere kann die ganze Welt erobern. Und deshalb muß ein ewiger Krieg um das Leben, um das Land, um die Liebe, um die Frauen, um die Macht, um das Gold sein. (Etwas Ähnliches wurde vor einigen Jahren von dem berühmten feingebildeten Akademiker Vogué geäußert.) Die Erde mit ihren Reichtümern – ist „die Beute des Kühnen".

Der Autor ist offenbar selbst, unabhängig von Nietzsche, unbewußt zu diesen Schlüssen, die die neuen Künstler bekennen, gekommen. Diese in Form einer Lehre ausgedrückten Sätze setzen uns in Erstaunen. Im Grunde genommen aber sind diese Sätze in dem Ideal der Kunst, die der Schönheit dient, einbegriffen. Die Kunst unserer höheren Klassen hat in den Menschen dieses Ideal der Übermenschen erzogen, im Grunde genommen das alte Ideal des Nero, des Stenjka Rasin, des Tschingis Chan, Napoleons und aller ihrer Mitwisser, Kumpane und Schmeichler, und die Kunst bestärkt dasselbe mit aller Kraft in ihnen.

In dieser Ersetzung des Ideales der Moral durch das Ideal des Schönheit, d. h. des Genußes ist die vierte und schreckliche Folge der Verdorbenheit der Kunst unserer Gesellschaft enthalten. Es ist schrecklich zu denken, was mit der Menschheit geschähe, wenn solch eine Kunst unter den Volksmassen sich verbreiten würde. Sie beginnt aber schon sich zu verbreiten.

Die fünfte schließlich, und die hauptsächlichste, ist die, daß die Kunst, die in der europäischen Gesellschaft unserer höheren Klassen blüht, einfach die Menschen mittels Ansteckung mit den für die Menschheit schlechtesten und schädlichsten Gefühlen von Aberglauben, Patriotismus, hauptsächlich aber – von Wollust, verdirbt.

Betrachten Sie mit Aufmerksamkeit die Ursachen der Unwissenheit der Volksmassen und Sie werden sehen, daß die Hauptursache keineswegs an dem Mangel von Schulen und Bibliotheken liegt, wie wir gewöhnt sind zu meinen, sondern an dem Aberglauben, sowohl dem kirchlichen, wie dem patriotischen, mit dem sie durchtränkt sind und der ununterbrochen mit allen Mitteln der Kunst produziert wird – der kirchliche Aberglaube wird durch die Poesie der Gebete, der Hymnen, durch Malerei und Skulptur von Heiligenbildern und Statuen, durch den Gesang, durch die Orgeln, durch die Musik, Architektur und sogar durch dramatische Kunst im kirchlichen Dienste erzeugt; der patriotische Aberglaube durch die Gedichte, Erzählungen, die noch in den Schulen mitgeteilt werden; durch Musik, Gesang, feierliche Prozessionen, Zusammenkünfte, kriegerische Bilder und Denkmäler.

Wenn es diese beständige Thätigkeit aller Zweige der Kunst, die auf die Erhaltung der kirchlichen und patriotischen Betäubung und die Erbitterung des Volkes gerichtet ist, nicht gäbe, so hätten die Volksmassen schon längst die wahre Aufklärung erreicht. Aber nicht nur die kirchliche und patriotische Verderbtheit wird durch die Kunst ausgeübt; die Kunst dient in unserer Zeit als die Hauptursache der Verderbtheit der Menschen in der wichtigsten Frage des öffentlichen Lebens – in den sexuellen Beziehungen.

Wir erfahren dies alle an uns selbst, die Väter und Mütter aber noch an ihren Kindern, was für schreckliche geistige und körperliche Leiden, was für unnütze Vergeudung an Kraft die Menschen nur wegen der Zügellosigkeit des geschlechtlichen Triebes erleben.

Seit die Welt besteht, seit den Zeiten des Trojanischen Krieges, der über dieser geschlechtlichen Zügellosigkeit entstanden ist, bis zu den Selbstmorden und Ermordungen von Verliebten, von denen fast in jeder Zeitung berichtet wird, entsteht der größte Teil der Leiden des menschlichen Geschlechtes aus dieser Zügellosigkeit.

Und was weiter? Die gesamte Kunst, die echte und die gefälschte, mit den seltensten Ausnahmen, ist nur dazu da, um zu beschreiben, darzustellen und zu entfachen jegliche Art geschlechtlicher Liebe in allen ihren Erscheinungen. Man braucht sich nur aller jener Romane mit den die Wollust erregenden, mit den feinsten, wie mit den gröbsten Beschreibungen der Liebe, von denen die Litteratur unserer Gesellschaft voll ist, zu erinnern, – aller jener Bilder und Statuen, die den entblößten weiblichen Körper darstellen, und aller Scheußlichkeiten, die in Illustrationen und Reklameannoncen übergehen, man braucht sich nur aller jener widerlichen Opern, Operetten, Lieder, Romanzen zu erinnern, von denen unsere Welt wimmelt, und unwillkürlich scheint es einem,, daß die existierende Kunst nur einen einzigen bestimmten Zweck hat: die möglichst weite Verbreitung der Unsittlichkeit.

Das sind, wenn auch nicht alle, so doch die wichtigsten Folgen der Verdorbenheit der Kunst, die sich in unserer Gesellschaft vollzogen hat. So daß das, was in unserer Gesellschaft als Kunst bezeichnet wird, nicht nur dem Fortschritt der Menschheit nicht förderlich ist, sondern vielleicht mehr als alles andere die Verwirklichung des Guten in unserem Leben hindert.

Und daher erhält die Frage, die unwillkürlich jedem Menschen, der keine künstlerische Thätigkeit ausübt, und dessen Interesse daher mit der existieren Kunst nicht verbunden ist, vorschwebt, – die Frage, die ich am Anfange dieser Schrift gestellt habe, ob es gerecht sei, daß dem, was wir Kunst nennen, was das Eigentum nur eines kleinen Teiles der Gesellschaft ausmacht, die Opfer an Menschenarbeit, Menschenleben und Moral gebracht würden, die der Kunst gebracht wurden, daher erhält diese Frage eine natürliche Antwort: nein, es ist ungerecht und darf nicht sein. So antwortet der gesunde Verstand und auch das unverdorbene sittliche Gefühl. Es darf nicht nur nicht sein, es dürfen nicht nur keine Opfer dafür gebracht werden, was unter uns als Kunst anerkannt wird, sondern im Gegenteil: alle Bemühungen der Menschen, die gut zu leben wünschen, müssen darauf gerichtet sein, diese Kunst zu vernichten, weil sie eines der grausamsten Übel, an denen unsere Menschheit leidet, ist. – Wenn also die Frage aufgeworfen würde, was besser sei für unsere christliche Welt: alles das, was jetzt als Kunst gerechnet wird, zugleich mit der gefälschten auch alles gute, was jetzt existiert, zu verlieren, meine ich, daß jeder vernünftige und moralische Mensch wieder die Frage so lösen würde, wie Plato sie für seine Republik und alle kirchlichen, christlichen und muhamedanischen Lehrer der Menschheit sie gelöst haben, d. h. er würde sagen: „Besser möge es keine Kunst geben, als daß die verdorbene Kunst oder ihr Ebenbild, das jetzt existiert, sich fortsetzt." Glücklicherweise steht diese Frage vor keinem Menschen und niemand braucht sie in dem oder jenem Sinne zu lösen. Alles, was der Mensch thun kann, was wir, die sogenannten gebildeten Menschen, die wir durch unsere Stellung die Möglichkeit haben, die Bedeutung der Erscheinungen unseres Lebens zu verstehen, auch thun können und müssen, – ist: den Irrtum, in dem wir uns befinden, zu begreifen und ihn nicht hartnäckig beizubehalten, sondern einen Ausweg aus ihm zu suchen.

18

Die Ursache der Lüge, in die die Kunst unsere Gesellschaft verfiel, bestand darin, daß die Menschen der höheren Klassen, nachdem sie den Glauben an die Wahrheit der kirchlichen, sogenannten christlichen Lehre verloren hatten, sich nicht entschlossen die wahre christliche Lehre in ihrer echten und hauptsächlichen Bedeutung – der Gotteskindschaft und der Brüderlichkeit der Menschen – anzunehmen und daß sie weiter lebten ohne jeglichen Glauben, indem sie versuchten, das Fehlen des Glaubens zu ersetzen: die einen – durch Heuchelei, indem sie vorheuchelten, sie glaubten noch immer an den kirchlichen Unsinn, die anderen – durch kühne Proklamierung ihres Unglaubens, die dritten – durch verfeinerten Skeptizismus, die vierten – durch die Rückkehr zur griechischen Anbetung der Schönheit, durch die Anerkennung der Gesetzlichkeit des Egoismus und durch seine Erhebung zur religiösen Lehre.

Die Ursache der Krankheit war die Nichtannahme der Lehre Christi in ihrer wahren, d. h. vollen Bedeutung. Die Heilung von der Krankheit besteht nur in einem – in der Anerkennung dieser Lehre in ihrer ganzen Bedeutung. Diese Anerkennung aber ist in unserer Zeit nicht nur möglich, sondern sogar notwendig. In unserer Zeit kann kein Mensch, der auf dem Niveau des Wissens unserer Zeit steht, möge er Katholik oder Protestant sein, mehr sagen, daß er an die Dogmen der Kirche, an die Dreieinigkeit Gottes, an die Göttlichkeit Christi, an die Erlösung glaube, er kann sich auch nicht mit der Proklamierung des Unglaubens, des Skeptizismus oder mit der Rückkehr zur Anbetung der Schönheit und zu dem Egoismus begnügen und hauptsächlich – es ist nicht mehr möglich zu sagen, daß wir die wahre Bedeutung der Lehre Christi nicht kennen. Die Bedeutung dieser Lehre ist nicht nur allen Menschen unserer Zeit zugänglich geworden, sondern das ganze Leben der Menschen unserer Zeit ist von dem Geiste dieser Lehre durchdrungen und wird bewußt oder unbewußt von ihr geleitet.

Wie verschieden auch, der Form nach, die Menschen unserer christlichen Welt die Bestimmung des Menschen definierten, wie verschiedenartig, der Form nach, diese Definitionen der Bestimmung des menschlichen Lebens sein mögen, alle Menschen unserer Zeit erkennen an, daß die Bestimmung des Menschen die Wohlfahrt sei; einerlei ob sie dabei als diese Bestimmung den Fortschritt der Menschheit in irgend einem beliebigen Sinne anerkennen, ob die Vereinigung aller Menschen in einem sozialistischen Staate oder einer Kommune, ob sie als diese Bestimmung die Vereinigung mit dem phantastischen Christus oder die Vereinigung der Menschheit unter der alleinigen Leitung der Kirche anerkennen; das höchste den Menschen zugängliche Wohl des Lebens aber wird durch ihre Einigkeit untereinander erreicht.

Wie sich die Menschen der höheren Klassen auch, da sie fühlen, daß ihre Bedeutung auf der Absonderung der Reichen und Gelehrten von den Arbeitern, Armen und Ungelehrten fußt, abmühen, neue Weltanschauungen zu erdenken, nach denen ihnen ihre Vorteile erhalten würden: bald das Ideal der Rückkehr zum Altertum, bald das des Mystizismus, des Hellenismus, bald die Übermenschheit, so müssen sie doch *nolens volens* die Wahrheit anerkennen, die sich von allen Seiten im Leben unbewußt oder bewußt einbürgert, nämlich daß unser Wohl nur in der Einigkeit und Brüderlichkeit der Menschen bestehe.

Unbewußt wird diese Wahrheit durch die Herstellung von Verkehrswegen, Telegraphen, Telephonen, durch die Presse, durch die stets sich vermehrende Allgemeinzugänglichkeit der Güter dieser Welt für alle Menschen bestätigt, und bewußt – durch die Zerstörung des Aberglaubens, der die Menschen entzweite, durch die Verbreitung der Wahrheiten des Wissens, durch die Äußerung des Ideales der Brüderlichkeit der Menschen in den besten Werken der Kunst unserer Zeit.

Die Kunst ist das geistige Organ des menschlichen Lebens und man kann sie nicht vernichten. Daher wird auch dieses Ideal trotz aller Bemühungen, die die Menschen der höheren Klassen anwenden, um das religiöse Ideal, von dem die Menschheit lebt, zu verbergen, immer mehr und mehr von den Menschen anerkannt und wird immer öfter und öfter in unserer verdorbenen Gesellschaft, teilweise auch in der Wissenschaft und in der Kunst geäußert. – Seit Beginn des 19. Jahrhunderts erscheinen immer öfter und öfter in der Litteratur und in der Malerei Werke der höchsten religiösen Kunst, die von dem wahren, christlichen Geiste durchdrungen sind, ebenso auch Werke der allgemeinen, allen zugänglichen Lebenskunst. Sodaß die Kunst selbst das wahre Ideal unserer Zeit kennt und zu ihm hinstrebt. Einerseits geben die besten Werke der Kunst unserer Zeit Gefühle wieder, die die Menschen zur Einigkeit und Brüderlichkeit hinziehen (derart sind die Werke von Dickens, Hugo, Dostojewsky; in der Malerei – Millet, Bastien-Lepage, Jules Breton, Lermitte u. a.); anderseits strebt man zur Wiedergabe solcher Gefühle, die nicht einzig den Menschen der höheren Stände eigen sind, sondern solcher, die alle Menschen ohne Ausnahme vereinigen könnten. Solche Werke giebt es noch wenig, aber das Bedürfnis nach ihnen wird schon eingesehen. Außerdem trifft man in der letzten Zeit immer öfter und öfter Versuche von Volksausgaben – von Bildern, volkstümlichen Concerten, Theatern. Dies alles ist noch sehr weit von dem, was sein sollte, aber man sieht schon die Richtung, in der die Kunst von selbst strebt, um auf den Weg hinaus zukommen, auf den sie gehört.

Das religiöse Bewußtsein unserer Zeit, das darin besteht, daß die Einigkeit der Menschen als das Ziel des allgemeinen sowohl wie des einzelnen Lebens anerkannt wird, hat sich schon genügend aufgeklärt und die Menschen unserer Zeit müssen nur die falsche Theorie der Schönheit, nach der der Genuß als das Ziel der Kunst angesehen wird, fallen lassen und dann wird natürlicherweise das religiöse Bewußtsein die Richtschnur der Kunst unserer Zeit werden.

Kaum aber wird das religiöse Bewußtsein, das schon unbewußt das Leben der Menschen unserer Zeit leitet, von den Menschen bewußt anerkannt werden, so wird sofort die Teilung der Kunst in eine Kunst der niedrigen und eine Kunst der höheren Klassen von selbst aufgehoben. Es wird aber eine allgemeine brüderliche Kunst geben. Selbstverständlich wird erstens die Kunst, die Gefühle wiedergiebt, die mit dem religiösen Bewußtsein unserer Zeit nicht übereinstimmen, Gefühle, die die Menschen nicht vereinigen, sondern entzweien, abgelehnt werden, zweitens aber auch die geringe, ausschließliche Kunst, die jetzt eine ihr nicht zukommende Bedeutung hat.

Kaum geschieht dies aber, so hört auch sofort die Kunst auf, das zu sein, was sie in letzter Zeit war, – ein Mittel zur Verrohung und Verführung der Menschen, und sie wird stets das werden, was sie stets gewesen ist und was sie sein muß, – ein Mittel der Fortbewegung der Menschheit zur Einigkeit und zur Wohlfahrt.

Wie schrecklich dies auch zu sagen ist, – mit der Kunst unseres Kreises und unserer Zeit geschah das, was mit einer Frau geschieht, die ihre weiblichen anziehenden Eigenschaften, die für die Mutterschaft bestimmt sind, zum Vergnügen derer, die solchen Vergnügungen nachjagen, verkauft.

Die Kunst unserer Zeit und unseres Kreises ist eine Buhlerin geworden. Und dieser Vergleich ist bis zu den kleinsten Einzelheiten richtig. Sie ist ebenso unbeschränkt von der Zeit, ebenso stets geschmückt, ebenso stets verkäuflich, ebenso verlockend und verderblich.

Ein echtes Kunstwerk kann in der Seele eines Künstlers sich nur selten als die Frucht des vorherigen Lebens offenbaren, ebenso wie die Empfängnis eines Kindes bei der Mutter. Die gefälschte Kunst aber wird von den Meistern, Handwerkern ununterbrochen produziert, wenn es nur Konsumenten giebt.

Die echte Kunst bedarf keiner Verzierungen, so wenig wie sie die Frau eines liebenden Mannes bedarf. Die gefälschte Kunst muß, gleich der Prostituierten, stets geschmückt sein.

Die Ursache des Erscheinens der echten Kunst ist das innere Bedürfnis, das angesammelte Gefühl zu äußern, wie bei der Mutter die Ursache der geschlechtlichen Empfängnis die Liebe ist. Die Ursache der gefälschten Kunst ist der Eigennutz, ebenso wie bei der Prostitution.

Die Folge der wahren Kunst ist ein neues Gefühl, das in den Laufkreis des Lebens eingeführt ist, wie die Folge der Liebe einer Frau die Geburt eines neuen Menschen für das Leben ist. Die Folge der gefälschten Kunst ist die Verführung des Menschen, die Unersättlichkeit an Vergnügungen, die Schwächung der geistigen Kräfte des Menschen.

Dies alles müssen die Menschen unserer Zeit und unseres Kreises begreifen, um sich von dem schmutzigen Strom dieser unsittlichen, buhlerischen Kunst, die uns überschwemmt, zu befreien.

19

Man spricht von einer Kunst der Zukunft, wobei man unter der Kunst der Zukunft eine besondere verfeinerte neue Kunst meint, die scheinbar aus der Kunst der einen Klasse der Gesellschaft, die jetzt für die höchste Gesellschaft angesehen wird, hervorgehen soll. Aber solch eine neue Kunst der Zukunft kann und wird es nicht geben. Unsere exklusive Kunst der höheren Klassen der christlichen Welt ist in eine Sackgasse geraten. Auf dem Wege, auf dem sie gegangen ist, kann sie nirgends weiter. Diese Kunst, die einmal von der Hauptforderung der Kunst (daß sie von dem religiösen Bewußtsein geleitet werde) abgewichen ist, die immer exklusiver und exklusiver geworden und daher immer mehr und mehr verdorben ist, ist auf dem Nonsens angelangt. Die Kunst der Zukunft – diejenige, die es thatsächlich geben wird – wird nicht die Fortsetzung der gegenwärtigen Kunst sein, sondern wird auf vollständig anderen, neuen Grundlagen entstehen, die nichts mit jenen gemein haben, von denen unsere gegenwärtige Kunst der höheren Klassen geleitet wird.

Die Kunst der Zukunft, d. h. der Teil der Kunst, der aus der gesamten Kunst, die unter den Menschen verbreitet ist, ausgeschieden werden wird, wird nicht aus der Wiedergabe von Gefühlen, die nur einigen Menschen der reichen Klassen zugänglich sind, bestehen, wie es jetzt der Fall ist, sondern sie wird nur die Kunst sein, die das höchste religiöse Bewußtsein der Menschen unserer Zeit verwirklicht. Als Kunst werden nur die Werke angesehen werden, die die Gefühle wiedergeben werden, die die Menschen zur brüderlichen Einigkeit hinziehen; oder solche allgemein menschliche Gefühle, die fähig sein werden, alle Menschen zu vereinigen. Nur diese Kunst wird ausgeschieden, gestattet, genehmigt und verbreitet werden. Die Kunst aber, die die Gefühle wiedergiebt, die aus einer veralteten, von den Menschen überlebten religiösen Lehre entstammen: die kirchliche, die patriotische, die wollüstige Kunst, die Kunst, die das Gefühl der abergläubischen Furcht, des Stolzes, der Hoffart, des Entzückens vor Helden, die Kunst, die eine ausschließliche Liebe zum eigenen Volke oder Sinnlichkeit erzeugt, wird als schlechte, schädliche Kunst angesehen werden und wird von der öffentlichen Meinung verurteilt und verachtet werden. Alle übrige Kunst aber, die die Gefühle wiedergiebt, die nur einigen Menschen zugänglich sind, wird als unwesentlich angesehen werden und wird weder verurteilt, noch gelobt werden. Und Beurteiler der Kunst wird überhaupt nicht, wie dies jetzt geschieht, eine einzelne Klasse der reichen Menschen, sondern das ganze Volk sein.

Damit also ein Werk als gut anerkannt, belobt und verbreitet wird, muß es den Anforderungen nicht einiger Menschen, die sich in gleichen und oft unnatürlichen Verhältnissen befinden, genügen, sondern den Ansprüchen aller Menschen, großer Menschenmassen, die sich in natürlichen arbeitsreichen Verhältnissen befinden.

Und die Künstler, die die Kunst erzeugen, werden auch nicht so, wie jetzt, nur wenige aus einem keinen Teile des ganzen Volkes erwählte Menschen der reichen Klassen sein, oder aus den diesen nahestehenden hervorgehen, sondern alle jene begabten Menschen aus dem ganzen Volke, die sich als befähigt und mit Neigung zur künstlerischen Thätigkeit begabt erweisen werden.

Die künstlerische Thätigkeit wird dann allen Menschen zugänglich sein. Diese Thätigkeit aber wird den Menschen aus dem gesamten Volke zugänglich werden, weil erstens in der Kunst der Zukunft nicht nur jene komplizierte Technik nicht verlangt werden wird, die die Kunstwerke unserer Zeit verunziert und große Anstrengung und Zeitverschwendnng beansprucht, sondern im Gegenteil es wird Klarheit, Schlichtheit und Kürze verlangt werden – die Bedingungen, die nicht durch mechanische Übungen, sondern durch Erziehung des Geschmacks erworben werden. Zweitens, die künstlerische Thätigkeit wird allen Menschen aus dem Volke deshalb zugänglich werden, weil anstatt der gegenwärtigen professionellen Schulen, die nur einigen Menschen zugänglich sind, alle in den Elementarvolksschulen in Musik und Malerei (in Gesang und Zeichnen) gleichzeitig mit den Anfangsgründen des Lesens und Schreibens unterrichtet werden. Dann kann jeder Mensch, nachdem er die ersten Grundlagen der Malerei und des musikalischen Wissens kennen gelernt hat, und wenn er die Fähigkeit und Lust zu irgend einer der Künste fühlt, sich in derselben vervollkommnen. Und drittens wird die Kunst allgemein zugänglich sein, weil alle Kräfte, die jetzt auf die falsche Kunst verwendet werden, zur Verbreitung der wahren Kunst unter dem gesamten Volke benutzt werden.

Man meint, wenn es keine Spezial-Kunstschulen gäbe, werde die Technik der Kunst leiden. Sie wird zweifellos leiden, wenn man

unter Technik die Kompliziertheiten der Kunst versteht, die jetzt als
Vorzug anerkannt werden; wenn man aber unter Technik Klarheit,
Schönheit und Einfachheit, Plastizität der Kunsterzeugnisse versteht, so wird die Technik nicht nur ungeschwächt bleiben, wie dies
die ganze Volkskunst bezeugt, sondern sie wird hundertmal vollkommener werden, wenn es nicht einmal professionelle Schulen geben wird und wenn sogar auch in den Volksschulen die Grundlagen
des Zeichnens und der Musik nicht unterrichtet werden. Sie wird
deshalb vollkommener werden, weil alle genialen Künstler, die jetzt
im Volke verborgen bleiben, Teilhaber der Kunst sein werden und
sie werden, ohne, wie jetzt, eines komplizierten technischen Unter-
richtes zu bedürfen, und da sie Muster der wahren Kunst haben
werden, neue Muster der echten Kunst geben, die, wie stets, die
beste Schule der Technik für die Künstler sein werden. Jeder wahre
Künstler lernt auch jetzt nicht in der Schule, sondern im Leben von
den Mustern der großen Meister; dann aber, wenn die begabtesten
Menschen aus dem gesamten Volke Teilhaber der Kunst sein werden, und diese Muster zahlreicher und zugänglicher sein werden,
so wird der Unterricht in der Schule, der dem künftigen Künstler
verloren gehen wird, hundertmal durch den Unterricht, den der
Künstler von den zahlreichen Mustern der in der Gesellschaft verbreiteten guten Kunst erhalten wird, ersetzt werden.

Solcher Art wird der eine Unterschied der Kunst der Zukunft
von der gegenwärtigen sein. Der andere Unterschied wird sein, daß
die Kunst der Zukunft nicht von berufsmäßigen Künstlern, die für
ihre Kunst Belohnung erhalten und die sich mit nichts anderem weiter beschäftigen, als mit ihrer Kunst, erzeugt werden wird. Die
Kunst der Zukunft wird von allen Menschen aus dem Volke, die sich
dann mit ihr befassen werden, wenn sie ein Bedürfnis nach solch
einer Thätigkeit empfinden, erzeugt werden.

In unserer Gesellschaft meint man, daß ein Künstler besser arbeiten, mehr vollbringen werde, wenn er materiell versorgt sei. Diese
Meinung würde noch einmal mit voller Klarheit beweisen – wenn
dies noch zu beweisen nötig wäre – daß das, was unter uns als Kunst
angesehen wird, keine Kunst, sondern nur ihre Nachahmung ist.
Durchaus richtig ist es, daß für das Produzieren von Stiefeln oder
Semmeln die Arbeitsteilung sehr vorteilhaft ist, daß der Schuhma-
cher oder Bäcker, der es nicht nötig hat für sich selbst das Mittagbrot

zu bereiten und das Holz anzufahren, mehr Stiefel und Semmeln schaffen wird, als wenn er selbst das Mittagbrot und das Holz besorgen müßte. Die Kunst jedoch ist kein Handwerk, sondern die Wiedergabe des von dem Künstler empfundenen Gefühles. Das Gefühl aber kann in einem Menschen nur dann geboren werden, wenn er mit allen Seiten des natürlichen, den Menschen eigenen Lebens lebt. Und daher ist die Befreiung der Künstler von ihren materiellen Sorgen die verderblichste Bedingung für die Produktivität des Künstlers, da sie den Künstler von den allen Menschen eigenen Bedingungen des Kampfes mit der Natur zur Erhaltung seines und anderer Menschen Leben entbindet, und da ihm dadurch der Zufall und die Möglichkeit die wesentlichsten und den Menschen eigentümlichen Gefühle zu empfinden, verloren gehen. Es giebt keine verderblichere Lage für die Produktivität des Künstlers, als die Lage der vollen Versorgtheit und des Luxus, in der sich der Künstler gewöhnlich in unserer Gesellschaft befindet.

Der Künstler der Zukunft wird das gewohnte Leben der Menschen führen und seinen Unterhalt durch irgend eine Arbeit verdienen. Die Früchte aber jener höchsten geistigen Kraft, die durch ihn hindurchgeht, wird er streben einer möglichst großen Anzahl von Menschen mitzuteilen, weil diese Mitteilung der in ihm entstandenen Gefühle an eine möglichst große Anzahl von Menschen – seine Freude und Belohnung ist. Der Künstler der Zukunft wird nicht einmal begreifen, wie ein Künstler, dessen Hauptfreude in der allergrößten Verbreitung seines Werkes besteht, seine Werke nur für eine gewisse Bezahlung abgeben kann.

Bis dahin, bis die Händler aus dem Tempel hinausgejagt sein werden, wird der Kunsttempel kein Tempel sein. Die Kunst der Zukunft wird sie hinausjagen.

Und daher wird der Inhalt der Kunst der Zukunft, wie ich sie mir vorstelle, völlig verschieden von dem gegenwärtigen sein. Den Inhalt der Kunst der Zukunft wird nicht die Äußerung von exklusiven Gefühlen ausmachen: der Hoffart, der Wehmut, der Übersättigung und der Wollust in allen möglichen Erscheinungen, die nur Menschen, zugänglich und interessant sind, die sich durch Gewaltthätigkeit von der den Menschen zukommenden Arbeit befreit haben, sondern wird in der Äußerung von Gefühlen bestehen, die ein Mensch empfindet, der ein allen Menschen eigenes Leben führt, und die dem religiösen Bewußtsein unserer Zeit entstammen oder der Gefühle, die allen Menschen ohne Ausnahme zugänglich sind.

Den Menschen unseres Kreises, die die Gefühle, die den Inhalt der Kunst der Zukunft ausmachen sollen, nicht kennen und nicht kennen können oder wollen, scheint es, daß solch ein Inhalt im Vergleich mit den Feinheiten der exklusiven Kunst, mit der sie jetzt beschäftigt sind, sehr arm sei. „Was kann man neues auf dem Gebiete der christlichen Gefühle der Liebe zum Nächsten äußern? Die Gefühle jedoch, die allen Menschen zugänglich sind, sind so gering und eintönig", – denken sie. Indes können wahrhaft neue Gefühle in unserer Zeit nur religiöse, christliche Gefühle und Gefühle, die allen zugänglich sind, sein. Die Gefühle, die dem religiösen Bewußtsein unserer Zeit entstammen, die christlichen Gefühle sind endlos neu und verschiedenartig; jedoch nicht in dem Sinne, wie dies einige meinen, daß man Christus und evangelische Episoden darstellen oder die christlichen Wahrheiten der Einigkeit, Brüderlichkeit, Gleichheit, Liebe in neuer Form wiederholen soll, sondern in dem Sinne, daß alle die ältesten, gewöhnlichsten und von allen Seiten gekosteten Lebenserscheinungen die neuesten, die unverhofftesten und rührendsten Gefühle hervorrufen, sobald sich der Mensch diesen Erscheinungen gegenüber auf den christlichen Standpunkt stellt.

Was kann älter sein als die Beziehungen der Ehegatten, der Eltern zu den Kindern, der Kinder zu den Eltern, als die Beziehungen der Menschen zu ihren Landsleuten, zu den anderen Nationen, zum Angriff, zu der Verteidigung, zu dem Eigentum, zu der Erde, zu den Tieren? Aber kaum verhält sich der Mensch zu diesen Erscheinungen vom christlichen Standpunkte aus, so tauchen sofort endlos verschiedenartige, die neuesten, die kompliziertesten und rührendsten Gefühle auf.

Ebensowenig verringert sich, sondern erweitert sich vielmehr das Gebiet des Inhaltes auch jener zukünftigen Kunst, die die alltäglichen, die einfachsten, allen zugänglichen Gefühle wiedergiebt. In unserer früheren Kunst wurde nur die Äußerung von Gefühlen, die den Menschen von einer gewißen exklusiven Stellung eigen sind, für der Wiedergabe in der Kunst würdig gehalten und dann auch nur unter der Bedingung ihrer Wiedergabe auf die feinste, den meisten Menschen unzugängliche Art; das ganze ungeheure Gebiet aber der volkstümlichen kindlichen Kunst: die Scherze, die Sprichwörter, die Rätsel, die Lieder, die Tänze, der kindliche Zeitvertreib, die Nachahmungen – wurden nicht als ein der Kunst würdiger Gegenstand anerkannt.

Der Künstler der Zukunft wird begreifen, daß ein Märchen, ein Liedchen, das einen rührt, zu erdichten, – ein Sprichwort, ein Rätsel, das einem Freude macht, – einen Scherz, der einen zum Lachen bringt, ein Bild, das Dutzende von Generationen oder Millionen Kinder und Erwachsene freuen wird, zu malen, – unvergleichlich wichtiger und nutzbringender ist, als einen Roman, eine Symphonie zu erdichten oder ein Bild zu malen, die auf eine kurze Zeit etliche Menschen der reichen Klassen amüsieren und dann auf ewig vergessen sein werden. Das Gebiet dieser Kunst von einfachen, allen zugänglichen Gefühlen ist ungeheuer und fast noch unberührt.

So kann also die zukünftige Kunst nicht nur nicht verarmen, sondern sie wird im Gegenteil endlos reicher an Inhalt sein. Ebenso wird auch die Form der zukünftigen Kunst nicht nur nicht niedriger als die gegenwärtige Form der Kunst sein, sondern sie wird unvergleichlich höher als diese sein, höher nicht in dem Sinne der feinen und komplizierten Technik, sondern in dem Sinne des Verstehens, kurz, einfach und klar ohne alles Überflüssige das Gefühl wiederzugeben, das der Künstler empfunden hat und wiedergeben will.

Ich entsinne mich, daß ich einmal im Gespräch mit einem berühmten Astronomen, der öffentliche Vorlesungen über die Spektralanalyse der Sterne der Milchstraße las, zu diesem sagte, wie gut es wäre, wenn er mit seinem Wissen und seiner Meisterschaft des Vortrags, eine öffentliche Vorlesung über Kosmographie nur von den bedeutendsten Bewegungen der Erde halten würde, denn bestimmt giebt es unter den Zuhörern seiner Vorlesungen über die Spektralanalyse der Sterne der Milchstraße sehr viele Leute, besonders Frauen, – die nicht genau wissen, warum es Tag und Nacht, Winter und Sommer giebt. Der kluge Astronom antwortete mir lächelnd: „Ja, das würde sehr gut sein, aber es ist sehr schwer. Über die Spektralanalyse der Milchstraße ist viel leichter ein Vortrag zu halten.“

Dasselbe ist auch in der Kunst der Fall: ein Poem im Versmaße aus den Zeiten Kleopatras zu schreiben, oder ein Bild des Nero, wie er Rom verbrennt, oder eine Symphonie im Sinne von Brahms und

Richard Strauß oder eine Oper im Geiste Wagners zu verfassen ist viel leichter, als eine schlichte Erzählung ohne irgend etwas Überflüssiges und zugleich so zu erzählen, daß sie das Gefühl des Erzählers wiedergiebt, oder mit der Bleifeder ein Bild zu zeichnen, das den Zuschauer rühren oder zum Lachen bringen würde, oder vier Takte einer einfachen klaren Melodie ohne jegliche Begleitung niederzuschreiben, die die Stimmung wiedergeben und den Zuhörern in Erinnerung bleiben würde.

„Es ist uns jetzt unmöglich, mit unserer Entwickelung zur Ursprünglichkeit zurückzukehren", – sagen die Künstler unserer Zeit. „Es ist uns jetzt unmöglich, solche Geschichten, wie die Geschichte Josephs des Schönen, wie die Odyssee zu schreiben; solche Statuen, wie die Venus von Milo, zu meißeln; solch eine Musik, wie die Volkslieder, zu komponieren."

Und thatsächlich ist dies den Künstlern unserer Zeit unmöglich, aber nicht dem zukünftigen Künstler, der die ganze Unsittlichkeit der technischen Vervollkommnungen, die das Fehlen des Inhaltes verbergen, nicht kennen wird und der, da er kein berufsmäßiger Künstler sein und keine Bezahlung für seine Thätigkeit erhalten wird, nur dann die Kunst erzeugen wird, wenn er dazu ein unwiderstehliches inneres Bedürfnis fühlen wird.

So vollständig verschieden von dem, was jetzt als Kunst angesehen wird, wird die zukünftige Kunst dem Inhalte wie der Form nach sein. Den Inhalt der zukünftigen Kunst werden nur die Gefühle bilden, die die Menschen zur Einigkeit hinziehen, oder die, die sie gegenwärtig vereinigen; die Form der Kunst aber wird eine solche sein, die allen Menschen zugänglich sein würde. Und daher wird das Ideal der Vollkommenheit in der Zukunft nicht die Exklusivität des Gefühles, das nur einigen zugänglich ist, sondern im Gegenteil seine Allgemeinheit sein. Und nicht das Aufhäufen, die Unklarheit und Kompliziertheit der Form, wie dies jetzt angenommen wird, sondern im Gegenteil, die Kürze, die Klarheit und die Schlichtheit des Ausdrucks. Und nur dann, wenn die Kunst von dieser Art sein wird, wird sie nicht die Menschen amüsieren und verderben, wie dies jetzt der Fall ist, indem sie Verschwendung der besten Kräfte dazu verlangt, sondern die Kunst wird das, was sie sein soll, sein, – das Mittel der Übertragung des religiösen christlichen Bewußtseins aus dem Gebiete der Vernunft und des Verstandes in das Gebiet des Gefühls, indem sie dadurch die Menschen in der That, im Leben selbst, der Vollkommenheit und Einigkeit näher bringt, die ihnen das religiöse Bewußtsein zeigt.

20

Schluss

Ich habe, so gut ich es verstand, die Arbeit, die mich 15 Jahre beschäftigt hat, über einen mir naheliegenden Gegenstand – die Kunst, vollbracht.

Damit, daß ich sage, dieser Gegenstand hat mich 15 Jahre beschäftigt, will ich nicht sagen, daß ich 15 Jahre lang an dieser Schrift geschrieben habe, sondern lediglich, daß ich vor 15 Jahren über die Kunst angefangen habe zu schreiben, in der Meinung, daß ich diese Arbeit, nachdem ich sie angefangen, sie sofort ohne Unterbrechung beendigen würde; aber es erwies sich, daß meine Gedanken über diesen Gegenstand damals noch so verworren waren, daß ich sie mir nicht genügend klar machen konnte. Von der Zeit habe ich nicht aufgehört über diesen Gegenstand nachzudenken und habe sechs oder sieben Mal angefangen zu schreiben, aber jedes Mal, nachdem ich ziemlich viel geschrieben hatte, fühlte ich mich nicht im stande die Sache zu Ende zu führen und ließ die Arbeit liegen.

Jetzt habe ich diese Arbeit beendet und, wie schlecht ich sie auch gemacht haben mag, hoffe ich darauf, daß mein Grundgedanke von jenem falschen Weg, auf den die Kunst unserer Gesellschaft sich begeben hat und den sie geht, und von der Ursache dessen und worin die wahre Bestimmung der Kunst bestehe, – richtig sei und daß daher meine Arbeit, obgleich sie nicht vollständig ist, und viele, viele Erklärungen und Hinzufügungen verlangt, nicht vergeblich gewesen sein werde und daß die Kunst früher oder später von dem falschen Weg, auf dem sie geht, abgehen wird. Aber damit dies geschehe und damit die Kunst eine neue Richtung annehme, ist es nötig, daß eine andere, ebenso wichtige geistige menschliche Thätigkeit – die Wissenschaft, von der die Kunst sich stets in enger Abhängigkeit befindet, – ebenso, wie die Kunst, von dem falschen Wege, auf sie sich befindet, abkomme.

Die Wissenschaft und die Kunst sind ebenso eng mit einander verbunden, wie die Lungen und das Herz, sodaß, wenn das eine Organ verdorben ist, auch das andere nicht regelrecht wirken kann.

Die wahre Wissenschaft studiert und führt in das Bewußtsein der Menschen dasjenige Wissen, diejenigen Wahrheiten ein, die von den Menschen einer gewissen Zeit und Gesellschaft als die wichtigsten angesehen werden. Die Kunst aber überträgt diese Wahrheiten aus dem Gebiete des Wissens in das Gebiet des Gefühles. Und daher wird, wenn der Weg, den die Wissenschaft geht, falsch ist, auch der Weg der Kunst ebenso falsch sein. Die Wissenschaft und die Kunst sind den Barken mit dem Schleppanker, den sogenannten Maschinen, die früher auf den Flüssen schwammen, zu vergleichen. Die Wissenschaft bereitet, gleich den Booten, die den Anker voraus führen und ihn versenken, die Bewegung vor, deren Richtung die Religion gegeben hat, die Kunst aber vollzieht, wie jene Winde, die auf der Barke arbeitet und die Barke zu dem Anker heranzieht, die Bewegung selbst. Und daher hat die falsche Thätigkeit der Wissenschaft unvermeidlich die ebenso falsche Thätigkeit der Kunst zur Folge.

Wie die Kunst überhaupt die Wiedergabe von jeglicher Art von Gefühlen ist, – wir aber Kunst im engen Sinne dieses Wortes nur diejenige nennen, die die Gefühle, die von uns als wichtig anerkannt werden, wiedergiebt, ebenso ist auch die Wissenschaft im allgemeinen die Wiedergabe alles möglichen Wissens, – aber Wissenschaft im engen Sinne des Wortes nennen wir nur diejenige, die die von uns als wichtig anerkannten Kenntnisse wiedergiebt.

Den Grad der Wichtigkeit, sowohl der Gefühle, die von der Kunst wiedergegeben werden, wie auch der Kenntnisse, die von der Wissenschaft wiedergegeben werden, bestimmt aber für die Menschen das religiöse Bewußtsein einer gewissen Zeit und Gesellschaft, d. h. die allgemeine Auffassung der Menschen dieser Zeit und Gesellschaft von der Bestimmung ihres Lebens.

Dasjenige, was am meisten die Erfüllung dieser Bestimmung fördert, wird am meisten studiert und als Hauptwissenschaft angesehen; dasjenige, was am wenigsten, wird am wenigsten studiert und als eine minder wichtige Wissenschaft angenommen; dasjenige, was die Erfüllung der Bestimmung des menschlichen Lebens gar nicht fördert, wird ganz und gar nicht studiert, und wenn es auch studiert wird, so wird dieses Studium nicht als Wissenschaft angesehen. So ist dies stets gewesen, so muß es auch jetzt sein, weil darin die Eigenart des menschlichen Wissens und des menschlichen Lebens besteht. Aber die Wissenschaft der höheren Klassen unserer Zeit, die nicht nur keine Religion anerkannte, sondern jegliche Religion lediglich als Aberglaube ansah, konnte und kann dies nicht thun.

Und deshalb behaupten die Männer der Wissenschaft unserer Zeit, daß sie gleichmäßig alles studieren, aber da alles zu viel ist (alles ist eine unendliche Anzahl von Gegenständen) und man nicht alles gleichmäßig studieren kann, so wird dies lediglich in der Theorie behauptet; in der Wirklichkeit jedoch wird nicht alles studiert und bei weitem nicht gleichmäßig, sondern nur dasjenige, was einerseits am notwendigsten, anderseits aber den Menschen am angenehmsten ist, die sich mit der Wissenschaft befassen. Am meisten aber sind die Männer der Wissenschaft, die den höheren Klassen angehören, interessiert – diejenige Ordnung, bei der diese Klassen ihre Vorzüge genießen, zu erhalten; angenehm ist aber das, was die müssige Wißbegier befriedigt, keine große geistige Anstrengung erfordert und praktisch angewendet werden kann.

Und deshalb beschäftigt sich ein Zweig der Wissenschaft, die Theologie und Philosophie, die der existierenden Ordnung angepaßt sind, sowie eine ebensolche Geschichte und politische Ökonomie, hauptsächlich damit, zu beweisen, daß die existierende Gesellschaftsordnung gerade diejenige ist, die sein muß, die aus unveränderlichen, dem menschlichen Willen nicht unterliegenden Gesetzen entstanden ist und fortfährt zu existieren, und daß daher jeder Versuch ihrer Übertretung ungesetzlich und nutzlos sei. Ein anderer Zweig aber – der der experimentalen Wissenschaft, der die Mathematik, die Astronomie, die Chemie, die Physik, die Botanik, und die gesamte Naturwissenschaft umfaßt, beschäftigt sich nur damit, was keine direkte Beziehung zu dem menschlichen Leben hat, was interessant ist, und wovon für das Leben der Menschen der höheren Klassen vorteilhafte Verwendungen gemacht werden können. Zur Rechtfertigung aber der Auswahl von Gegenständen des Studiums, die die Männer der Wissenschaft unserer Zeit, entsprechend ihrer Stellung, getroffen haben, haben sie genau so wie die Theorie der Kunst für die Kunst eine Theorie der Wissenschaft für die Wissenschaft erdacht.

Wie sich nach der Theorie der Kunst für die Kunst ergiebt, daß die Beschäftigung mit allen den Gegenständen, die uns gefallen, Kunst sei, so ist auch nach der Theorie der Wissenschaft für die Wissenschaft das Studium von Gegenständen, die uns interessieren, Wissenschaft.

So beweist der eine Teil der Wissenschaft anstatt des Studiums, wie die Menschen leben müssen, um ihre Bestimmung zu erfüllen, die Gesetzlichkeit und Unveränderlichkeit der schlechten und falschen existierenden Gesellschaftsordnung, der andere aber – die experimentale Wissenschaft – beschäftigt sich mit Fragen der einfachen Wißbegier oder mit technischen Vervollkommnungen.

Der erste Teil der Wissenschaft ist nicht nur dadurch schädlich, daß er die Begriffe der Menschen verwirrt und falsche Lösungen giebt, sondern noch dadurch, daß er existiert und den Platz, den die wahre Wissenschaft einnehmen müßte, einnimmt. Er ist insofern schädlich, als jeder Mensch, um an das Studium der wichtigsten Lebensfragen heranzutreten, nötig hat, vor ihrer Lösung noch die Jahrhunderte lang angehäufte und mit allen Kräften des erfinderischen Geistes unterstützten Bauten der Lüge in jeder der wesentlichsten Lebensfragen zu widerlegen.

Der zweite Teil jedoch – der, auf den die gegenwärtige Wissenschaft so stolz ist, und der von vielen als die einzig echte Wissenschaft angesehen wird, ist dadurch schädlich, daß er die Aufmerksamkeit der Menschen von thatsächlich wichtigen Gegenständen zu geringen Gegenständen ablenkt, und außerdem ist er dadurch direkt schädlich, daß bei der falschen Ordnung der Dinge, die von dem ersten Teil der Wissenschaft gerechtfertigt und unterstützt werden, der größte Teil der technischen Erfindungen dieses Zweiges der Wissenschaft nicht zum Nutzen, sondern zum Schaden der Menschheit verwendet wird.

Nur den Menschen jedoch, die diesem Studium ihr Leben gewidmet haben, scheint es, daß alle diejenigen Erfindungen, die auf dem Gebiete der Naturwissenschaft gemacht werden, sehr wichtige und nützliche Sachen seien. Aber das erscheint diesen Menschen nur deshalb so, weil sie nicht um sich blicken und das nicht sehen, was tatsächlich wichtig ist; sie sehen nicht die ungeheuer wichtigen Fragen, die unser Leben umgeben, die ihre Lösung verlangen und die in unserer Gesellschaft ruhig den kirchlichen Sadducäern und Pharisäern und den staatlichen Sophisten überlassen bleiben.

Sie brauchen sich nur von dem psychologischen Mikroskop, unter dem Sie die Gegenstände, die Sie studieren, beobachten, loszureißen und rings um sich zu sehen, um zu bemerken, wie gering alles Wissen, das ihnen solch einen naiven Stolz bereitet, ist. – Ich rede schon gar nicht von der eingebildeten Geometrie, der Spektralanalyse der Milchstraße, der Form der Atome, den Dimensionen der Schädel der Menschen aus der Steinzeit und dergleichen Kleinigkeiten, sondern davon, wie gering sogar unsere Kenntnisse von den Mikroorganismen, den Röntgen-Strahlen und dergleichen sind im Vergleich mit dem Wissen, das wir hinter uns geworfen und den Professoren der Theologie, der Jurisprudenz, der Nationalökonomie, der Finanzwissenschaft und anderen zur Verunstaltung überlassen haben.

Wir brauchen uns nur umzusehen und wir werden bemerken, daß die Thätigkeit, die der wahren Wissenschaft zukommt – nicht das Studium dessen, was uns zufällig interessiert hat, ist, sondern dessen, wie das menschliche Leben eingerichtet werden soll, – die Fragen der Religion, der Moral, des öffentlichen Lebens, ohne deren Lösung alle unsere Kenntnisse der Natur schädlich oder unnütz sind.

Wir freuen uns sehr und sind stolz, daß unsere Wissenschaft uns die Möglichkeit giebt, von der Kraft eines Wasserfalles Gebrauch zu machen und diese Kraft in den Fabriken zum arbeiten zu verwenden, oder daß wir Tunnel durch die Berge gebrochen haben u.s.w. Aber das Unglück ist, daß wir diese Kraft des Wasserfalles nicht zum Nutzen der Menschen, sondern zur Bereicherung von Kapitalisten, die Luxusgegenstände oder Werkzeuge zur Ausrottung der Menschen erzeugen, arbeiten lassen. Denselben Dynamit, mit dem wir Berge sprengen, um Tunnel durchzubrechen, benutzen wir zum Kriege, dem wir nicht nur nicht entsagen wollen, sondern den wir als notwendig ansehen, und zu dem wir uns ununterbrochen vorbereiten.

Wenn wir jetzt auch in der Lage sind, das Diphterieserum einzuimpfen, mit Röntgenstrahlen eine Nadel im Körper zu finden, einen Buckel geradezumachen, die Syphilis zu heilen, wunderbare Operationen zu vollbringen wissen u.s.w., wir würden auf diese Errungenschaften, sogar wenn sie unanfechtbar sein würden, nicht stolz sein, wenn wir die wirkliche Bestimmung der echten Wissenschaft vollständig begreifen würden. Wenn wenigstens ein Zehntel jener Kräfte, die jetzt auf Gegenstände der bloßen Neugier und praktischen Benutzung verwandt werden, auf die wahre Wissenschaft, die das Leben der Menschen einrichtet, verwandt würde, so würde jetzt der größte Teil der kranken Menschen nicht jene Krankheiten haben, deren sehr geringer Teil in den Kliniken und Krankenhäusern geheilt wird, es würde keine auf der Fabrik erzogenen bleichsüchtigen, buckligen Kinder geben, es würde nicht, wie jetzt, eine Kindersterblichkeit von 50 % geben, es würde keine Ausartung ganzer Generationen, keine Prostitution, keine Syphilis, keinen Totschlag von Hunderttausenden in den Kriegen, keinen grauenerregenden Wahnsinn und keine Leiden geben, die die jetzige Wissenschaft als eine notwendige Bedingung des menschlichen Lebens ansieht.

Wir haben den Begriff der Wissenschaft so verdreht, daß den Menschen unserer Zeit die Erwähnung einer Wissenschaft sonderbar erscheint, die das vollbringen würde, daß es keine Kindersterblichkeit, keine Prostitution, Syphilis, keine Degeneration ganzer Geschlechter und keinen Massenmord von Menschen gäbe. Uns scheint, daß die Wissenschaft nur dann Wissenschaft ist, wenn der Mensch im Laboratorium Flüssigkeiten aus einem Glase in das andere gießt, die Spektra zerlegt, Frösche und Meerschweinchen seziert, in einem besonderen wissenschaftlichen Jargon dunkle, ihm selbst halbverständliche theologische, philosophische, historische, juristische, nationalökonomische Spitzenschleier von bedingten Phrasen webt, die den Zweck haben, zu zeigen, daß das, was ist, sein muß.

Aber die Wissenschaft, die echte Wissenschaft – eine Wissenschaft, die thatsächlich die Achtung verdienen würde, die jetzt die Leute eines am wenigsten wichtigen Teiles der Wissenschaft für sich beanspruchen, besteht doch gar nicht darin, – die echte Wissenschaft besteht darin, zu erfahren, woran man glauben muß und woran nicht, – zu erfahren, wie man das gemeinsame Leben der Menschen einrichten muß und wie nicht: wie die Beziehungen der Geschlechter einzurichten sind, wie die Kinder zu erziehen, wie das Land auszunutzen ist, wie man es ohne Unterdrückung anderer selbst bearbeiten, wie man sich zu den Menschen anderer Nationen, und wie zu den Tieren verhalten muß, und vieles andere, was für das Leben der Menschen wichtig ist.

Das war stets die Aufgabe der wahren Wissenschaft und das muß sie auch sein. Und solch eine Wissenschaft keimt in unserer Zeit; aber einerseits wird solch eine wahre Wissenschaft von allen jenen orthodoxen Quasigelehrten, die die bestehende Ordnung der Dinge verteidigen, verneint und widerlegt; anderseits wird sie als unnütze und überflüssige, nicht wissenschaftliche Wissenschaft von denen, die sich mit experimentaler Wissenschaft beschäftigen, angesehen.

Es erscheinen z. B. Werke und Aufsätze, die die Veraltung und Sinnlosigkeit des religiösen Fanatismus, die Notwendigkeit der Begründung einer vernünftigen, der Zeit entsprechenden religiösen Weltanschauung beweisen. Viele Theologen sind aber damit beschäftigt, diese Werke zu widerlegen und ihren Verstand immer und immer wieder von neuem zur Unterstützung und Rechtfertigung der längst veralteten abergläubischen Ideen zu spitzen. Oder es erscheint ein Traktat darüber, daß eine der Hauptursachen des Elends des Volkes die Bodenbesitzlosigkeit des Proletariats sei, die in Westeuropa besteht. Es sollte scheinen daß die Wissenschaft, die echte Wissenschaft, solch eine Kundgebung begrüßen und aus diesem Satze weitere Folgerungen ziehen müßte.

Aber die Wissenschaft unserer Zeit thut nichts dergleichen; nein, sondern die politische Ökonomie beweist das Gegenteil, nämlich daß der Landbesitz, wie überhaupt jedes Eigentum, sich immer mehr in den Händen einer kleinen Anzahl von Besitzern konzentrieren müsse, wie dies z. B. die modernen Marxisten behaupten. Ebenso müßte es scheinen, daß es die Sache der echten Wissenschaft sei, die Unvernünftigkeit und Unvorteilhaftigkeit des Krieges, der Todesstrafe oder die Unmenschlichkeit und Schädlichkeit der Prostitution oder die Sinnlosigkeit, den Schaden und die Unsittlichkeit des Gebrauches von Narkotiken und Fleischnahrung oder die Unvernünftigkeit, Schädlichkeit und Überlebtheit des patriotischen Fanatismus zu beweisen. Und solche Werke giebt es, aber sie alle werden als unwissenschaftlich angesehen. Als wissenschaftlich aber werden entweder solche Werke anerkannt, die beweisen, daß alle diese Erscheinungen sein müssen, oder solche, die sich mit Fragen müßiger Wißbegierde befassen, die gar keinen Bezug zum menschlichen Leben haben.

Die Abweichung der Wissenschaft unserer Zeit von der wahren Bestimmung ist erstaunlich klar zu sehen an den Idealen, die sich gewisse Leute der Wissenschaft machen, und die von den meisten Gelehrten nicht verneint, sondern anerkannt werden.

Diese Ideale werden nicht nur in dummen Modebüchern aufgestellt, die die Welt, wie sie nach tausend, dreitausend Jahren aussehen werde, beschreiben, sondern auch von Soziologen, die sich für ernste Gelehrte halten. Diese Ideale bestehen darin, daß die Nahrung, anstatt durch Ackerbau und Viehzucht erzielt zu werden, – in den Laboratorien auf chemischem Wege bereitet werden, und daß die menschliche Arbeit fast ganz durch die utilisierten Naturkräfte ersetzt werden wird.

Der Mensch wird nicht mehr, wie jetzt, das Ei, das das von ihm aufgezogene Huhn gelegt hat, essen, oder das Brot, das auf eigenem Felde gewachsen ist, oder den Apfel von dem Baume, den er in langen Jahren aufgezogen hat, und der vor seinen Augen geblüht und reif geworden ist; sondern er wird eine schmackhafte, nahrhafte Kost essen, die in Laboratorien durch gemeinsame Arbeit vieler Menschen, an der er auch einen kleinen Anteil nehmen wird, bereitet sein wird.

Zu arbeiten wird der Mensch aber fast nicht nötig haben, sodaß alle Menschen sich dem vollen Müßiggang ergeben werden.

Nichts beweist deutlicher als diese Ideale, bis zu welch einem Grade die Wissenschaft unserer Zeit von dem wahren Wege abgewichen ist.

Die Menschen unserer Zeit, der größte Teil der Menschen, haben keine gute und genügende Nahrung (dasselbe bezieht sich auch auf die Wohnung, die Kleidung und alle hauptsächlichen Bedürfnisse).

Außerdem ist dieser größte Teil der Menschen, zum Schaden ihres Wohlbefindens, gezwungen, ununterbrochen über die Kräfte zu arbeiten. Wie jenes, so läßt sich auch das andere Unglück sehr leicht durch die Beseitigung des gegenseitigen Kampfes, des Luxus, der ungerechten Verteilung der Güter, überhaupt durch Vernichtung der falschen, schädlichen Ordnung der Dinge und durch die Einrichtung eines vernünftigen Lebens der Menschen heilen.

Die Wissenschaft aber meint, daß die bestehende Ordnung der Dinge unveränderlich, wie die Bewegung der Sterne sei, und daß daher die Aufgabe der Wissenschaft nicht in der Klärung der Falschheit dieser Ordnung und in der Begründung einer neuen, vernünftigen Lebensweise bestehe, sondern darin, alle Menschen bei dieser bestehenden Ordnung satt zu machen und ihnen die Möglichkeit, müßig zu sein, zu geben.

Dabei vergißt man, daß die Ernährung durch Brot, Gemüse, Früchte, die durch eigene Arbeit auf der Erde erzeugt werden, die angenehmste, gesündeste, leichteste und natürlichste Ernährung ist, und daß die Arbeit – die Übung der eigenen Muskeln – eine ebensolche notwendige Bedingung des Lebens ist, wie die Zufuhr von Sauerstoff in das Blut vermittels des Atmens.

Mittel zu erdenken, damit die Menschen bei der falschen Verteilung der Güter und der Arbeit sich vermöge der chemischen Zubereitung von Nahrung gut ernähren und die Naturkräfte an ihrer Statt zum arbeiten zwingen könnten, ist, als wenn man ein Mittel erdenken wollte zum Einpumpen von Sauerstoff in die Lungen eines Menschen, der sich in einem Raume mit schlechter Luft eingeschlossen befindet, während man nur aufzuhören braucht, diesen Menschen in einem verschlossenen Raume zu halten.

In der Pflanzen- und Tierwelt ist ein Laboratorium zur Erzeugung von Nahrungsmitteln gegeben, daß keine Professoren ein besseres einrichten werden, und zur Benutzung der Früchte in diesem Laboratorium und zur Beteiligung an ihm muß der Mensch nur stets sich dem freudigen Bedürfnis der Arbeit ergeben, ohne die das menschliche Leben qualvoll ist. Und anstatt alle ihre Kräfte zur Beseitigung dessen, was den Menschen hindert, diese für ihn vorbereiteten Güter zu genießen, erkennen die Männer der Wissenschaft unseres Jahrhunderts die Lage, bei der die Menschen dieser Güter verlustig gehen, als unveränderlich an, und anstatt das menschliche Leben so einzurichten, daß sie freudig arbeiten, sich von der Erde ernähren könnten, erdenkt man Mittel, um den Menschen zu einem künstlichen Krüppel zu machen. Das ist ebenso wie, anstatt den Menschen aus dem verschlossenen Raume in die reine Luft zu führen, – Mittel zu erdenken, wie man ihm den nötigen Sauerstoff einpumpen könnte, und es so einzurichten, daß er nicht zu Hause, sondern in einem dumpfen Kellergeschosse zu leben brauchte.

Es könnten solche falsche Ideale nicht bestehen, wenn die Wissenschaft nicht auf falschem Wege wäre.

Während dessen aber werden die Gefühle, die die Kunst wiedergiebt, aus den Ergebnissen der Wissenschaft geboren.

Welche Gefühle kann denn solch eine Wissenschaft hervorrufen? Die eine Abteilung dieser Wissenschaft ruft veraltete, von der Menschheit überlebte und für unsere Zeit schlechte und exclusive Gefühle hervor. Der andere Abteilung aber beschäftigt sich mit dem Studium von Dingen, die ihrem Wesen selbst nach keinen Bezug zu dem menschlichen Leben haben und daher kann sie nicht als Grundlage der Kunst dienen.

Sodaß die Kunst unserer Zeit, um Kunst zu sein, selbst abgesehen von der Wissenschaft, sich den Weg bahnen, oder die Hinweise der nicht anerkannten Wissenschaft, die von dem orthodoxen Teil der Wissenschaft verneint wird, benutzen muß. Eben dies thut auch die Kunst, soweit sie, wenigstens teilweise, ihre Bestimmung erfüllt.

Man muß hoffen, daß die Arbeit, mit der ich auf dem Gebiete der Kunst einen Versuch gemacht habe, auch für die Wissenschaft gethan werden wird, daß den Menschen die Unrichtigkeit der wissenschaftlichen Theorie für die Wissenschaft gezeigt und die Notwendigkeit der Anerkennung der christlichen Lehre in ihrer wahren Bedeutung klar dargelegt werden wird. Daß ferner auf Grund dieser Lehre eine Umwertung aller jener Kenntnisse, die wir besitzen und auf die wir so stolz sind, vollzogen werden wird, daß die Unbedeutendheit und Minderwertigkeit des experimentalens Wissens und die Wichtigkeit und Bedeutung des religiösen, sittlichen und gesellschaftlichen Wissens gezeigt werden wird, und daß dieses Wissen nicht, wie jetzt, der Oberleitung der höheren Klassen allein überlassen werden, sondern den Hauptgegenstand aller jener freien und die Wahrheit liebenden Menschen ausmachen wird, die nicht stets in Übereinstimmung mit den höheren Klassen, sondern zuweilen im Gegensatz zu ihnen, die wahre Wissenschaft des Lebens förderten.

Die mathematische, astronomische, physische, chemische und biologische Wissenschaft aber wird ebenso, wie die technische und ärztliche, nur in dem Maße studiert werden, in welchem sie der Befreiung der Menschen von religiösen, juridischen und gesellschaftlichen Täuschungen förderlich oder dem Wohle aller Menschen, nicht nur einer Klasse, dienen wird.

Nur dann wird die Wissenschaft aufhören das zu sein, was sie jetzt ist: einerseits – ein System von Sophismen, die zur Unterstützung der veralteten Lebensweise nötig sind, anderseits – ein formloser Haufen von allerhand, meistens wenig oder ganz und gar unnützen Kenntnissen, sondern sie wird ein einheitliches, organisches Ganzes sein, das eine bestimmte, allen Menschen verständliche und vernünftige Bestimmung hat, nämlich: in das Bewußtsein der Menschen die Wahrheiten einzuführen, die sich aus dem religiösen Bewußtsein unserer Zeit ergeben.

Und nur dann wird auch die Kunst, die stets von der Wissenschaft abhängig ist, das sein, was sie sein kann und muß, ein ebensolches wichtiges Organ des Lebens und des Fortschrittes der Menschheit, wie die Wissenschaft.

Die Kunst ist kein Genuß, Trost oder Zeitvertreib; die Kunst ist eine große Sache. Die Kunst ist das Organ des Lebens der Menschheit, das das vernünftige Bewußtsein der Menschen in Gefühl übersetzt. In unserer Zeit ist das allgemeine religiöse Bewußtsein der Menschen – das Bewußtsein der Brüderlichkeit der Menschen und ihres Wohles in gegenseitiger Einigung. Die wahre Wissenschaft muß verschiedne Arten der Anwendung dieses Bewußtseins im Leben finden. Die Kunst muß dies Bewußtsein in Gefühl umsetzen.

Die Aufgabe der Kunst ist ungeheuer: die echte Kunst muß mit Hilfe der Wissenschaft, geleitet von der Religion, erreichen, daß das friedliche Zusammenleben der Menschen, das jetzt durch äußere Maßregeln – durch Gerichte, Polizei, wohlthätige Anstalten, Fabrikinspektion und dergleichen erhalten wird, – durch die freie und freudige Thätigkeit der Menschen erreicht werde. Die Kunst muß die Gewalt beseitigen.

Und nur die Kunst kann dies thun.

Alles das, was jetzt, unabhängig von der Furcht vor der Gewalt und der Strafe, das Zusammenleben der Menschen möglich macht (in unserer Zeit aber ist schon ein ungeheuer großer Teil der Lebensordnung darauf begründet), dies alles ist durch die Kunst geschehen. Wenn durch die Kunst die Sitte wiedergegeben werden konnte, so und so mit den religiösen Gegenständen, so und so mit den Eltern, mit den Kindern, mit den Frauen, mit den Verwandten, mit den Fremden, mit den Ausländern umzugehen, sich so und so zu den älteren, zu den höhergestellten zu verhalten, so und so zu den Leidenden, so und so zu den Feinden, zu den Tieren – und dies wird von Generationen von Millionen Menschen beobachtet und zwar ohne den geringsten Zwang und so, daß man dies durch nichts als durch Kunst erschüttern kann, – so können auch durch dieselbe Kunst andere, dem religiösen Bewußtsein unserer Zeit besser entsprechende Sitten hervorgerufen werden.

Wenn durch die Kunst das Gefühl der Ehrfurcht vor dem Heiligenbild, vor dem Abendmahl, vor dem Gericht des Königs, die Schande über den Verrat der Freundschaft, die Treue zur Fahne, die

Notwendigkeit der Rache für Beleidigung, das Bedürfnis des Opfers eigener Arbeit zum Bau und zur Ausschmückung der Kirchen, die Pflicht der Verteidigung der eigenen Ehre oder des Ruhmes des Vaterlandes wiedergegeben werden konnte, so kann auch dieselbe Kunst Ehrfurcht vor der Würde jedes Menschen, vor dem Leben jedes Tieres, die Schande des Luxus, der Gewaltthat, der Rache, der Benutzung der Gegenstände zu eigenem Vergnügen, die für andere Menschen das Unentbehrlichste ausmachen, hervorrufen; sie kann die Menschen frei und freudig, ohne daß sie es bemerken, zwingen, sich für den Dienst der Menschen zu opfern.

Die Kunst muß das vermögen, daß die Gefühle der Brüderlichkeit und der Nächstenliebe, die jetzt nur den besten Menschen der Gesellschaft zugänglich sind, zu gewohnten Gefühlen, zum Instinct aller Menschen werden. Indem sie in den Menschen unter eingebildeten Verhältnissen die Gefühle der Brüderlichkeit und Liebe hervorruft, wird die religiöse Kunst die Menschen in Wirklichkeit bei denselben Verhältnissen, dieselben Gefühlen zu empfinden lehren, sie wird in den Seelen der Menschen jene Schienen legen, in denen natürlicherweise die Lebenshandlungen der Menschen, die durch die Kunst erzogen sind, laufen werden. Indem sie aber alle die verschiedenartigen Menschen in einem Gefühle vereinigt und die Trennung aufhebt, wird die allgemeine Volkskunst die Menschen zur Einigung erziehen, wird ihnen nicht durch Erörterung, sondern durch das Leben selbst, die Freude der allgemeinen Einigung außerhalb der Hindernisse, die das Leben gestellt hat, zeigen.

Die Bestimmung der Kunst besteht in unserer Zeit darin, die Wahrheit aus dem Gebiete des Verstandes in das Gebiet des Gefühles zu übertragen, daß das Wohl der Menschen in ihrer Einigung unter einander beruhe, und anstatt der jetzt herrschenden Gewalt das Reich Gottes, d. h. der Liebe, zu begründen, das uns allen als das höchste Ziel des Lebens der Menschheit erscheint.

Vielleicht entdeckt in Zukunft die Wissenschaft der Kunst noch neue, höhere Ideale und die Kunst verwirklicht sie; aber in unserer Zeit ist die Bestimmung der Kunst klar und bestimmt. Die Aufgabe der christlichen Kunst ist die Verwirklichung der brüderlichen Einigung der Menschen.

L'accueil

Si tu veux que ce soir, à l'âtre je t'accueille
Jette d'abord la fleur, qui de ta main s'effeuille;
Son cher parfum ferait ma tristesse trop sombre;
Et ne regarde pas derrière toi vers l'ombre
Car je te veux, ayant oublié la forêt
Et le vent, et l'echo et ce qui parlerait
Voix à ta solitude ou pleurs à ton silence!
Et debout, avec ton ombre qui te devance,
Et hautaine sur mon seuil, et pâle, et vénue
Comme si j'étais mort ou que tu fusses nue!

(*Henri de Régnier: „Les jeux rustiques et divins"*)

„Oiseau bleu voleur du temps".

Sais-tu l'oubli
D'un vain doux rêve
Oiseau moqueur
De la forêt?
Le jour pâlit,
La nuit se lève,
Et dans mon cœur
L'ombre a pleuré;
Sais-tu le chant
De sa parole
Et de sa voix,
To qui redis
Dans le chouchant
Ton air frivole
Comme autrefois
Sous les midis?

O, chante moi
Ta folle gamme,
Car j'ai dormi
Ce jour durant;
Le lâche émoi
Où fut mon âme
Sanglote emmi
Le jour mourant.
O, chante alors
La mélodie
De son amour,
Mon fol espoir,
Parmi les ors
Et l'incendie
Du vain doux jour
Qui meurt ce soir

(*Francis Vielé-Griffin: „Poèmes et Poésies"*)

IX

Énone, j'avais cru qu'en aimant ta beauté
Où l'âme avec le corps trouvent leur unité,
J'allais, m'affermissant et le cœur et l'esprit,
Monter jusqu'à cela, qui jamais ne périt,
N'ayant été créé, qui n'est, froidure ou feu,
Qui n'est beau quelque part et laid en autre lieu;
Et me flattais encore d'une belle harmonie.
Que j'eusse compose du meilleur et du pire,
Ainsi que le chanteur que chérit Polymnie,
Et accordant le grave avec l'aigu, retire
En son bien élevé sur les nerfs de sa lyre.
Mais mon courage, hélas! se pâmant comme mort,
M'enseigna que le trait qui m'avait fait amant
Ne fut pas de cet arc que courbe sans effort
La Vénus qui naquit du mâle seulement,
Mais que j'avais souffert cette Vénus dernière
Qui a le cœur couard, né d'une faible mère.
Et pourtant, ce mauvais garçon, chasseur habile,
Qui charge son carquois de sagette subtile,
Qui secoue en riant sa torche, pour un jour,
Qui ne pose jamais que sur de tendres fleurs,
C'est sur un teint charmant qu'il essuie les pleurs,
Et c'est encore un Dieu, Énone, cet Amour.
Mais, laisse, les oiseaux du printemps sont partis,
Et je vois les rayons du soleil amortis.
Énone, ma douleur, harmonieux visage,
Superbe humilité, doux-honnête langage,
Hier me remirant dans cet étang glacé
Qui au bout du jardin se couvre de feuillage,
Sur ma face je vis que les jours ont passé.

(Jean Moréas: „Le Pélerin Passioné")

XVI

Berceuse d'ombre

Des formes, des formes, des formes
    Blanche, bleue, et rose, et d'or
    Descendront du haut des ormes
    Sur l'enfant qui se rendort.
    Des formes!

Des plumes, des plumes, des plumes
    Pour composer un doux nid.
    Midi sonne: les enclumes
    Cessent; la rumeur finit …
    Des plumes!

Des roses, des roses, des roses
    Pour embaumer son sommeil
    Vos pétales sont moroses
    Près du sourire vermeil.
    O roses!

Des ailes, des ailes, des ailes
    Pour bourdonner à son front.
    Abeilles et demoiselles,
    Des rythmes qui berceront.
    Des ailes!

Des branches, des branches, des branches
    Pour tresser un pavillon
    Par où des clartés moins franches
    Descendront sur l'oisillon.
    Des branches!

Des songes, des songes, des songes.
    Dans ses pensers entr'ouverts
    Glissez un peu de mensonges
    A voir la vie au travers.
    Des songes!

Des fées, des fées, des fées
    Pour filer leurs écheveaux
    De mirages, de bouffées
    Dans tous ces petits cerveaux
    Des fées!

Des anges, des anges, des anges
    pour emporter dans l'éthep
    Les petits enfants étranges
    Qui ne veulent pas rester
    Nos anges ...

Dies ist der Inhalt des Ringes der Nibelungen.

Im ersten Teil wird erzählt, daß die Nixen, die Rheintöchter, aus irgend einem Grund irgend ein Gold bewachen und singen: Weia, Waga, Woge du Welle, Welle zur Wiege, Woge zur Wiege, Woge la Weia, Wala la Weele, Weia u.s.w.

Den solchermaßen singenden Nixen jagt der Zwerg Nibelung, der sie besitzen will, nach. Der Zwerg kann keine erwischen. Da erzählen die Nixen, die das Gold bewachen, dem Zwerge das, was sie eigentlich verheimlichen müssen, nämlich, daß der, der der Liebe entzogen wird, das von ihnen bewachte Gold stehlen kann. Und der Zwerg entsagt der Liebe und raubt das Gold. Dies ist die erste Scene.

In der zweiten Scene liegen im Felde angesichts der Stadt ein Gott und eine Göttin; sie erwachen dann und freuen sich der Stadt, die ihnen die Riesen erbaut haben und unterhalten sich darüber, daß man den Riesen für die Arbeit die Göttin Freia geben müsse. Es kommen die Riesen, um ihren Lohn zu holen. Aber der Gott Wotan will Freia nicht abgeben. Die Riesen ärgern sich.

Die Götter erfahren, daß der Zwerg das Gold gestohlen hat, und versprechen, ihm dies Gold abzunehmen und es den Riesen als Lohn ihrer Arbeit zu geben. Aber die Riesen trauen dem nicht und nehmen die Göttin Freia als Geisel mit.

Die dritte Scene vollzieht sich unter der Erde. Der Zwerg Alberich, der das Gold gestohlen hat, schlägt wegen irgend etwas den Zwerg Mime und entreißt ihm einen Helm, der die Eigenschaft besitzt, einen Menschen unsichtbar zu machen und ihn in andere Wesen zu verwandeln. Es kommen die Götter, Wotan und andere, schelten einander und die Zwerge, sie wollen das Gold nehmen, aber Alberich giebt es nicht her und wie es alle die ganze Zeit über thun, so thut auch er alles, um sich zu Grunde zu richten: er zieht den Helm an, verwandelt sich in einen Drachen, dann aber in eine Kröte. Die Götter fangen die Kröte, nehmen ihr den Helm ab und führen Alberich mit sich fort.

Die vierte Scene besteht darin, daß die Götter Alberich mit nach Hause nehmen und ihm befehlen, seinen Zwergen zu befehlen, ihnen das ganze Gold zu bringen. Die Zwerge bringen es. Alberich giebt alles Gold ab, aber er behält den Zauberring. Die Götter nehmen ihm auch den Ring ab. Alberich verflucht dafür den Ring und sagt, daß er jedem, der ihn besitzen wird, Unglück bringen wird. Es kommen die Riesen, bringen die Göttin Freia mit und verlangen ihre Auslösung. Man stellt Pfähle von der Größe der Freia auf und schüttet Gold ringsum auf, – dies ist das Lösegeld. Es fehlt Gold, man wirft den Helm hinzu, man bittet um den Ring. Wotan giebt ihn nicht, aber es erscheint die Göttin Erda und befiehlt auch den Ring abzugeben, weil er Unglück bringe. Wotan giebt ihn. Freia wird befreit, aber die Riesen, die den Ring erhalten haben, schlagen sich und einer erschlägt einen anderen. Damit endet das Vorspiel und es beginnt der erste Tag.

Auf der Bühne ist in der Mitte ein Baum aufgestellt. Siegmund kommt ermüdet hereingelaufen und legt sich nieder. Es tritt Sieglinde, die Wirtin, die Frau des Hundings herein, giebt ihm einen Zaubertrank und die beiden verlieben sich ineinander. Es kommt der Mann der Sieglinde, erfährt, daß Siegmund aus dem feindlichen Geschlechte sei und will sich am anderen Tage mit ihm schlagen, aber Sieglinde giebt ihrem Manne einen Schlaftrunk und kommt zu Siegmund. Siegmund erfährt, daß Sieglinde seine Schwester sei, und

daß sein Vater ein Schwert in einen Baum hineingejagt hat, so daß
es niemand herausziehen kann. Siegmund reißt dies Schwert heraus
und buhlt mit seiner Schwester.

Im zweiten Akte muß sich Siegmund mit Hunding schlagen. Die
Götter beraten, wem der Sieg zu erteilen sei. Wotan will mit Siegmund Mitleid haben, da er dessen Buhlerschaft mit der Schwester
billigt, aber unter dem Einflüsse seiner Frau, Frika, befiehlt er der
Walküre Brunhilde, den Siegmund zu töten. Siegmund geht zum
Kampfe. Sieglinde fällt in Ohnmacht. Es kommt Brunhilde und will
ihn ermatten; Siegmund will auch Sieglinde töten, aber Brunhilde
untersagt es und er kämpft mit Hunding. Brunhilde verteidigt Siegmund, Wotan aber schützt Hunding, Siegmunds Schwert bricht ent-
zwei und Siegmund wird erschlagen. Sieglinde flieht.

Der dritte Akt. Auf der Bühne sind Walküren. Dies sind Helden-
weiber. Auf einem Rosse kommt die Walküre Brunhilde mit Sieglinde an. Sie flieht vor dem wegen ihres Ungehorsams gegen sie er-
zürnten Wotan. Wotan ereilt sie und zur Strafe für ihren Ungehorsam verbannt er sie aus dem Kreise der Walküren. Er verzaubert sie
so, daß sie einschlafen und so lange schlafen muß, bis sie ein Mensch
weckt. Und wenn man sie wecken wird, wird sie sich in den Menschen verlieben. Wotan küßt sie, sie schläft ein. Er läßt Feuer bren-
nen, das Feuer umringt sie.

Der Inhalt des zweiten Tages besteht darin, daß der Zwerg Mime
im Walde ein Schwert schmiedet. Siegfried kommt. Dies ist ein aus
der Buhlerschaft von Bruder und Schwester, von Siegmund und
Sieglinde entsprossener Sohn, den der Zwerg im Walde erzogen hat.
Siegfried erfährt seine Herkunft und daß das zerbrochene Schwert –
das Schwert seines Vaters sei, befiehlt Mime, es zusammenzu-
schmieden, und geht fort. Es kommt Wotan als Pilger verkleidet und
erzählt, derjenige, der die Furcht nicht kennen gelernt habe, der
werde das Schwert zusammenschmieden und alle besiegen. Der
Zwerg ahnt, daß dies Siegfried sei und er will ihn vergiften. Siegfried kehrt zurück, schmiedet das Schwert des Vaters zusammen
und läuft fort.

Die Handlung des zweiten Aktes besteht darin, daß Alberich da-
sitzt und einen Riesen, der als Drache das erhaltene Gold bewacht,
beaufsichtigt. Wotan kommt und erzählt, unbekannt aus welchem
Anlasse, daß Siegfried erscheinen und den Drachen töten wird.

Alberich weckt den Drachen auf, bittet ihn um den Ring und verspricht, ihn dafür vor Siegfried zu schützen. Der Drache giebt den Ring nicht her. Alberich geht fort. Es kommen Mime und Siegfried. Mime hofft, daß der Drache Siegfried Furcht einflößen werde. Aber Siegfried fürchtet sich nicht, verjagt Mime und tötet den Drachen, darauf legt er den Finger, der mit dem Blute des Drachen benetzt ist, an die Lippen und erfährt dadurch die geheimen Gedanken der Menschen und die Sprache der Vögel. Die Vögel sagen ihm, wo die Schätze und der Ring sind, und daß Mime ihn vergiften will. Mime kommt und sagt laut, daß er Siegfried vergiften will. Diese Worte sollen bedeuten, daß Siegfried, nachdem er vom Blute des Drachen gekostet hat, die geheimen Gedanken der Menschen versteht. Siegfried erfährt seine Gedanken und tötet Mime. Die Vögel sagen ihm, wo Brunhilde ist und Siegfried geht zu ihr hin.

Im dritten Akte ruft Wotan Erda. Erda prophezeit Wotan und erteilt ihm Ratschläge. Siegfried kommt, zankt sich mit Wotan und kämpft. Und plötzlich erweist es sich, daß Siegfrieds Schwert denjenigen Speer Wotans, der am stärksten von allen war, zerschlägt. Siegfried geht in das Feuer, wo Brunhilde liegt; er küßt Brunhilde, sie erwacht, nimmt Abschied von ihrer Göttlichkeit und wirft sich in Siegfrieds Arme.

Der dritte Tag. Drei Nornen winden ein goldenes Tau und reden von der Zukunft. Die Nornen gehen fort, es erscheint Siegfried mit Brunhilde. Siegfried nimmt Abschied von ihr, giebt ihr den Ring und geht fort.

Der erste Akt. Am Rhein will der König sich und seine Schwester verheiraten. Hagen, der böse Bruder des Königs, giebt ihm den Rat, Brunhilde zu nehmen, die Schwester aber an Siegfried zu verheiraten. Es erscheint Siegfried. Man giebt ihm einen Zaubertrank, von dem er alles frühere vergißt und sich in Gutrune verliebt, er reist mit Gunther ab, um diesem Brunhilde als Braut zu erwerben. Dekorationswechsel. Brunhilde sitzt mit dem Ringe da, zu ihr kommt eine Walküre, erzählt, wie der Speer Wotans zerbrochen worden ist und erteilt ihr den Rat, den Ring den Rheinnixen zu geben. Es erscheint Siegfried, der vermöge des Zauberhelms sich in Gunther verwandelt hat, er verlangt von Brunhilde den Ring, entreißt ihn ihr und schleppt sie mit sich schlafen.

Der zweite Akt. Am Rhein reden Alberich und Hagen, wie man

den Ring erwerben könnte. Es erscheint Siegfried, erzählt, wie er dem Gunther eine Braut geworben und wie er bei ihr geschlafen, aber zwischen ihr und sich ein Schwert hingelegt habe. Es kommt Brunhilde an, erkennt an Siegfrieds Hand den Ring und überführt ihn, daß er, aber nicht Gunther, bei ihr gewesen sei. Hagen hetzt alle gegen Siegfried und beschließt, ihn am anderen Tage auf der Jagd zu töten.

Der dritte Akt. Wiederum erzählen die Nixen im Rheine alles, was sich begeben hat; es erscheint der verirrte Siegfried. Die Nixen bitten ihn um den Ring, er giebt ihn ihnen nicht. Es erscheinen Jäger. Siegfried erzählt seine Geschichte. Hagen giebt ihm einen Trank, mittels dessen das Gedächtnis zu ihm zurückkehrt; er erzählt, wie er Brunhilde erweckt und erworben hat, und alle staunen. Hagen tötet Siegfried hinterrücks und die Scene wechselt. Gutrune singt den Leichnam Siegfrieds an, Gunther und Hagen streiten sich des Ringes wegen und Hagen tötet Gunther. Brunhilde weint. Hagen will den Ring vom Finger Siegfrieds abnehmen, aber die Hand erhebt sich, Brunhilde nimmt den Ring von Siegfrieds Finger ab, und als man den Leichnam Siegfrieds zu den Scheiterhaufen bringt, setzt sie sich aufs Pferd und stürzt sich auf den Scheiterhaufen. Der Rhein steigt und das Wasser gelangt zu dem Scheiterhaufen. In dem Flusse sind drei Nixen. Hagen stürzt sich ins Feuer, um den Ring zu holen, aber die Nixen ergreifen ihn und nehmen ihn mit. Die eine von ihnen hält den Ring.

Und das Werk ist beendet.

Der Eindruck bei meiner Wiedererzählung ist gewiß nicht vollständig. Aber wie unvollständig er auch sein mag, so ist er bestimmt unvergleichlich vorteilhafter, als der, den man beim Lesen der vier Büchlein, in denen dies gedruckt ist, erhält.

———

Bibliographische Übersicht zu
Tolstois Werk „Was ist Kunst?" (1897/98)

Leo N. TOLSTOI: Čto takoe iskusstvo? (Was ist Kunst?, 1897/1898). In: PSS [Russi-sche Gesamtausgabe in 90 Bänden, Moskau 1928-1958ff: Polnoe sobranije sočinenij w 90 tomach] – Band 30, S. 27-203. [Als Internet-Ressource: https://tols toy.ru/creativity/90-volume-collection-of-the-works/]

Text- und Editionsgeschichte | Zur Text- Editionsgeschichte teilt Daniel Riniker zu-sammenfassend mit: „Nicht nur religiöse und philosophische Probleme beschäf-tigten Tolstoj, auch ästhetische Fragestellungen rückten für ihn in den 1880er und 1890er Jahren immer mehr in den Mittelpunkt des Interesses. Mehrmals ver-suchte er, sein ästhetisches Credo zu Papier zu bringen, doch die meisten dieser Versuche blieben unvollendet. Dennoch darf man diese Fragmente als Vorarbei-ten für das Traktat *Was ist Kunst?* ansehen, an dem Tolstoj nach eigenen Angaben über 15 Jahre gearbeitet hat. – Die eigentliche Arbeit an *Was ist Kunst?* begann 1897. Schon dem ersten Entwurf gab Tolstoj eben diesen Titel. Im Laufe der Ar-beit am Manuskript taucht noch ein weiterer Arbeitstitel *Über Kunst* auf, der aber wieder verworfen wurde. Zum einen versucht Tolstoj verschiedene Antworten auf die Frage, was Kunst sei, auf ihre Stichhaltigkeit hin zu überprüfen, zum an-deren beschäftigt ihn die Problematik der Trennung von Konsumenten und Pro-duzenten – im Leben genauso wie in der Kunst. – *Was ist Kunst?* wurde erstmals in der Zeitschrift *Voprosy filosofii i psichologii* in zwei aufeinander folgenden Num-mern im Winter 1897/1898 veröffentlicht. 1898 erschien der Traktat zudem als 15. Band von Tolstojs Werkausgabe. In beiden Fassungen wurden allerdings längere Passagen zensurbedingt ausgelassen. Vollständig konnte *Was ist Kunst?* erstmals 1898 in englischer Übersetzung mit einem Vorwort von Tolstoj erscheinen, in dem er sich bitter über die russische Zensur beklagte. In Russland kam die erste vollständige Ausgabe des Traktats erst 1911 heraus." (Aus: Martin GEORGE / Jens HERTH / Christian MÜNCH / Ulrich SCHMID [Hg.]: Tolstoj als theologischer Den-ker und Kirchenkritiker. [Übersetzung der Tolstoj-Texte von Olga Radetzkaja und Dorothea Trottenberg, Kommentierung von Daniel Riniker]. Zweite Auf-lage. Göttingen: Vandenhoeck & Ruprecht 2015, S. 215.)

Teilübersetzung von Alexis Markow (1898, Folgeauflagen / Nachdrucke)
Leo TOLSTOJ: Was ist Kunst? Studie. Aus dem Russischen von Dr. Alexis Mar-kow. Berlin: Hugo Steinitz Verlag 1898. [112 Seiten; Anhang: „Besuch bei Tolstoj" von André Bonnier.] [Neuauflagen und Nachdrucke, u. a.: ‚Was ist Kunst?

Studie'. Berlin: Steinitz 1903, 112 Seiten; ‚Was ist Kunst? Eine Studie.' Schütter-wald/Baden: Wissenschaftlicher Verlag 1998, 90 Seiten.] [Alle nicht eingesehen; bibliographiert nach Bibliothekskatalog & Antiquariatsangeboten.]

Teilübersetzung von Wilhelm Thal (1898)
Leo TOLSTOI: Gegen die moderne Kunst. Deutsch von Wilhelm Thal. Berlin: Hugo Steinitz Verlag 1898. [184 Seiten] [Auch als Internet-Ressource: archive.org]

Übersetzung von Michail Feofanov (1902/1911/1993)
Leo N. TOLSTOJ: Was ist Kunst? Übersetzt von Michael Feofanoff. (= Leo N. Tolstoj – Gesammelte Werke, Serie I, Band 10). Leipzig: Eugen Diederichs Verlag 1902. [322 Seiten] – *Folgeauflage 1911.* Leo N. TOLSTOJ: Was ist Kunst? Übersetzt von Michael Feofanoff. (= Leo N. Tolstoj – Gesammelte Werke, Serie II: Religiös-ethische Schriften, Band 14). Leipzig: Eugen Diederichs Verlag 1911. – *Überarbeitete Neuauflage 1993.* Leo N. TOLSTOI: Was ist Kunst. Aus dem Russischen von Michail Feafanov [1828-1910]. Neu herausgegeben und durchgesehen von Paul H. Dörr. (= Religions- und gesellschaftskritische Schriften, Band 6). München: Eugen Diederichs Verlag 1993. [326 Seiten.]

Teilübersetzung im Steinitz-Verlag 1903
Leo N. TOLSTOI: Ueber die Kunst – Fortsetzung von „Was ist Kunst". Zweite, vollständig umgearbeitete Auflage. Berlin: Hugo Steinitz 1903. [126 Seiten] [Auch ‚Graf Leo Tolstoi: Ueber Kunst. Berlin: Globus Verlag o.J.', 126 Seiten] [Alle nicht eingesehen; bibliographiert nach Bibliothekskatalog & Antiquariatsangeboten.]

Übersetzung von Günter Dalitz (1968 /1980 / 1984)
Lew TOLSTOI: Was ist Kunst?, übersetzt von Günter Dalitz. In: Lew Tolstoi: Ästhetische Schriften. (= Gesammelte Werke in zwanzig Bänden, herausgegeben von Eberhard Dieckmann und Gerhard Dudek, Band 14). Berlin: Rütten & Loening 1968, S. 42-251. / Zweite Auflage 1984. [Erneut ediert in folgender Sammlung: Lew N. TOLSTOI: Über Literatur und Kunst. Übersetzt aus dem Russischen von Günter Dalitz. Auswahl und Nachwort von Gerhard Dudek. (= Reclams Universalbibliothek, Band 854). Leipzig: Reclam 1980.]

Teilübersetzung von Dorothea Trottenberg (2014/2015)
Leo N. TOLSTOJ: Was ist Kunst? (Auszüge), übersetzt von Dorothea Trottenberg. In: Martin George / Jens Herth / Christian Münch / Ulrich Schmid (Hg.): Tolstoj als theologischer Denker und Kirchenkritiker [2014]. Zweite Auflage. Göttingen: Vandenhoeck & Ruprecht 2015, S. 215-222.

3. TAGEBUCH- UND BRIEFBEZÜGE
ZUR SCHRIFT „WAS IST KUNST?"

Leo N. TOLSTOI: Tagebücher 1847-1910. Aus dem Russischen übersetzt von Günter Dalitz. München: Winkler 1979, S. 525, 530, 553, 554, 556, 558, 559, 560, 561, 562, 563, 564, 565, 568, 569, 570, 571, 574, 576. [Seitenangaben nach Register.]

Lew TOLSTOI: Briefe. Zweiter Band: 1886-1910. Übersetzt von Günter Dalitz aus dem Russischen. (= Gesammelte Werke in zwanzig Bänden. Herausgegeben von Eberhard Dieckmann und Gerhard Dudek, Band 17). Berlin: Rütten & Loening 1971, S. 264, 268, 272f. [Seitenangaben nach Register.]

4. ZEITGENÖSSISCHE REZENSIONEN
(nach: Hanke 1993)

ANONYM [G.P.]: ‚Graf Tolstoi über die Kunst‘. [Rezension zu Tolstois ‚Was ist Kunst?‘] In: Allgemeine Zeitung. München. Beilage. Nr. 17 (22.01.1898), S. 1-3.

ANONYM: ‚Tolstoi und die Kunst‘. [Auszüge aus einem Gespräch von André Beaunier mit Tolstoi über die Kunst]. In: Allgemeine Zeitung. München. 103. Jg. (1900), Nr. 68 (10.03.1900), Abendblatt, S. 1-2.

ANONYM: ‚Tolstoi und die Kunst‘. In: Christliches Kunstblatt für Kirche, Schule und Haus. Lahr/Baden (1909), S. 123-128, 157-159.

A[VENARIUS, Ferdinand]: ‚Tolstoj und die Kunst‘ [Rezension zu Tolstois ‚Was ist Kunst?‘ Berlin: Hugo Steinitz]. In: Der Kunstwart. Halbmonatsschau über Dichtung, Theater, Musik, bildende und angewandte Künste. München 11. Jg. (1897/98), 2. Hälfte, Heft 13 (April 1898), S. 1-3.

BAHR, Hermann: ‚Gegen Tolstoi‘. [Rezension zu Tolstoi: Qu'est-ce que l'Art? Übers. v. E. Halpérine-Kaminsky. Paris 1898]. In: Die Zeit. Wiener Wochenschrift für Politik, Volkswirtschaft, Wissenschaft und Kunst. Nr. 205 (03.09.1898), S. 155-156.

BERG, Leo: ‚Tolstoi und die Kunst‘. [Rezension zu Tolstoi: Was ist Kunst? Dt. Übers. Dr. Alexis Markow. Berlin: Hugo Steinitz 1898]. In: Die Umschau. Übersicht über die Fortschritte und Bewegungen auf dem Gesamtgebiet der Wissenschaft, Technik, Litteratur und Kunst. Frankfurt a. M. 2. Jahrgang (1898), Nr. 37 (10.09.1898), S. 623-627.

BLEIBTREU, Karl: „Tolstois ‚Was ist Kunst?‘“ [Rezension]. In: Die Fackel, hg. von Karl Kraus. Wien/Berlin 12. Jg. (1910/11), Nr. 313/314 (31.12.1910), S. 23-28.

B[O]DE, [Wilhelm]: Tolstoi's Stellung zur Kunst [Rezension zu Tolstois ‚Was ist Kunst?‘ und ‚Gegen die moderne Kunst‘]. In: Die Gegenwart. Berlin. 29. Jg. (1900), Bd. 57, Nr. 21, S. 329-331.

C[ONRAD], M[ichael] G[eorg]: ‚Tolstoi, die Kunst und Wir‘. [Rezension zu Tolstoi: Qu'est-ce que l'Art? Übers. v. E. Halpérine-Kaminsky. Paris 1898]. In: Die Gesellschaft. Monatsschrift für Litteratur und Kunst. Hg. von M. G. Conrad. Leipzig. 14. Jg. (1898), 4. Quartal, S. 331-334.

EHRENFELS, Chr. Freiherr von: ‚Die Wertschätzung der Kunst bei Wagner, Ibsen und Tolstoi. Vortrag, gehalten in der Redehalle-Versammlung am 25. November 1900‘. In: 52. Bericht der Lese- und Redehalle der deutschen Studenten 1901, Beilage, S. 3-21.

GROTTEWITZ, Curt: ‚Leo Tolstoj und die moderne Kultur'. In: Das Magazin für Litteratur. Berlin. 60. Jg. (1891), Nr. 24, S. 378-381. [Bezug evtl. zu: ‚Graf Leo TOLSTOI: Die Bedeutung der Wissenschaft und der Kunst. Aus dem Russischen von August Scholz. Dresden/Leipzig: E. Pierson (1891), 117 Seiten'.]

HALPÉRINE-KAMINSKY, E.: ‚Die Rolle der Kunst. Antworten europäischer Schriftsteller und Künstler an Tolstoj. Veröffentlicht und mit einer Einleitung versehen von E. Halpérine-Kaminsky'. [Betr. Tolstois ‚Was ist Kunst?'; Tolstoi-Übersetzer]. In: Deutsche Revue über das gesamte nationale Leben der Gegenwart. Stuttgart. 24. Jg. (1899), Band 1, S. 227-247.

HEIDENSTAM, Verner von: ‚Die Ästhetik Tolstois'. [Rezension zu Tolstois ‚Was ist Kunst?' und ‚Gegen die moderne Kunst']. In: Wiener Rundschau, hg. von Constantin Christomanos und Felix Rappaport. 3. Jg. (1898/99), S. 497-500.

IWANOW, Wjatscheslaw: ‚L. Tolstoj und die Kultur'. In: Logos. Internationale Zeitschrift für Philosophie der Kultur. Hg. von S. Hessen, E. Mettner, F. Stepphun. Band 2 (1911/12), S. 179-191.

PASTOR, Willy: ‚Was ist die Kunst?' [Rezension zu Tolstoi: Qu'est-ce que l'Art? Übers. v. E. Halpérine-Kaminsky. Paris 1898]. In: Deutsche Rundschau, hg. von Julius Rodenberg. Berlin, Band 98 (Jan.-März 1899), S. 154-156.

STEINER 1898 = Rudolf Steiner: ‚Graf Leo Tolstoi. Was ist Kunst' [Rezension]. In: Magazin für Literatur, 67. Jg., Nr. 17, 30. April 1898. [Aus der Gesamtausgabe, Bd. 30, S. 370-373: http://anthroposophie.byu.edu/aufsaetze/p127.pdf]

STELLMACHER, Käte: „Tolstois ‚Gegen die moderne Kunst'" [Rezension]. In: Ethische Kultur. Wochenschrift für sozial-ethische Reformen. Berlin. 9. Jg. (1901), Nr. 34 (14.08.1901), S. 266-268.

5. SEKUNDÄRLITERATUR
ZU TOLSTOIS ‚KUNST-THEORIE'
(Auswahl)

DÖRR 1993 = Paul H. Dörr: Nachwort [zur Text- und Editionsgeschichte]. In: Leo N. Tolstoi: Was ist Kunst. Aus dem Russischen von Michail Feafanov. Neu herausgegeben und durchgesehen von Paul H. Dörr. (= Religions- und gesellschaftskritische Schriften, Band 6). München: Eugen Diederichs Verlag 1993, S. 316-325.

HANKE 1993 = Edith Hanke: Prophet des Unmodernen. Leo N. Tolstoi als Kulturkritiker in der deutschen Diskussion der Jahrhundertwende. Tübingen: Max Niemeyer 1993.

JÄGER 2022 = Stefanie Jäger: Tolstoi und Beethoven. Musiktheoretische Überlegungen und intermediale Bezüge in „Крейцерова соната" („Kreutzersonate"). In: Komparatistik online: komparatistische Internet-Zeitschrift, 21.01.2022. [https://www.komparatistik-online.de/index.php/komparatistik_online/article/view/217]

KJETSAA 2001 = Geir Kjetsaa: Lew Tolstoj. Dichter und Religionsphilosoph. Gernsbach: Casimir Katz Verlag 2001, S. 314-330, bes. S. 315-324.

KUßE 2010 = Holger Kuße: Lev Tolstoj und die Sprache der Weisheit. Göttingen: Vandenhoeck & Ruprecht 2010, S. 70-76.

PEGATZKY = Stefan Pegatzky: Das poröse Ich. Leiblichkeit und Ästhetik von Arthur Schopenhauer bis Thomas Mann. Würzburg: Königshausen & Neumann 2002.

POLJAKORA 2013 = Ekaterina Poljakora: Differente Plausibilitäten. Kant und Nietzsche und Tolstoi und Dostojewski über Vernunft, Moral und Kunst. Berlin / Boston: Walter de Gruyter 2013. [S. 225-328: „Kapitel 3. ‚Tolstoi: Moral versus Kunst'."]

SCHMID 2002 = Ulrich M. Schmid: Die Geburt der Kunst aus dem Geist der Moral. In: Neue Zürcher Zeitung-online, 17.01.2002. [https://www.nzz.ch/article7W87A-ld.192540]

SANDFUCHS 1995 = Wolfgang Sandfuchs: Dichter – Moralist – Anarchist. Die deutsche Tolstojkritik 1880 – 1900. Stuttgart: M & P Verlag für Wissenschaft und Forschung 1995, S. 105-125. [Tolstoj-Rezeption]

SASSE 2005 = Silvia Sasse: Moralische Infektion. Tolstojs Konzept der Ansteckung und die Symptome der Leser. In: Mirjam Schaub / Nicola Suthor / Erika Fischer-Lichte (Hg.): Ansteckung. Zur Körperlichkeit eines ästhetischen Prinzips. München: Fink Verlag 2005, S. 275-293.

SASSE 2015 = Silvia Sasse: Kunst. In: Martin George / Jens Herth / Christian Münch / Ulrich Schmid (Hg.): Tolstoj als theologischer Denker und Kirchenkritiker. [2014]. Zweite Auflage. Göttingen: Vandenhoeck & Ruprecht 2015, S. 462-473.

SASSE 2020 = Sylvia Sasse: Tolstoj und die Ansteckung. Slavoj Žižek antwortete kürzlich auf Giorgio Agambens bedenkliche Fehleinschätzung der Corona-Situation und brachte Lev Tolstojs Konzept von Ansteckung ins Spiel. Bloss das nicht! – sagt unsere Autorin Sylvia Sasse. In: Geschichte der Gegenwart (Online), 18.03.2020. [https://geschichtedergegenwart.ch/tolstoj-und-die-ansteckung/]

ZUREK 1996 = Magdalene Zurek: Tolstojs Philosophie der Kunst. (= Neues Forum für Allgemeine und Vergleichende Literaturwissenschaft, Band 2). Heidelberg: Universitätsverlag C. Winter 1996. [425 Seiten]

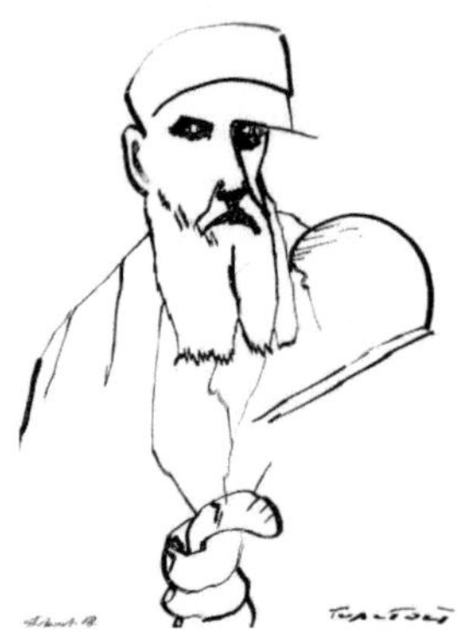